上海市教委地方配套重点学科建设项目资助

FREE TRADE AGREEMENT BETWEEN THE UNITED STATES OF AMERICA AND THE REPUBLIC OF KOREA

美韩自由贸易协定

叶兴国　杨旭/译

法律出版社
LAW PRESS·CHINA

译者序

《美韩自由贸易协定》对美韩两国的重要性不言而喻。《美韩自由贸易协定》是美国与亚洲主要国家签订的第一个自由贸易协定,也是继1993年与加拿大和墨西哥签订《北美自由贸易协定》后,美国签署的第二个大的自由贸易协定。对韩国而言,《美韩自由贸易协定》是继《欧韩自由贸易协定》后签署的第二个大的自由贸易协定。

《美韩自由贸易协定》的谈判、签署和生效经历了罕见的曲折。有关谈判在2006年2月展开,2007年4月谈判结束,2007年6月30日首次签署。因该协定涉及美韩两国数亿消费者的利益,协定一旦生效,两国需在3年内逐步取消近95%消费品和工业产品的贸易关税,韩国将取消大约2/3的美国农产品进口关税,美国则取消排气量小于3升的韩国汽车进口关税。美韩两国国会对上述汽车和农产品议题都有意见,经过重新谈判修订,于2010年12月再次签署更新版协议,并先后在两国国会获得通过,直到2012年3月《美韩自由贸易协定》才正式生效。

目前,我国正处于从贸易大国向贸易强国转变的关键期。以进出口总额为例,2010年我国进出口总额为1.5万亿美元,2014年已增至4.3万亿美元。再加上5000亿美元的服务贸易进出口总额,2014年我国的进出口总额已约占当年全国GDP总额的50%。同时,我们注意到,我国的人口约占全球总人口的18%,2014年的出口总额仅占全球出口总额的12.5%;德国的人口约占全球总人口的1.17%,2014年出口总额却约占全球出口总额的7%。

为加快从贸易大国向贸易强国转变的进程,党的十七大报告提出,要"实施自由贸易区战略,加强双边多边经贸合作",党的十八届三中全会又提出要"以周边为基础加快实施自贸区战略"。到目前为止,我国已签协议的自贸区有中国—澳大利亚、中国—韩国、中国—瑞士、中国—冰岛、中国—哥斯达黎加、中国—秘鲁、中国—新加坡、中国—新西兰、中国—智利、中国—巴基斯坦、中国—东盟、《内地与港澳更紧密经贸关系安排》、中国—东盟("10+1")升级等;正在谈判的自贸区有中国—海合会、中国—挪威、中日韩、《区域全面经济合作伙伴关系协定》、中国—斯里兰卡、中国—巴基斯坦自贸协定第二阶段谈判、中国—马尔代夫、中国—格鲁吉亚;正在研究的自贸区有中国—印度、中国—哥伦比亚、中国—摩尔多瓦、中国—斐济、中国—尼泊尔以及《亚太贸易协定》等。上述双边和多边的自由贸易协定的实施将有力地推动我国的贸易强国建设。

为对国家外经贸事业的发展做绵薄奉献,本翻译团队继翻译《北美自由贸易协定》、《欧韩自由贸易协定》、《世界贸易体制》、《美国商务部反倾销指南》、《欧盟反倾销手册》、《非关税措施专题数据库》、《英汉世界贸易组织术语词典》、《2006年国别贸易投资报告》、《2007年国别贸易投资报告》、《2008年国别贸易投资报告》、《2009年国别贸易投资报告》、《2010年国别贸易投资报告》、《2011年国别贸易投资报告》等贸易文献之后,在上海市教委地方配套重点学科建设项目的资助下，翻译了《美韩自由贸易协定》，以供有需要的专家、学者和实务工作人员阅读参考。

《美韩自由贸易协定》的翻译也是上海对外经贸大学“英汉翻译理论与实践”课程教学改革成果之一。MIT 研究生刘一丹、李晨思、宋文、蒋昕若和外国语言学和应用语言学研究生陈红涛、童清泉、张春雷、周东方、朱婷婷、张晶晶参与了部分章节的翻译。

叶兴国

2016 年 10 月 1 日

CONTENTS

目录

序　　文

美利坚合众国政府（美国）和大韩民国政府（韩国）（缔约双方）：

认识到双方间长期且强劲的伙伴关系，并希望建立更加紧密的经济关系；

确信自由贸易区将为缔约双方辖区内的商品和服务创建一个更加广阔和稳定的市场，更加稳定和可预测的投资环境，从而提高缔约双方的公司在全球市场的竞争力；

希望通过实现缔约双方辖区之间的贸易和投资自由化并扩大双方辖区之间的贸易和投资，提高生活水平，促进经济增长和稳定，创造新的就业机会，改善缔约双方辖区内的公共福利；

试图建立明确且互益的规则来规范缔约双方的贸易和投资，并降低或消除缔约双方辖区之间的贸易和投资壁垒；

一致同意在投资保护方面给予外国投资者的实质性权利不超过根据国内法律给予本国投资者的权利，尽管，在美国，本国法律对投资者权利的保护等同于或超过本协定规定的保护；

决定通过成立自由贸易区，消除贸易壁垒，促进世界贸易和谐发展与增长；避免缔约双方辖区之间出现有损本协定利益的新的贸易或投资壁垒；

希望加强劳工和环境法律及政策的制定，扩大基本的劳工权利，促进可持续发展，以有利于环境保护的方式实施本协定，

基于缔约双方均为缔约方的《建立世界贸易组织的马拉喀什协定》和其他多边、地区性和双边协定和协约所规定的权利和义务；并

致力于进一步加强双方在亚太地区的经济领导地位，特别是通过减少该地区的贸易和投资壁垒来实现这一目标；

兹协议如下：

第一章　最初条款及定义

A 节:最初条款

第 1.1 条:自由贸易区的建立

根据《1994 年关税与贸易总协定》第 24 条和《服务贸易总协定》第 5 条,本协定缔约双方遵照本协定的各项条款建立自由贸易区。

第 1.2 条:与其他协定的关系

1. 缔约双方确认双方均为成员方的包括《世界贸易组织协定》在内的已有双边和多边协定所规定的彼此之间的权利和义务。

2. 更确切地说,本协定不应被解释为对于缔约双方之间对货物、服务、投资或个人提供比本协定更加优惠待遇的任何国际法律义务的减损。

第 1.3 条:义务范围

缔约双方必须保证采取一切必要措施使本协定条款生效,以及地区层面对协定的遵守,除非本协定另有规定。

B 节:一般定义

第 1.4 条:定义

除非另有规定,为本协定之目的:

"中央政府":

(a)对韩国而言,系指其中央政府;

(b)对美国而言,系指其联邦政府;

"适用投资"系指第 11.28 条(定义)所定义的,对于一缔约方而言,另一缔约方的投资者自本协定生效之日在其辖区已经存在,或后来建立、获得或扩大的投资;

"关税"系指包括一切海关税或进口税及与货物的进口有关的收费,包括与这类进口相关①的任何形式的附加税费,但不包括下列税费:

(a)依照《1994 年关税与贸易总协定》第 3 条第 2 款,对该缔约方的同类货物、直接竞争货物或可替代货物征收的,或者对进口货物已经全部或部分完成生产或制造的货物征收的与国内税等值的费用;

---

① 更确切而言,"关税"包括根据韩国《海关法》第 69 条征收的调节性关税。

(b)与一缔约方的法律相符的反倾销或反补贴税;或

(c)与进口的服务成本相当的收费和其他费用;

"《海关估价协议》"系指《世界贸易组织协定》附件1A所含的《关于实施1994年关税与贸易总协定第7条的协定》;

"日期"系指日历日;

"企业"系指根据适用法律组建的任何实体,不论是否出于营利目的,亦不论是私人所有或控制还是政府所有或控制,包括任何股份有限公司、信托机构、合伙企业、独资企业、合资企业、联合企业或其他类似组织;

"一缔约方的企业"系指根据一缔约方的法律组建的企业;

"现行的"系指在本协定生效之日已经实行的;

"可自由使用的货币"系指国际货币基金组织根据《国际货币基金组织协定》定义的"可自由使用的货币";

"GATS"系指《世界贸易组织协定》附件1B所含的《服务贸易总协定》;

"GATT 1994"系指《世界贸易组织协定》附件1A所含的《1994年关税与贸易总协定》;

"一缔约方的货物"系指《1994年关税与贸易总协定》中所理解的国内产品,或各缔约方可能同意的货物,包括该缔约方的原产货物;

"政府采购"系指政府出于施政目的而非出于商业销售、转售或用于生产或为商业销售或转售提供货物或服务获得其使用权和/或获取货物或服务的过程;

"协调制度(HS)"系指《商品名称及编码协调制度》,包括缔约双方在各自的关税法规中采纳并执行的解释的一般规则和注释;

"进口许可协议"系指《世界贸易组织协定》附件1A所含的《进口许可程序协定》;

"联合委员会"系指依据第22.2条(联合委员会)成立的联合委员会;

"措施"包括任何法律、法规、程序、要求或惯例;

"国民":

(a)对韩国而言,系指符合《国籍法》[①]的韩国国民;

(b)对美国而言,系指《移民和国籍法案》定义的"美国国民";

"原产的"系指符合第四章(纺织品和服装)或第六章(原产地规则和原产地程序)规定的原产地规则;

"人员"系指自然人或企业;

"一缔约方的人员"系指一缔约方的国民或企业;

"优惠关税待遇"系指依据本协定对原产货物适用的关税税率;

"地区政府",对美国而言,系指美国的州政府、哥伦比亚特区政府或波多黎各政府;对韩国而言,不适用"地区政府";

"再制造货物"系指归于《协调制度》第84章、第85章、第87章、第90章或第94.02章的货物:

(a)这些货物完全或部分由第6.22条(定义)定义的回收货物构成;且

---

① 居住在朝鲜半岛军事分界线以北的自然人无权享受本协定的各项利益。

(b)有相似的平均寿命,和同类新货物一样享有制造保证;

"《保障措施协定》"系指《世界贸易组织协定》附件1A所含的《保障措施协定》;

"卫生与植物卫生措施"系指与《实施卫生与植物卫生措施协定》附录A第1项所指的任何措施;

"《SPS协定》"系指《世界贸易组织协定》附件1A所含的《实施卫生与植物卫生措施协定》;

"国有企业"系指一缔约方所有或通过所有权权益控制的企业;①

"《TBT协定》"系指《世界贸易组织协定》附件1A所含的《技术性贸易壁垒协定》;

"辖区":

(a)对韩国而言,系指韩国行使主权的陆地、海域和空域,海域包括毗邻或超出领海范围的,可依据国际法和国内法行使主权和管辖权的海床和底土;

(b)对美国而言,系指

(i)美国的关税辖区,包括50个州,哥伦比亚特区和波多黎各;

(ii)位于美国和波多黎各的对外贸易区;以及

(iii)超出美国领海范围,但可依据国际法和国内法行使主权和管辖权的海床、底土以及该区域的自然资源的区域;

"《TRIPS协定》"系指《世界贸易组织协定》附件1C所含的《与贸易有关的知识产权协定》;

"《世界贸易组织协定》"系指1994年4月15日达成的《马拉喀什建立世界贸易组织协定》。

---

① 更确切而言,所有权,或是通过所有权权益进行控制,可以是直接的或非直接的。

第二章　国民待遇和货物的市场准入

第 2.1 条：适用范围

除非本协定另有规定，本章适用于一缔约方的货物贸易。

A 节：国民待遇

第 2.2 条：国民待遇

1. 缔约方应根据《1994 年关税与贸易总协定》第 3 条，包括其解释性注释，给予另一缔约方的货物国民待遇。为此目的，经必要修改，《1994 年关税与贸易总协定》第 3 条和该协定的解释性注释被纳入本协定并成为本协定的组成部分。

2. 一缔约方根据第 1 款给予的国民待遇应系指，对地区政府而言，不低于该地区政府给予它所在协定其他缔约方的任何相似、直接竞争或可替代货物的最惠国待遇。

3. 第 1 款和第 2 款不应适用附件 2 - A 所列的措施。

B 节：关税的消除

第 2.3 条：关税的消除

1. 除非本协定另有规定，各缔约方不得对原产货物提高任何现行关税，或新增任何关税。

2. 除非本协定另有规定，各缔约方应依据附件 2 - B 所列清单，逐步消除原产货物的关税。

3. 应另一缔约方的请求，各缔约方应进行磋商，考虑加快消除附录 2 - B 清单所列关税。缔约双方之间达成的关于加快消除某一货物关税的协定，在各缔约方根据其适用的法律程序批准之后，应取代附录 2 - B 所列清单对该货物确定的关税税率或分阶段削减类别。

4. 更确切地说，一缔约方可以：

(a) 在单边实现减让之后将关税提高到附录 2 - B 所列清单规定的水平；或

(b) 经世界贸易组织争端解决机构批准保持或提高关税。

C 节：特别条款

第 2.4 条：关税的豁免

1. 只要关税豁免明示或暗示以满足业绩要求为条件，任何缔约方不得采取任何新的关税豁免,也不能对既有的受惠人扩大关税豁免或对任何新的受惠人实施现行关税豁免。

2. 任何缔约方不得明示或暗示以满足业绩要求为条件,延展任何现行关税豁免。

第2.5条:货物的临时入境

1. 各缔约方应不论其原产地来源给予以下货物免税临时入境:

(a) 专业设备,包括进行商务活动、贸易或根据进口国法律有资格临时入境的人员的专业所需的新闻或电视设备、软件、播音及电影拍摄设备;

(b) 用于展示或演示的货物;

(c) 商业样品、广告片或广告录制品;以及

(d)体育用途的货物。

2. 相关人士提出要求,海关当局认为理由充分,各缔约方应该延展初始既定的临时入境期限。

3. 任何缔约方不得对第1款所指货物的免税临时入境设立条件,但是,对此类货物的以下要求除外:

(a)仅供另一缔约方的国民或居民在其监管下用于该人开展商务活动、贸易、专业或体育活动;

(b)在其辖区期间,不得出售或出租;

(c)应缴纳金额不超过在其他情况下入境或最终进口应付税费110%的保证金,在该货物出口时返还;

(d)出口时应可以识别;

(e)(a)项提及人士离境时,或按该缔约方可能设定的与其临时入境目的相关的其他时间段内,或在一年之内出口,除非延期;

(f)进口数量不得超过其预定用途的合理数量;以及

(g)依据其法律可以进入该缔约方的辖区。

4. 如果一缔约方依据第3款提出的任何条件未得到满足,该缔约方可对货物征收入境时通常应征收的关税和任何其他规费或其法律规定的罚金。

5. 各缔约方应采取并保持本条允许的货物快速通关程序。这类程序应尽可能规定,在另一缔约方申请临时入境的国民或居民携带这类货物入境时,该货物应和该国民或居民同时入境。

6. 各缔约方应允许依据本条通过某海关临时入境的货物通过其他海关出口。

7. 各缔约方应规定,在向进口缔约方提供充分证据证明该货物在临时准入或任何合法延长期内遭受损毁的情况下,进口者或对依据本条允许入境货物的其他负责人不应为该货物无法出口承担责任。

8. 根据第11章(投资)和第12章(跨境服务贸易):

(a)各缔约方应允许从另一缔约方辖区进入其辖区的国际运输集装箱按照该集装箱经济快捷的任何路线离开其辖区;

(b)任何缔约方不得仅仅因为集装箱的驶入港与驶离港之间的差异而要求任何保证金或征收任何罚金或费用;

(c)任何缔约方不得把进入辖区的集装箱从任何特定驶离港离开辖区作为解除该集装

箱入境时所承担的包括保证金在内的任何义务的条件；以及

(d)任何缔约方不得要求自另一缔约方辖区运送集装箱进入其辖区的运载工具必须与运送该集装箱至另一缔约方辖区的运载工具相同。

第2.6条：维修或改造之后重新入境的货物

1. 对自其辖区临时出口至另一缔约方辖区维修或改造之后重新进入其辖区的货物，任何缔约方不得征收关税，不论其原产地来源，也不论该维修或改造：

(a)是否能够在为了维修或改造出口该货物的缔约方辖区进行；或

(b)是否提高了该货物的价值。

2. 任何缔约方不得对为维修或改造目的从另一缔约方临时入境的货物，不论其原产地来源，征收关税。

3. 本条所指的"维修或改造"不包括如下活动或过程：

(a) 损坏货物的基本特性或制造一件新的或商业价值不同的货物；或

(b)将未成品转变为成品。

第2.7条：低价值商业样品和广告印刷品的免税入境

对自另一缔约方进口的低价值商业样品与广告印刷品，不论其原产地来源，各缔约方应准许免税入境，但是可要求：

(a)此类样品的进口仅用于为从另一缔约方或非缔约方辖区提供的货物或服务招揽订单；或者

(b)此种广告品进口时应以包装的形式，每份包装只限装一份此种广告品，且此种广告品或包装不得构成大宗托运的一部分。

D节：非关税措施

第2.8条：进口与出口限制

1. 除非本协定另有规定，任何缔约方不得对另一缔约方的货物进口或对以另一缔约方辖区为目的地的任何出口或用于出口的销售采取或维持禁止或限制措施，除非符合《1994年关税与贸易总协定》第11条规定及其解释性说明，为此目的，经必要修改，《1994年关税与贸易总协定》第11条及其解释性说明被纳入本协定，并成为本协定的一部分。①

2. 缔约双方认识到，被第1款纳入的《1994年关税与贸易总协定》的权利和义务，在禁止任何其他形式的限制措施的情况下，禁止一缔约方采取或维持以下措施：

(a)规定出口和进口价格，执行反补贴和反倾销税令和承诺所允许的除外；

(b)以满足业绩要求为条件发放进口许可证；或

(c)与《1994年关税与贸易总协定》第6条不符的自动出口设限，根据《补贴与反补贴措施协定》第18条和《反倾销协定》第8.1条实施。

3. 第1款和第2款不应适用附件2－A所列措施。

---

① 更确切而言，第1款特指对于再制造货物进口的禁止或限制。

4. 如果一缔约方对一非缔约方的进出口货物采取或维持禁止或限制措施,本协定的任何规定不得解释为妨碍该缔约方:

(a)限制或禁止从另一缔约方辖区进口该非缔约方货物;或者

(b)作为该缔约方出口此类货物至另一缔约方辖区的条件,要求该货物未在另一缔约方辖区使用,不能直接或间接地再出口至该非缔约方。

5. 如果一缔约方对来自非缔约方的货物进口采取或维持禁止或限制措施,根据任何缔约方的请求,缔约双方应进行磋商,以避免对另一缔约方辖区内的定价、营销和分销安排造成不应有的干扰或扭曲。

6. 任何缔约方不得以参与进口或进口货物为条件,要求另一缔约方人员与其辖区内的分销商建立或保持合同关系或其他关系。

7. 更确切地说,第 6 款并不限制一缔约方要求该款所指人员选派一代理人,以加强监管机构和该人员之间的沟通。

8. 第 6 款的分销商系指一缔约方在该缔约方辖区内负责另一缔约方货物销售、经销、特许、代理的人员。

第 2.9 条:进口许可

1. 任何缔约方不得采取或维持不符合《进口许可程序协定》的措施。[1]

2. (a)本协定生效后,各缔约方如有现行的进口许可程序应立即通知另一缔约方。通知应当:

(i)包括《进口许可程序协定》第 5 条规定的信息;并

(ii)不带偏见地评判其进口许可程序是否与本协定相符。

(b)执行任何新的或经过修改的进口许可程序之前,一缔约方应在政府官方网站或固定的一个官方刊物公布该新的或经过修改的程序。该缔约方应在尽可能广泛的范围在新程序或经过修改的程序生效之前至少 20 天之前公布该程序。

3. 就该程序而言,任何缔约方不得对另一缔约方的货物适用进口许可程序,除非该缔约方已符合第 2 款关于该程序的要求。

第 2.10 条:行政规费和手续

1. 缔约双方应该保证,根据《1994 年关税与贸易总协定》第 VIII:1 条和该条的解释性说明,各类为进口或出口而征收或与其相关的规费和费用(除了海关关税、相当于国内税的收费或根据《1994 年关税与贸易总协定》第 III:2 条征收的其他国内费用,以及反倾销和反补贴税)不得超过其所提供服务的大致成本,同时,不得相等于对辖区内货物的间接保护和以财政目的而征收的进口税或出口税。

2. 任何缔约方不得要求领事业务,包括所涉规费和费用,与另一缔约方任何产品的进口相关联。

3. 各缔约方应通过互联网提供并保持当前征收的与进口或出口相关的规费和费用列表。

---

[1] 更准确而言,第 1 款的含义是,在决定一项措施是否符合《进口许可程序协定》时,缔约双方应适用该协定关于"进口许可"的定义。

4. 任何缔约方不得对原产货物采取或维持商品手续费。

第 2.11 条:出口关税、税收或其他费用

任何缔约方不得对出口至另一缔约方辖区的货物采取或保持任何关税、税收或其他费用,除非对用于国内消费的该货物也采取或保持该关税、税收或其他费用。

第 2.12 条:发动机排量税

1. 韩国:

(a)应修改根据《特别消费税法案》第 1 条设立的“特别消费税”,以规定:

(i)发动机为 1000ccs 或以下的车辆不收税,发动机为 1001ccs 到 2000ccs 的车辆,单一税率不高于 5% ,[①]发动机超过 2000ccs 的车辆按单一税率不高于 8% 征税;以及

(ii)自本协定生效之日起三年内,发动机超过 1000ccs 的车辆按单一税率不高于 5% 征税;

(b)应修改根据《当地税法案》第 196 - 5 条设立的“年度汽车税”,以规定发动机为 1000ccs 及以下的车辆,以不高于每立方厘米 80 韩元的单一税率征税,发动机排量为 1001ccs 到 1600ccs 的车辆,以不高于每立方厘米 140 韩元的单一税率征税,发动机排量超过 1600ccs 的车辆,以不高于每立方厘米 200 韩元的单一税率征税;以及

(c)不得修改其城铁债券或地区发展债券[②]来扩大现行的不同种类车辆间的债券购买利率差距。

2. 韩国应在三年内,按照第 1 款(a)(ii)项每年等量降低发动机排量超过 2000ccs 的车辆税率。在本协定生效之日起后出台的每年等量降低税率应在 1 月生效。

3. 韩国不得征收基于车辆发动机排量的新税,也不得修改现行的税收以扩大不同种类车辆间的税率差距。

4. 缔约双方认识到,韩国的消费者在购买一台新的汽车后,可以立即获得一笔相当于 80% 地铁债券和地区发展债券的退款[③]。韩国将采取措施提高公众对于这类退款计划的知晓度,包括通过互联网等渠道,保证公众知晓如何获得退款的信息。

E 节:其他措施

第 2.13 条:特色产品

1. 韩国应承认波旁威士忌和田纳西威士忌为美国的特色产品,田纳西威士忌是一种仅授权在田纳西州生产的纯波旁威士忌。因此,韩国不允许任何产品作为波旁威士忌或田纳西威士忌销售,除非它根据美国管理波旁威士忌和田纳西威士忌生产的各项法律和条例生

---

① (a)项中的“百分比”系指车辆价值的百分比,依据《特别消费税法案》确定。

② 城铁债券依照《城铁法案》第 13.1(b)条和第 13.2 条,以及《有关城铁的总统法令》第 12.1 条设立。地方发展债券依照如下地方政府法令设立:《蔚山市地方发展基金法令》第 6 条、《京畿道地方发展基金法令》第 7 条、《庆尚南道地方发展基金法令》第 5 条、《庆尚北道地方发展基金法令》第 5 条、《全罗北道地方发展基金法令》第 6 条、《全罗南道地方发展基金法令》第 7 条、《忠清北道地方发展基金法令》第 7 条、《忠清南道地方发展基金法令》第 5 条、《江原道地方发展基金法令》第 5 条、《济州自治特别道地方发展基金法令》第 9 条。

③ 退款的百分比变化依据现行的债券市场利率决定。

产于美国。

2. 美国应承认安东烧酒或校洞法酒为韩国的特色产品。因此，美国不允许任何产品作为安东烧酒或校洞法酒销售，除非它根据韩国管理安东烧酒和校洞法酒生产的各项法律和条例生产于韩国。

3. 本协定生效后，各缔约方应立即告知另一缔约方其现行的管理特色产品生产的法律和条例，且此后也应将这些法律和条例的任何修改告知另一缔约方。

4. 更确切地说，本条内容不应被解释为授予与商标或地理标识有关的任何权利。

F 节：机构条款

第 2.14 条：货物贸易委员会

1. 缔约双方特此成立由双方代表组成的货物贸易委员会。

2. 货物贸易委员会应根据一缔约方或联合委员会的请求召开会议，研究因本章、第六章（原产地规则和原产地程序）或第七章（海关管理和贸易便利化）而产生的任何问题。

3. 该委员会的职责应包括：

(a) 促进缔约双方之间的货物贸易，包括就加快本协定下的关税消除和其他相关问题展开磋商；并

(b) 处理缔约双方之间货物贸易中的关税壁垒和非关税壁垒问题，并在适当情况下，将此类问题提交联合委员会考虑。

4. 该委员会还应：

(a) 讨论并努力解决根据《协调制度》对货物进行分类时缔约双方之间可能产生的分歧；

(b) 审核《2007 年协调制度》的术语变化及其随后的修订，以保证各缔约方在本协定中的义务并未改变，并协商解决

(i)《2007 年协调制度》或随后的术语表与附件 2－B 之间的不一致之处；和

(ii) 附件 2－B 和国家术语汇编之间的不一致之处；以及

(c) 讨论第 7.2 条（货物放行）或第 7.5 条（合作）项下出现的任何问题，包括加速放行货物的程序以及与风险管理相关的问题。

为协助该委员会开展与本款相关的工作，该委员会可以就海关问题召集分委员会会议。

G 节：定义

第 2.15 条：定义

为本章之目的：

“《反倾销协定》”系指《世界贸易组织协定》附件 1A 所含的《关于实施 1994 年关税与贸易总协定第 6 条的协定》；

“广告片和录制品”系指录制的视频或音频材料，主要由影像和/或声音构成，展示在一缔约方辖区定居或常居的人士提供的销售或租赁的货物或服务的性质或功能，但前提条件

是该影片仅适合对潜在客户群展示，而非对一般公众播放；

“低价值商业样品”系指单个或整体装运的商业样品，其价值均不超过一缔约方关于临时准入的法律、法规或程序规定的价值，或者通过标注、撕裂、穿孔或其他处理方式，表明不适合销售或做商业样品之外的用途；

“领事业务”系指一缔约方为了把货物出口到另一缔约方辖区必须首先在出口缔约方辖区经由进口缔约方领事监督的事务，其目的是为了获得开具商业发票所需的领事发票或领事签证、原产地证书、提货单、装运人出口声明，或其他出口所需或与出口有关的海关文件；

“已消费”系指

(a)实际消费了；或者

(b)进一步加工或制造，从而导致货物的价值、外形或用途的实质性改变或者另一种货物的产生；

“免税”系指免予征收海关关税；

“预定用于展示或演示的货物”包括这些货物的零部件、辅助设备和配件。

“体育用途的临时进口货物”系指允许进口至另一缔约方辖区内，用于该缔约方辖区的体育赛事、演示或训练的体育必需品；

“进口许可”系指把货物进口到进口缔约方辖区之前必须向相关行政机构递交申请或(结关所需文件之外的)相关文件的行政程序；

“业绩要求”系指以下要求：

(a)出口的货物或服务必须达到既定水平或百分比；

(b)给予关税豁免或进口许可的缔约方国内货物或服务必须替代进口货物；

(c)关税豁免或进口许可的受益人必须购买给予关税豁免或进口许可的缔约方辖区的其他货物或服务，或者必须优先考虑国产货物；

(d)关税豁免或进口许可的受益人必须在给予关税豁免或进口许可的缔约方辖区生产货物或提供服务，并达到一定的国内含量水平或比例；或者

(e)以任何方式，将进口的数量或价值与出口的数量或价值，或者与外汇流入量挂钩；

但并不包括如下要求：

(f)以后进口的货物必须出口；

(g)用作随后出口的另一种货物的原材料；

(h)被用来随后出口另一种货物的原材料的相同或相似货物所替代；或

(i)用随后出口的相同或相似的货物所替代；

“广告印刷品”系指归入《协调制度》第49章的那些货物，包括用于促销、推介或宣传商品或服务，主要目的是为某种商品或服务做广告，并免费提供的小册子、手册、传单、商品目录、行业协会出版的年鉴、旅游促销资料，以及海报；

“《SCM协定》”系指《世界贸易组织协定》附件1A所含的《补贴与反补贴措施协定》。

附件 2－A　国民待遇和进出口限制

A 节:韩国的措施

第 2.2 条和第 2.8 条第 1 款和第 2 款不适用于:

(a)世界贸易组织争端解决机构授权的行为;以及

(b)韩国依据《世界贸易组织协定》包含的程序采取的任何用于解决市场混乱的措施。

B 节:美国的措施

第 2.2 条和第 2.8 条第 1 款和第 2 款不适用于:

(a)对各种类原木出口的控制;

(b)(i)依据《1920 年海商法》附件 46,《美国法典》§883;《客轮法》附件 46,《美国法典》§§289,292,和 316;和附件 46,《美国法典》§12108 现行条款的任何措施,范围包括在美国加入《1947 年关税与贸易总协定》(GATT1947)时就是强制性法令,并且,此后一直没有为了降低与《1947 年关税与贸易总协定》B 节的一致性进行修改的措施;

(ii)对(i)项所述法规中不一致条款的延续或迅速重订;以及

(iii)对(i)项所述法规中不一致条款的修订,只要该修订不降低与第 2.2 条和第 2.8 条规定的一致性程度;

(c)世界贸易组织争端解决机构授权的行为;以及

(d)美国依据《世界贸易组织协定》包含的程序采取的任何用于解决市场混乱的措施。

附件 2 – B　关税的消除

1. 除非一缔约方在本附件的关税减让表中另有规定，各缔约方依据第 2.3.2 条进行如下分阶段取消关税：

（a）一缔约方的关税减让表 A 类所列税目的原产货物关税应完全取消，自本协定生效之日起此类货物免征关税；

（b）一缔约方的关税减让表 B 类所列税目的原产货物关税应自本协定生效之日起用 2 年时间分阶段等量消除，并自第二年的 1 月 1 日起免征关税；

（c）一缔约方的关税减让表 C 类所列税目的原产货物关税应自本协定生效之日起用 3 年时间分阶段等量消除，并自第三年的 1 月 1 日起免征关税；

（d）一缔约方的关税减让表 D 类所列税目的原产货物关税应自本协定生效之日起用 5 年时间分阶段等量消除，并自第五年的 1 月 1 日起免征关税；

（e）一缔约方的关税减让表 E 类所列税目的原产货物关税应自本协定生效之日起用 6 年时间分阶段等量消除，并自第六年的 1 月 1 日起免征关税；

（f）一缔约方的关税减让表 F 类所列税目的原产货物关税应自本协定生效之日起用 7 年时间分阶段等量消除，并自第七年的 1 月 1 日起免征关税；

（g）一缔约方的关税减让表 G 类所列税目的原产货物关税应自本协定生效之日起用 10 年时间分阶段等量消除，并自第十年的 1 月 1 日起免征关税；

（h）一缔约方的关税减让表 H 类所列税目的原产货物关税应自本协定生效之日起用 15 年时间分阶段等量消除，并自第十五年的 1 月 1 日起免征关税；

（i）一缔约方的关税减让表 I 类所列税目的原产货物关税，应自本协定生效之日起在基准税率的基础上降低 5%。自第二年的 1 月 1 日起，应在基准税率的基础上再降低 5%，自第三年的 1 月 1 日起，每年在基准税率的基础上降低 7%，直到第五年。自第六年的 1 月 1 日起，应在基准税率的基础上再降低 10%，自第七年的 1 月 1 日起，在基准税率的基础上再降低 10%。自第八年的 1 月 1 日起，在基准税率的基础上再降低 12%，自第九年的 1 月 1 日起，在基准税率的基础上再降低 17%，自第十年的 1 月 1 日起，在基准税率的基础上再降低 20%，此类货物自第十年的 1 月 1 日起免征关税。

（j）一缔约方的关税减让表 J 类所列税目的原产货物关税自第一年到第八年应保持基准税率。自第九年的 1 月 1 日起，关税应在四年内每年等量降低，并自第十二年的 1 月 1 日起免征关税；以及

（k）一缔约方关税减让表 K 类所列税目的原产货物应继续享受免税待遇。

2. 关税以及决定各阶段税目减让的临时性关税的基准税率详见各缔约方的关税减让表。

3. 各阶段的临时性税率仅应保留百分比小数点后第一位数字；如果关税税率以货币单位表示，则美国方面至少保留到美分后一位，韩国方面保留到韩元。

4. 本附件和任一缔约方的关税减让表中，第一年系指第 24.5 条（生效和终止）规定的本协定生效的当年。

5. 本附件和任一缔约方的关税减让表中，自第二年起，每年的分阶段关税减让应在当年的 1 月 1 日生效。

第三章　农　　业

第 3.1 条：适用范围

1. 本章适用于缔约方对农产品贸易采取或维持的措施。[①]

2. 此外，第 3.2 条还适用于一缔约方作为附件 2 – B（关税的消除）的关税减让表附件 2 – B – 1 中所涉及的所有货物，不论这些货物是否是农产品。

第 3.2 条：税率配额的管理和执行

1. 各缔约方应依据《1994 年关税与贸易总协定》第 13 条，包括其解释性说明，以及《进口许可协定》执行并管理附件 2 – B（关税的消除）的减让表的附件 2 – B – 1 设定的税率配额（Tariff-Rate Quotas，TRQ）。

2. 各缔约方应保证：

（a）其管理税率配额的程序透明、公众可以获知、及时、非歧视、反映市场情况、对贸易的负担最小，并反映最终用户的偏好；

（b）任何符合进口缔约方法律和行政规定的缔约方人员都有资格按照该缔约方的税率配额申请并获得配额分配。除非缔约双方另有协议，任何加工商、零售商、餐馆、宾馆、食品服务分销商或机构，以及其他人员都有资格申请或获得配额分配。任何为申请配额分配相关服务而收取的费用应不高于提供该服务的实际成本；

（c）除了附件 2 – B 关税减让表的附件 2 – B – 1 所述情况，不把配额分配给制造商集团，不以购买国内产品为获得配额分配的条件，亦不限制加工商获得配额分配；以及

（d）按照商业上可行的装运数量分配配额，并最大限度地满足进口商的数量要求。除非各税率配额规定和附件 2 – B 中一缔约方的关税减让表附件 2 – B – 1 的可用税号另有规定，各配额分配应对特定关税配额下属的任何一项或多项有效，不考虑该项或多项的规格或等级，亦不受该项或多项的最终用途和包装规格的条件限制。

3. 各缔约方应明确负责管理税率配额的实体。

4. 各缔约方应尽力管理好税率配额，使进口商充分利用配额数量。

5. 任一缔约方不得把货物的再出口作为申请或利用税率配额项下配额分配的条件。

6. 应一缔约方的书面请求，缔约双方应就一缔约方有关税率配额管理的问题展开磋商。

7. 除非附件 2 – B 减让表的附件 2 – B – 1 中另有规定，各缔约方应自第一年本协定生效之日以及随后每一年的第一个工作日将该附件中所设的全部配额数量向配额申请人公开。在每年的进程中，进口缔约方的管理机构应及时在公开指定的网站上，公布每项税率配额的

---

① 更确切而言，第 3.1 条取决于附件 2 – B 中韩国减让表一般注释第 3（a）款。

利用率及每一种税率配额的剩余数量。

第3.3条：农业保障措施

1. 尽管第2.3条（关税的消除）有规定，一缔约方仍可以采取措施，对附件3－A中该缔约方关税减让表所列的原产地农产品征收更高的进口关税，这符合第2款至第8款，如果该货物任何一年的进口总量超过附件3－A（触发水平）关税减让表的触发水平。

2. 第一款项下的关税不应超过现行的最惠国执行税率，或本协定生效日前一日实施的最惠国执行税率，或附件3－A减让表中所设的关税税率中的较低税率。

3. 各缔约方依据第1款征收的关税应按照附件3－A中的减让表制定。

4. 任一缔约方不得在采取或维持本条的农业保障措施的同时，对同一货物采取或维持以下措施：

（a）第十章（贸易救济措施）项下的保障措施；或

（b）《1994年关税与贸易总协定》第19条和《保障措施协定》中的措施。

5. 一缔约方应以透明的方式实施任何农业保障措施。实施农业保障措施后60天内，实施措施的缔约方应以书面形式将这一措施告知另一缔约方，并向另一缔约方提供该措施相关的数据。应出口缔约方的书面请求，缔约双方应就实施该措施进行磋商。

6. 依据第3.4条成立的联合委员会或农产品贸易委员会将审核并讨论本条的实施和运行。

7. 任一缔约方不得对于原产农产品采取或保持农业保障措施：

（a）如果附件3－A该缔约方减让表中的农业保障条款规定的日期已经到期；或

（b）如果该措施对从属于附件2－B减让表的附件2－B－1规定的税率配额的货物提高了配额内关税。

8. 各缔约方的原产农产品不属于根据《农业协定》采取的任何农业保障措施征收的任何关税的范围。

第3.4条：农产品贸易委员会

1. 本协定生效之日起90天内，缔约双方应成立由各缔约方代表组成的农产品贸易委员会。

2. 该委员会应为以下事务提供一个论坛：

（a）对本章的实施和管理进行监督并促进合作；

（b）对与本章相关的问题与依据本协定成立的其他委员会、分委员会、工作组或其他机构进行磋商；以及

（c）承担联合委员会安排的其他工作。

3. 除非缔约双方另有约定，委员会每年至少应召开一次会议。委员会的会议应由作为会议东道主的缔约方代表主持。

第3.5条：定义

为本章之目的：

“《农业协定》”系指《世界贸易组织协定》附录1－A所含的《农业协定》；

“农产品”系指《农业协定》第2条所指的货物。

附件 3 - A 农业保障措施

韩国的减让表

货物主体，触发水平以及最高关税

1. 本附件罗列了适用第 3.3 条农业保障措施的原产货物、适用此类措施的触发水平，以及每年对此类货物可以征收的最高关税。

2. 更准确而言，如下保障措施关税为零之日起不得采取或维持任何农业保障措施。

3. 进入韩国的(f)、(g)、(h)、(n)、(o)、(p)、(q)、(r)、(t)、(u)、(v)、(w)或(cc)项所列原产货物在数量上符合每项的免税待遇要求时，应按照“先到先得”的原则免税进入，无论保障关税是否适用于保障关税触发水平以上的数量。

(a)牛肉

适用范围：鲜牛肉、冷藏牛肉、冷冻精牛肉 - HSK 条款 0201.10.0000，0201.20.0000，0201.30.0000，0202.10.0000，0202.20.0000，0202.30.0000

年份	触发水平(公吨)	保障税率(%)
1	270 000	40.0
2	276 000	40.0
3	282 000	40.0
4	288 000	40.0
5	284 000	40.0
6	300 000	30.0
7	306 000	30.0
8	312 000	30.0
9	318 000	30.0
10	324 000	30.0
11	333 000	24.0
12	336 000	24.0
13	342 000	24.0
14	348 000	24.0
15	354 000	24.0

(b)猪肉

适用范围:HSK 条款 0203.19.1000,0203.19.9000

年份	触发水平(公吨)	保障税率(%)
1	8250	22.5
2	8745	22.5
3	9270	22.5
4	9826	22.5
5	10 415	22.5
6	11 040	15.8
7	11 703	14.6
8	12 405	13.5
9	13 149	12.4
10	13 938	11.3
11	不适用	不适用

(c)洋葱头

适用范围:HSK 条款 0703.10.1000,0712.20.0000

年份	触发水平(公吨)	保障税率(%)
1	2904	135
2	3111	135
3	3319	135
4	3526	135
5	3734	135
6	3941	135
7	4149	135
8	4356	135
9	4563	135
10	4771	135
11	4978	135
12	5186	135
13	5393	135
14	5601	135
15	5808	135
16	5808	101
17	5808	101
18	5808	101
19	不适用	不适用

(d)大蒜

适用范围:HSK 条款 0703.20.1000, 0703.20.9000, 0711.90.1000, 0712.90.1000

年份	触发水平(公吨)	保障税率(%)
1	1148	360
2	1230	360
3	1312	360
4	1394	360
5	1476	360
6	1558	360
7	1640	360
8	1723	360
9	1805	360
10	1887	360
11	1969	360
12	2951	360
13	2133	360
14	2215	360
15	2297	360
16	2297	270
17	2297	270
18	2297	270
19	不适用	不适用

(e)胡椒

适用范围:HSK 条款 0709.60.1000, 0709.60.0711.90, 0904.20.1000, 0904.20.2000

年份	触发水平(公吨)	保障税率(%)
1	828	270
2	886	270
3	945	270
4	1004	270
5	1064	270
6	1123	270
7	1182	270
8	1241	270

续表

年份	触发水平(公吨)	保障税率(%)
9	1300	270
10	1359	270
11	1418	270
12	1478	270
13	1537	270
14	1596	270
15	1655	270
16	1655	203
17	1655	203
18	1655	203
19	不适用	不适用

(f)豆类(黑绿豆、赤豆、绿豆)

适用范围:HSK 条款 0713.31.9000,0713.32.9000

年份	主要保障措施触发水平(公吨)	中间保障措施触发水平(公吨)	主要保障措施关税(%)	0713.31.9000	0713.32.9000	中间保障税率(%) 0713.31.9000/0713.32.900
1	238	119		595	412	55
2	298	186		582	403	40
3	357	268		569	394	25
4	417	364		556	385	15
5	476	不适用		543	376	不适用
6	500			488	338	
7	524			469	325	
8	547			449	311	
9	571			429	297	
10	595			409	283	
11	619			313	217	
12	643			287	199	
13	666			260	180	
14	690			233	162	
15	714			207	143	
16	不适用			0	0	

更确切地说，从第一年到第四年，所有等于或低于中间保障措施触发水平的数量都应免税进入；对所有高于中间保障措施触发水平，等于或低于主要保障措施触发水平的数量，都应征收上表中所列的中间保障措施关税。自第五年开始，所有等于或低于主要保障措施的数量都应免税进入。任何年份，对所有高于主要保障措施触发水平的数量，都应按上表所列税率征收主要保障措施关税。

（g）甘薯

适用范围：HSK 条款 0714.20.1000，0714.20.2000，0714.20.3000，0714.20.9000

年份	主要保障措施触发水平（公吨）	中间保障措施触发水平（公吨）	主要保障措施关税（%）	中间保障税率（%）
1	212	106	373	55
2	265	166	360	40
3	318	239	348	25
4	371	325	336	15
5	424	不适用	323	不适用
6	445		272	
7	466		253	
8	488		234	
9	509		215	
10	530		196	
11	不适用		0	
12				

更确切地说，从第一年到第四年，所有等于或低于中间保障措施触发水平的数量都应免税进入；对所有高于中间保障措施触发水平，等于或低于主要保障措施触发水平的数量，都应征收上表中所列的中间保障措施关税。自第五年开始，所有等于或低于主要保障措施的数量都应免税进入。任何年份，对所有高于主要保障措施触发水平的数量，都应征收上表中所列的主要保障措施关税。

（h）其他根茎类

适用范围：HSK 条款 0714.90.9090

年份	触发水平（公吨）	保障税率（%）
1	30	373
2	30	360
3	30	348
4	30	336
5	30	323
6	30	272

续表

年份	触发水平(公吨)	保障税率(%)
7	30	253
8	30	234
9	30	215
10	30	196
11	不适用	0

等于或低于保障关税触发水平的进口品应免税进入。

(i)苹果

适用范围:HSK 条款 0808.10.0000

年份	触发水平(公吨)	保障税率(%)
1	9000	45
2	9000	45
3	9000	45
4	9000	45
5	12 000	45
6	12 360	33.8
7	12 731	33.8
8	13 113	33.8
9	13 506	33.8
10	13 911	33.8
11	14 329	27
12	14 758	27
13	15 201	27
14	15 657	27
15	16 127	27
16	16 611	22.5
17	17 109	22.5
18	17 622	22.5
19	18 151	22.5
20	18 696	22.5
21	19 256	22.5
22	19 834	22.5
23	20 429	22.5
24	不适用	0

保障关税触发水平包括各种类进口苹果的总数量。自第十一年起到第二十三年,保障关税应只适用于富士苹果。

(j)绿茶

适用范围:HSK 条款 0902.10.0000, 0902.20.0000

年份	触发水平(公吨)	保障税率(%)
1	8.3	513.6
2	8.9	513.6
3	9.5	513.6
4	10.1	513.6
5	10.7	513.6
6	11.3	513.6
7	11.9	513.6
8	12.5	513.6
9	13.0	513.6
10	13.6	513.6
11	14.2	513.6
12	14.8	513.6
13	15.4	513.6
14	16	513.6
15	16.6	513.6
16	16.6	385
17	16.6	385
18	16.6	385
19	不适用	0

(k)生姜

适用范围:HSK 条款 0910.10.0000

年份	触发水平(公吨)	保障税率(%)
1	573	377.3
2	614	377.3
3	655	377.3
4	696	377.3
5	737	377.3
6	778	377.3

续表

年份	触发水平(公吨)	保障税率(%)
7	819	377.3
8	860	377.3
9	901	377.3
10	942	377.3
11	983	377.3
12	1024	377.3
13	1065	377.3
14	1106	377.3
15	1147	377.3
16	1147	283
17	1147	283
18	1147	283
19	不适用	0

(1)麦芽和大麦产品

适用范围:HSK 条款 1003.00.1000，1107.10.0000

年份	触发水平(公吨)	保障税率(%)	1003.00.1000	1107.10.0000
1	9000		502	263
2	9180		491	258
3	9364		480	252
4	9551		469	246
5	9742		458	240
6	9937		412	216
7	10 135		396	207
8	10 338		379	199
9	10 545		362	190
10	10 756		345	181
11	10 971		265	139
12	11 190		242	127
13	11 414		220	115
14	11 642		197	103
15	11875		174	91.5
16	不适用		0	0

等于或低于保障关税触发水平的数量,见附件 2－B－1 韩国第 17 款。

(m)大麦

适用范围:HSK 条款 1003.00.9010，1003.00.9020

年份	触发水平(公吨)	保障税率(%)	1003.00.9010	1003.00.9020
1	2500		317	293
2	2550		310	287
3	2601		303	281
4	2653		296	274
5	2706		289	268
6	2760		260	241
7	2815		250	231
8	2872		239	221
9	2929		229	212
10	2988		218	202
11	3047		167	155
12	3108		153	141
13	3171		139	128
14	3234		124	115
15	3299		110	102
16	不适用		0	0

等于或低于保障关税触发水平的数量,见附件 2－B－1 韩国第 16 款。

(n)爆米花

适用范围:HSK 条款 1005.90.2000

年份	主要保障措施触发水平(公吨)	中间保障措施触发水平(公吨)	主要保障措施关税(%)	中间保障税率(%)
1	5112	2556	601	55
2	6390	3994	572	40
3	7668	5751	544	25
4	8946	7828	515	15
5	10 224	不适用	486	不适用
6	10 735		365	
7	11 246		321	
8	不适用		0	

更确切地说,从第一年到第四年,所有等于或低于中间保障措施触发水平的数量都应免

税进入;对所有高于中间保障措施触发水平,等于或低于主要保障措施触发水平的数量,都应征收上表中所列的中间保障措施关税。自第五年开始,所有等于或低于主要保障措施的数量都应免税进入。任何年份,对所有高于主要保障措施触发水平的数量,都应征收上表中所列的主要保障措施关税。

(o)玉米(其他)

适用范围:HSK 条款 1005.90.9000

年份	主要保障措施触发水平（公吨）	中间保障措施触发水平（公吨）	主要保障措施关税（%）	中间保障税率（%）
1	187 547	93 774	313	55
2	234 434	146 521	298	40
3	281 321	210 990	283	25
4	328 207	287 181	268	15
5	375 094	不适用	253	不适用
6	393 849		190	
7	412 603		167	
8	不适用		0	

更确切地说,从第一年到第四年,所有等于或低于中间保障措施触发水平的数量都应免税进入;对所有高于中间保障措施触发水平,等于或低于主要保障措施触发水平的数量,都应征收上表中所列的中间保障措施关税。自第五年开始,所有等于或低于主要保障措施的数量都应免税进入。任何年份,对所有高于主要保障措施触发水平的数量,都应征收上表中所列的主要保障措施关税。

(p)荞麦

适用范围:HSK 条款 1008.10.0000, 1008.90.0000

年份	主要保障措施触发水平（公吨）	中间保障措施触发水平（公吨）	主要保障措施关税（%）	1008.10.0000	1008.90.0000	中间保障税率（%）
1	250	125		251	783	55
2	313	195		245	766	40
3	375	281		240	749	25
4	438	383		234	732	15
5	500	不适用		229	715	不适用
6	525			206	643	
7	550			198	617	
8	570			189	591	
9	600			181	565	
10	625			172	539	

续表

年份	主要保障措施触发水平（公吨）	中间保障措施触发水平（公吨）	主要保障措施关税（%）	1008.10.0000	1008.90.0000	中间保障税率（%）
11	650			132	413	
12	675			121	378	
13	700			110	343	
14	725			98.3	307	
15	750			87.1	272	
16	不适用			0	0	

更确切地说，从第一年到第四年，所有等于或低于中间保障措施触发水平的数量都应免税进入；对所有高于中间保障措施触发水平，等于或低于主要保障措施触发水平的数量，都应征收上表中所列的中间保障措施关税。自第五年开始，所有等于或低于主要保障措施的数量都应免税进入。任何年份，对所有高于主要保障措施触发水平的数量，都应征收上表中所列的主要保障措施关税。

（q）谷类、去壳谷粒、已加工谷物

适用范围：HSK 条款 1102.90.9000，1103.20.9000，1104.19.9000，1104.29.1000，1104.29.9000

年份	主要保障措施触发水平（公吨）	中间保障措施触发水平（公吨）	主要保障措施关税（%）	中间保障税率（%）
1	128	64.0	783	55
2	136	85.0	766	40
3	145	108	749	25
4	154	134	732	15
5	163	不适用	715	不适用
6	173		643	
7	184		617	
8	196		591	
9	208		565	
10	221		539	
11	235		413	
12	249		378	
13	265		343	
14	282		307	
15	299		272	
16	不适用		0	

更确切地说，从第一年到第四年，所有等于或低于中间保障措施触发水平的数量都应免税进入；对所有高于中间保障措施触发水平，等于或低于主要保障措施触发水平的数量，都应征收上表中所列的中间保障措施关税。自第五年开始，所有等于或低于主要保障措施的数量都应免税进入。任何年份，对所有高于主要保障措施触发水平的数量，都应按上表所列税率征收主要保障措施关税。

(r)马铃薯细粉、粗粉、粉末、片、粒

适用范围：HSK 条款 1105.10.0000，1105.20.0000

年份	触发水平(公吨)	保障税率(%)
1	5000	294
2	5150	285
3	5305	275
4	5464	265
5	5628	255
6	5796	215
7	5970	200
8	6149	185
9	6334	170
10	6524	155
11	不适用	0

等于或低于保障税率触发水平的进口产品应免税进入。

(s)玉米淀粉

适用范围：HSK 条款 1108.12.0000

年份	触发水平(公吨)	保障税率(%)
1	10 000	221
2	10 300	216
3	10 609	212
4	10 927	207
5	11 255	202
6	11 593	182
7	11 941	174
8	12 299	167
9	12 668	160
10	13 048	152
11	13 439	117
12	13 842	107
13	14 258	96.7
14	14 685	86.8
15	15 126	76.8
16	不适用	0

等于或低于保障关税触发水平的数量,见附件 2 – B – 1 韩国第 18 款。

(t)马铃薯淀粉

适用范围:HSK 条款 1108.13.0000

年份	触发水平(公吨)	触发水平之内的免税数量(公吨)	保障税率(%)
1	239	0.5	445
2	299	1.0	436
3	359	1.5	426
4	418	2.0	416
5	478	2.5	406
6	502	3.0	366
7	526	3.5	351
8	550	4.0	336
9	574	4.5	321
10	598	5.0	306
11	621	5.5	235
12	645	6.0	215
13	669	6.5	195
14	693	7.0	175
15	717	7.5	155
16	不适用	不适用	0

(u)木薯淀粉

适用范围:HSK 条款 1108.14.0000

年份	触发水平(公吨)	触发水平之内的免税数量(公吨)	保障税率(%)
1	433	0.5	445
2	541	1.0	436
3	650	1.5	426
4	758	2.0	416
5	866	2.5	406
6	909	3.0	366
7	953	3.5	351
8	996	4.0	336
9	1039	4.5	321

续表

年份	触发水平(公吨)	触发水平之内的免税数量(公吨)	保障税率(%)
10	1083	5.0	306
11	1126	5.5	235
12	1169	6.0	215
13	1212	6.5	195
14	1256	7.0	175
15	1299	7.5	155
16	不适用	不适用	0

(v)甘薯淀粉

适用范围:HSK 条款 1108.19.1000

年份	触发水平(公吨)	触发水平之内的免税数量(公吨)	保障税率(%)
1	202	0.5	236
2	253	1.0	231
3	303	1.5	226
4	354	2.0	221
5	404	2.5	215
6	424	3.0	194
7	444	3.5	186
8	465	4.0	178
9	485	4.5	170
10	505	5.0	162
11	525	5.5	124
12	545	6.0	114
13	566	6.5	103
14	586	7.0	92.6
15	606	7.5	82.0
16	不适用	不适用	0

(w)其他淀粉

适用范围:HSK 条款 1108.19.9000

年份	触发水平(公吨)	触发水平之内的免税数量(公吨)	保障税率(%)
1	53.0	0.5	783
2	66.3	1.0	766
3	79.5	1.5	749
4	92.8	2.0	732
5	106	2.5	715
6	111	3.0	643
7	117	3.5	617
8	122	4.0	591
9	127	4.5	565
10	133	5.0	539
11	138	5.5	413
12	143	6.0	378
13	148	6.5	343
14	154	7.0	307
15	159	7.5	272
16	不适用	不适用	0

(x)花生

适用范围:HSK 条款 1202.10.0000，1202.20.0000

年份	触发水平(公吨)	保障税率(%)
1	140	230.5
2	150	230.5
3	160	230.5
4	170	230.5
5	180	230.5
6	190	230.5
7	200	230.5
8	211	230.5
9	221	230.5
10	231	230.5
11	241	230.5

续表

年份	触发水平(公吨)	保障税率(%)
12	251	230.5
13	261	230.5
14	271	230.5
15	281	230.5
16	281	173
17	281	173
18	291	173
19	不适用	0

(y)芝麻籽

适用范围:HSK 条款 1207.40.0000

年份	触发水平(公吨)	保障税率(%)
1	3561	630
2	3815	630
3	4070	630
4	4324	630
5	4578	630
6	4832	630
7	5087	630
8	5341	630
9	5595	630
10	5850	630
11	6104	630
12	6358	630
13	6612	630
14	6867	630
15	7121	630
16	7121	473
17	7121	473
18	7121	473
19	不适用	0

(z)人参

适用范围:HSK 条款

第 1 组:1211.20.1100, 1211.20.1210, 1211.20.1220, 1211.20.1240

第 2 组:1211.20.1310, 1211.20.1320, 1211.20.1220, 1330.1240

第 3 组:1211.20.2210, 1211.20.2220, 1211.20.2290, 1211.20.9100, 1211.20.9200, 1211.20.9900, 1302.19.1210, 1302.19.1220, 1302.19.1290

年份	触发水平(公吨)	保障税率(%)	第 1 组	第 2 组	第 3 组
1	62		222.8	754.3	754.3
2	64.4		222.8	754.3	754.3
3	66.8		222.8	754.3	754.3
4	69.2		222.8	754.3	754.3
5	71.6		222.8	754.3	754.3
6	74.1		222.8	754.3	754.3
7	76.5		222.8	754.3	754.3
8	78.9		222.8	754.3	754.3
9	81.3		222.8	754.3	754.3
10	83.7		222.8	754.3	754.3
11	86.1		222.8	754.3	754.3
12	88.5		222.8	754.3	754.3
13	90.9		222.8	754.3	754.3
14	93.4		222.8	754.3	754.3
15	95.8		222.8	754.3	754.3
16	98.2		173	587	566
17	101		170	576	566
18	103		167	566	566
19	103		167	566	0
20	103		167	566	0
21	不适用		0	0	0

(aa)芝麻籽油

适用范围:HSK 条款 1515.50.0000

年份	触发水平(公吨)	保障税率(%)
1	30.0	630
2	32.2	630
3	34.4	630

续表

年份	触发水平(公吨)	保障税率(%)
4	36.6	630
5	38.9	630
6	41.1	630
7	43.3	630
8	45.5	630
9	47.7	630
10	49.9	630
11	52.1	630
12	54.4	630
13	56.6	630
14	58.8	630
15	61.0	630
16	61.0	473
17	61.0	473
18	61.0	473
19	不适用	0

(bb)糖

适用范围:HSK 条款 1701.91.0000, 1701.99.0000

年份	触发水平(公吨)	保障税率(%)
1	833	50
2	858	50
3	884	50
4	910	50
5	938	50
6	966	50
7	995	50
8	1025	50
9	1055	50
10	1087	50
11	1120	50
12	1153	50

续表

年份	触发水平(公吨)	保障税率(%)
13	1188	50
14	1223	50
15	1260	50
16	1298	37.5
17	1337	37.5
18	1377	37.5
19	1418	37.5
20	1461	37.5
21	不适用	0

(cc)含酒精饮料

适用范围:HSK 条款 2207.10.9010

年份	主要保障措施触发水平(公吨)	中间保障措施触发水平(公吨)	主要保障措施关税(%)	中间保障税率(%)
1	236	118	264	55
2	295	184	258	40
3	354	266	253	25
4	413	361	247	15
5	472	不适用	241	不适用
6	496		217	
7	519		208	
8	543		199	
9	566		191	
10	590		182	
11	614		139	
12	637		127	
13	661		116	
14	684		104	
15	708		91.8	
16	不适用		0	

更确切地说,从第一年到第四年,所有等于或低于中间保障措施触发水平的数量都应免税进入;对所有高于中间保障措施触发水平,等于或低于主要保障措施触发水平的数量,都应征收上表中所列的中间保障措施关税。自第五年开始,所有等于或低于主要保障措施的

数量都应免税进入。任何年份,对所有高于主要保障措施触发水平的数量,都应征收上表中所列的主要保障措施关税。

(dd)糊精

适用范围:HSK 条款 3505.10.4000, 3505.10.5000

年份	触发水平(公吨)	保障税率(%)
1	14 000	375
2	14 420	365
3	14 853	355
4	15 298	345
5	15 757	334
6	16 230	291
7	16 717	275
8	17 218	260
9	17 735	244
10	18 267	228
11	18 815	152
12	19 375	131
13	不适用	0

等于或低于保障关税触发水平的数量,见附件 2 - B - 1 韩国第 24 款。

第四章　纺织品与服装

第 4.1 条：双边紧急行动

1. 如果由于本协定规定的关税降低或消除，依据本协定享受优惠关税待遇的纺织品或服装进口至另一缔约方辖区内时，其增长的绝对数量或相对于该货物国内市场的相对数量对生产相似或直接竞争货物的国内产业构成了严重损害或严重损害威胁，为了在必要的程度和时间阻止或救济此类损害并促成国内产业调整，进口缔约方可以：

(a) 对该货物暂停本协定规定的进一步降低税率；或者

(b) 提高该货物的税率，但是不得超过以下两个税率中的较低者：

(i) 采取行动之日正在执行的最惠国执行税率；以及

(ii) 本协定生效之日正在执行的最惠国执行税率。

2. 认定严重损害，或严重损害威胁时，进口缔约方：

(a) 应考察该货物进口增长对特定行业的影响，如反映在诸如产量、生产效率、产能利用率、库存、市场份额、出口、工资、就业、国内价格、利润与投资等相关经济变量的变化，其中，任何一个因素都不一定起决定性作用；以及

(b) 不应将科技发展或消费者偏好作为支持认定严重损害或严重损害威胁的因素。

3. 只有在进行调查之后，进口缔约方才可以根据本条采取紧急行动。进口缔约方应：

(a) 按所设立的程序，开展本条项下的任何调查；以及

(b) 在本协定生效之日或在其发起本条项下的调查之前，将各自的程序告知另一缔约方。

4. 进口缔约方应及时将准备采取紧急行动的意图以书面形式通知出口缔约方，并在接到进口缔约方书面请求后就此事同该缔约方进行磋商。

5. 进口缔约方：

(a) 采取紧急行动的时间不可超过两年，除非对该期限进行最多两年的延展；

(b) 在该缔约方依照本协定必须消除该货物的关税之日起十年之后，不可对该货物采取或维持紧急行动；

(c) 对另一缔约方的同一货物只能采取一次紧急行动；以及

(d) 在紧急行动终止时，应对采取紧急行动的货物适用因紧急行动而中止适用的关税税率。

6. 根据本条规定采取紧急行动的缔约方，应向出口缔约方提供双方同意的贸易自由化补偿，该补偿是一种关税减让，其效果和大致价值与紧急行动预期产生的贸易效果和价值大致相当。这种关税减让应仅限于纺织品或服装，除非缔约双方另有协议。如果缔约双方无

法在采取紧急行动30日内就补偿达成一致，货物被采取紧急行动的出口缔约方可采取关税行动，其贸易效果与根据本条采取的紧急行动的贸易效果大致相当。关税行动可以针对采取紧急行动的缔约方的任何货物。采取关税行动的缔约方，应在取得大致相当的贸易效果所需的最短期限内实施该行动。进口缔约方提供贸易补偿的义务和出口缔约采取关税行动的权利都应在紧急行动结束之日终止。

7. 对同一货物于同一时间，任一缔约方不得采取或保持依据本条的紧急行动和：

(a)第十章(贸易救济)的保障措施；或

(b)《1994年关税与贸易总协定》第19条和《保障措施协议》的措施。

第4.2条：原产地规则和相关问题

第六章的适用

1. 除非本章，包括附件4－A、附件4－B，另有规定，第6章(原产地规则和原产地程序)适用于纺织品或服装。

2. 本协定制定的原产地规则不适用于出于非优惠目的决定一种纺织品或服装的原产国。

磋商

3. 应任一缔约方请求，缔约双方应磋商适用于某特定纺织品或服装的原产地规则是否应该修订以解决缔约双方辖区内纤维、纱线或织物的供应能力问题。

4. 在第3款所指的磋商过程中，各缔约方应考虑另一缔约方提供的显示其辖区内存在特定纤维、纱线或织物大量生产能力的所有数据。如果一缔约方证明其国内生产商能够及时提供商业数量的纤维、纱线或织物，那么，缔约双方应认为存在大量生产的能力。

5. 缔约双方应努力在提出第3款的请求后60日之内结束磋商。如缔约双方经过磋商同意修订原产地规则，经过修订的原产地规则根据第2.4.2条获得缔约双方通过后，应取代此种货物先前的原产地规则。

未达到商业数量的含纤维、纱线和织物货物的过渡程序

6. 附件4－B制定了可适用于在一缔约方辖区无法及时提供商业数量含纤维、纱线或织物货物的规定。

微量允许

7. 某种纺织品或服装由于在其组成部分的生产过程中使用了某种决定该货物的关税分类，不适用于附件4－A所列的税则归类改变的纤维或纱线而被认为不是原产货物，只要该纤维或纱线的总量不超过该组成部分总量的7%，该纺织品或服装仍应被视为原产货物。尽管有前文规定，但一种含有高弹性纱线，且此成分决定该货物的关税分类的货物，只有在该种纱线完全在一缔约方辖区制造并完成[①]时才能被认为是原产货物。

成套物品待遇

尽管附件4－A对原产地规则有明确规定，根据《解释〈协调制度〉的一般规则》第3条被归于用于零售的成套货物的纺织品或服装不应被视作原产货物，除非该成套货物的每一

① 在第7款中，完全制造或完成系指一切生产过程和完成工序，自压制纤维长丝、布条、细丝或布片开始，还包括完全拉伸纤维长丝，或者将细丝或布片切成布条，或者将所有纤维纺成纱线，或者以上两项最终制成成品纱或股纱。

件货物都是原产货物,或者该成套货物中的非原产货物的总价值不超过该套货物海关完税价值的10%。

第4.3条:纺织品或服装的海关合作

1.缔约双方应该为了以下目的合作:

(a)执行或帮助执行对纺织品或服装贸易有影响的各项措施;

(b)证明并保证原产地声明的准确性;

(c)执行或帮助执行为履行对纺织品或服装贸易产生影响的国际协定而采取的各项措施;

(d)防止规避影响纺织品或服装贸易的国际协定。

2.(a)除非(b)项和(c)项另有要求,韩国应通过其主管部门①每年收集并更新有关在其辖区参与纺织品或服装生产的每个人的如下信息:

(i)该人员的姓名和地址,包括该人员在韩国辖区拥有或运营的所有纺织品或服装设施的所在地;

(ii)该人员的电话号码、传真号码和电子邮件地址;

(iii)对企业而言,所有者、董事以及公司管理人员的姓名和国籍,以及他们在该企业的职位;

(iv)该人员雇佣的雇员人数及他们的职位;

(v)对该人员生产的纺织品或服装,以及该人员的生产能力的一般性描述;

(vi)该人员用于生产纺织品或服装的机器数量及种类;

(vii)机器每周工作的大约小时数;

(viii)任何向该人员提供纺织品或服装,或者在生产那些货物的过程中所需的织物、纱线或纤维的供应商的身份;以及

(ix)该人员在美国的每一位客户的姓名和联系信息。

韩国应自本协定生效之日起一年内开始每年向美国提供这些信息。

(b)韩国不需要获得并向美国提供(a)项所列信息,如果个人只参与生产:

(i)不出口到美国的纺织品或服装的生产过程中所用的纤维、纱线或织物;或者

(ii)对出口到美国,归入《协调制度》第61章或第62章的货物而言,不用于决定货物关税分类的部分,符合以下规定被用作可见衬里材料的织物除外:

(A)附件4-A第61章的章规则1,如归入《协调制度》第61章的货物;或者

(B)附件4-A第62章的章规则1,如归入《协调制度》第62章的货物。

(c)对于任何与美国的进口商没有直接联系的中小型企业,②韩国不需要获得并向美国提供第(a)(vii)至(ix)项的信息。

(d)韩国可以通过有代表性的行业协会获得(a)项所需信息,只要韩国采取适当措施以证实信息的准确性。

---

① 在第2款中,韩国的主管部门系指商务、工业和能源部或其下属部门。

② 就中小型企业而言,韩国可以从中小型企业生产中所使用的终端产品的制造商那里获得第(a)(i)项至第(vi)项所要求的信息。

(e)第7.6条(保密)应适用于所有韩国认定依据本款提供的信息为保密信息的信息。

3. 应进口缔约方的要求,出口缔约方应进行核实,以便使进口缔约方能够裁定某纺织品或服装的原产地声明是否正确。出口缔约方应进行这种核实,无论进口商是否主张对该货物的优惠关税待遇。出口缔约方也可以主动进行此类核实。

4. 应一缔约方的请求,另一缔约方应采取措施检查转运的纺织品或服装。[①]

5. 如果进口缔约方合理怀疑出口缔约方的人员正在参与非法的纺织品或服装贸易,应进口缔约方要求,出口缔约方应该进行核实,以帮助进口缔约方裁定该人员是否在执行影响纺织品或服装贸易的适用海关措施,包括出口缔约方采取并保持的符合本协定的措施,以及各缔约方实施其他与纺织品或服装贸易有关的国际协定时采取的措施,或者裁定该人员出口或生产的纺织品或服装的原产地声明是否正确。为本条之目的,合理怀疑系指基于第7.5条(合作)阐明的相关事实信息的怀疑,或表明以下事项的事实:

(a)一企业规避适用的影响纺织品或服装贸易的海关措施,包括为实施本协定而采取的措施;或者

(b)存在有可能妨碍执行其他影响纺织品或服装贸易的国际协定的措施的行为,或者有可能丧失或减损各缔约方那些国际协定项下的权利或利益的行为。

6. 出口缔约方应通过其主管部门,允许进口缔约方通过其主管部门,对依据第3款或第5款进行的核实给予支持,包括和出口缔约方主管部门一起走访出口商在出口缔约方辖区的生产场所,以及其他可能掌握与该核实事宜有关证据的人员。任何这类访问都应在不事先通知出口商、制造商或其他人员的情况下进行。[②] 出口缔约方应在访问时从相关人员处获得现场访问允许。如果出口商、生产商或其他人员拒绝配合由进口缔约方官员进行的访问,进口缔约方可以认定核实不能完成,且第3款或第5款所述裁定无法做出,并可以依据第10款采取相应行动。

7. 各缔约方应依据各自的法律向另一缔约方提供生产、贸易和运输文书,以及其他依据第3款或第5款进行核实所需的必要信息。各缔约方应认为,在核实过程中,各缔约方之间交流的任何文件或信息为第7.6条(保密)所述的机密信息。尽管前文和第7.6条有规定,为了第1款所述目的,一缔约方的政府实体可以将根据本条获得的信息与该缔约方的其他政府实体共享。

8. 在核实的过程中,进口缔约方可以依据其法律采取适当行动,包括对以下货物暂缓实施优惠关税待遇:

(a)在第3款所述的核实中,已作出原产地声明的纺织品或服装;或者

(b)根据第5款接受核实的人员生产或出口的纺织品或服装,如那些货物涉嫌不合法行为。[③]

9. 依据第3款或第5款进行核实的缔约方应向另一缔约方就核实结果提交书面报告,

---

① 第4款并未要求出口缔约方对不属于原产地声明,且并未在其辖区内加工或利用的转运纺织品或服装采取任何行动,与进口缔约方共享这些货物的信息除外。

② 适用第6款时,韩国应假定,如果其官员向该人员发出提前通知,由于接受核实的人员可能损坏或更换相关证据,核实的目的可能无法实现。

③ 更确切而言,第8款不应解释为阻止根据第7.2条(货物放行)货物的放行。

报告应包括支持其作出结论的所有文件和事实。第 7.6 条(保密)应适用于报告中提交该报告的缔约方认定为机密的任何信息。

10.(a)如果进口缔约方不能在其提出核实申请的 12 个月内作出第 3 款所述的裁决,或者作出了否定性裁决,它可以依据其法律采取适当行动,包括拒绝向本核实所涉及的纺织品或服装,以及出口或生产该货物的人员出口或生产的类似货物提供优惠关税待遇。

(b)如果进口缔约方不能在其提出核实申请的 12 个月内作出第 5 款所述裁决,或作出否定裁决,它可以依据其法律采取适当行动,包括拒绝向核实中的人员出口或生产的任何纺织品或服装提供优惠关税待遇。

11. 在采取第 10 款的任何行动前,进口缔约方应告知出口缔约方。视具体情况,进口缔约方可以继续依据第 10 款采取行动,直到其获得足够信息来作出第 3 款或第 5 款所述裁决。如果一缔约方认定某人涉嫌本条所指的规避行为,或者不能证明其生产或有能力生产纺织品或服装,该缔约方可以按照其法律公布该人员的身份。

12. 应任一缔约方要求,缔约双方应进行磋商,解决本条项下可能出现的技术问题或解读困难,或者协商提高合作效率的方法。此外,在执行本条时,任一缔约方都可以要求另一缔约方提供技术或其他支持。收到本条项下请求的缔约方应尽一切努力积极并立刻作出回应。

13. 任何有关本条的合作请求都应以书面形式作出,并应包括所涉问题和所请求合作的简短陈述。

第 4.4 条:纺织品和服装贸易事务委员会

各缔约方特此成立纺织品和服装贸易事务委员会。委员会由各缔约方代表组成。根据任一缔约方或联合委员会的请求,纺织品和服装贸易事务委员会应召开会议,考虑解决有关本章的任何问题。

第 4.5 条:定义

为本章之目的:

"《纺织品与服装协定》"系指《世界贸易组织协定》附件 1 – A 所含的《纺织品与服装协定》;

"原产地声明"系指关于一纺织品或服装是原产货物或一缔约方的货物的声明;

"出口缔约方"系指从其辖区出口纺织品或服装的缔约方;

"进口缔约方"系指将纺织品或服装进口至其辖区的缔约方;

"中小型企业"系指员工人数不足 50 人的企业;

"纺织品或服装"系指《纺织品与服装协定》附件中所列货物;以及

"转运"系指将一货物从运入一缔约方辖区的运输工具卸下,再以运出该缔约方辖区为目的再装上同一或另一运输工具。

附件4－A 纺织品或服装的特别原产地规则

一般性说明

1. 本附件所涉货物，如果满足以下条件可视作原产货物：

(a)该货物完全在一缔约方或缔约双方辖区内完成导致该货物生产中使用的非原产材料经历了适用本附件指定的税则归类改变，或者该货物符合对非原产材料的税则归类改变未作规定的本章的具体规定；以及

(b)该货物符合本章和第六章（原产地规则和原产地程序）的任何适用规定。

2. 为解释原产地规则之目的，本附件规定：

(a)适用于特定品目或子目的具体规则，或一组具体规则即在该品目或子目下阐明；

(b)适用于子目的规则应优先于适用该子目所属品目的规则；

(c)税则归类改变规定只适用于非原产材料；

(d)如果一货物完全由某种材料制成，该货物被认为“完全”是一种材料；以及

(e)下列定义适用：

“章”系指《协调制度》中一章；

“品目”系指《协调制度》中海关税则分类编码的前4位数字；

“子目”系指《协调制度》中海关税则分类编码的前6位数字；

“完全成形和完成”系指：

(a)当用来指织物时，系指生产某一已经可用的织物成品所需的全部生产过程和整理工序，不需进一步加工。这些过程和工序包括成形过程，如编织、机织、针织、簇绒、毡合、缠绕或其他类似过程，以及完成工序，包括漂白、着色以及印染；以及

(b)当用来指纱线时，系指纱线的全部生产过程和整理工序，始于清棉梳棉，包括把纤维梳理牵伸至完全平行，或并条，或纺纱，或既精梳、并条，又纺纱，止于成品纱或纱线。

第42章－箱包

4202.12　将表层面料为纺织品材料的货物从任何其他各章变更到子目4202.12，前提条件是货物在一缔约方或缔约双方辖区内剪裁或针织成形，或两者兼有并缝制或以其他方式组装拼制。

4202.22　将表层面料为纺织品材料的货物从任何其他各章变更到子目4202.22，前提条件是货物在一缔约方或缔约双方辖区内剪裁或针织成形，或两者兼有并缝制或以其他方式组装拼制。

4202.32　将表层面料为纺织品材料的货物从任何其他各章变更到子目4202.32，前提条件是货物在一缔约方或缔约双方辖区内剪裁或针织成形，或两者兼有并缝制或以其他方

式组装拼制。

4202.92　将表层面料为纺织品材料的货物从任何其他各章变更到子目 4202.92，前提条件是货物在一缔约方或缔约双方辖区内剪裁或针织成形，或两者兼有并缝制或以其他方式组装拼制。

第十一部分——纺织品和纺织制品（第 50 章至第 63 章）

规则 1：进口方应认为，第 51 章、第 52 章、第 54 章、第 55 章、第 58 章或第 60 章中的纺织品货物是原产货物，如果该货物是在一缔约方或缔约双方辖区内用以下材料完全制造和完成的：

（a）附件 4－B－1 所列的一种或几种纤维和纱线；或者

（b）（a）项所指的纤维和纱线的组合以及本附件中认定为原产货物的一种或几种纤维和纱线。

（b）项所指的原产纤维和纱线可以包含不适用本附件中税则归类改变的纤维和纱线，重量不超过总量的 7%。（b）项所指的原产纱线中包含的任何高弹力纱线必须在一缔约方或缔约双方辖区内完全制造和完成。

规则 2：进口方应认为第 61 章或第 62 章的服装是原产货物，如果这种货物在一缔约方或缔约双方辖区内剪裁，或针织成形，或既剪裁也针织成形，缝制或以其他方式组装拼制，此外，如果可用的表层织物，除衣领和袖口外，完全由：

（a）附件 4－B－1 中所列的一种或几种织物制成；或者

（b）用附件 4－B－1 中所列的一种或几种纱线制成的一种或多种在一缔约方或缔约双方辖区内生产的织物或针织成形部分制成；或者

（c）任何（a）项中所指混合织物，（b）项中所指织物或针织成形部分，或者本附件中所指原产的一种或多种织物或针织成形部分制成。

（c）项中所列原产纤维或针织成形部分可以包含不适用本附件中税则归类改变的纤维或纱线，重量不超过总量的 7%。（c）项中所列原产织物或针织成形部分的任何高弹力纱线必须在一缔约方或缔约双方辖区内完全制造和完成。

规则 3：如果附件 4－B－1 的清单包含一种可见的里料，且该货物满足本协定下其他一切优惠关税待遇的可适用要求，则无论第 61 章或第 62 章的章规则 1 中对可见衬里织物的原产地描述有何要求，进口方都应认为，第 61 章或第 62 章中的服装是原产货物。

第 50 章－丝绸

5001～5003　从任何其他各章变更到品目 50.01 至 50.03。

5004～5006　从该组之外的任何品目变更到品目 50.04 至 0.06。

5007 从任何其他品目变更到品目 50.07。

第 51 章－羊毛、动物细毛或粗毛；马毛纱线及其机织物

5101～5105　从任何其他各章变更到品目 51.01 至 51.05。

5106～5110　从该组织之外的任何品目变更到品目 51.06 至 51.10。

5111～5113　除品目 51.06 至 51.10，52.05 至 52.06，54.01 至 54.02，子目 5403.20，

5403.33 至 5403.39,5403.42 至品目 54.04,或 55.09 至 55.10 之外,从该组之外的任何品目变更到品目 51.11 至 51.13。

第 52 章 – 棉花

5201 ~ 5207 除品目 54.01 至 54.02,子目 5403.20,5403.33 至 5403.39,5403.42 至品目 54.05,或 55.01 至 55.07 之外,从任何其他各章变更到品目 52.01 至 52.07。

5208 ~ 5212 除品目 51.06 至 51.10,52.05 至 52.06,54.01 至 54.02,子目 5403.20,5403.33 至 5403.39,5403.42 至品目 54.04,或 55.09 至 55.10 之外,从该组之外的任何品目变更到品目 52.08 至 52.12。

第 53 章 – 其他植物纺织纤维;纸纱线及纸纱线机织物

5301 ~ 5305 从任何其他各章变更到品目 53.01 至 53.05。

5306 ~ 5308 从该组之外的任何品目变更到品目 53.06 至 53.08。

5309 除品目 53.07 至 53.08 之外,从任何其他各章变更到品目 53.09。

5310 除品目 53.07 至 53.08 之外,从任何其他品目变更到品目 53.09。

5311 从任何其他品目变更到品目 53.11。

第 54 章 – 人造纤维长丝

5401 ~ 5406 除品目 52.01 至 52.03 或 55.01 至 55.07 之外,从任何其他各章变更到 54.01 至 54.06。

5407 除品目 51.06 至 51.10,52.05 至 52.06,或 55.09 至 55.10 之外,从关税税目 5402.43.10 或 5402.52.10,或任何其他各章变更到关税税目 5407.61.11,5407.61.21,5407.61.91。

除品目 51.06 至 51.10,52.05 至 52.06,或 55.09 至 55.10 之外,从任何其他各章变更到品目 54.07。

5408 除品目 51.06 至 51.10,52.05 至 52.06,或 55.09 至 55.10 之外,从子目 5403.10,5403.31 至 5403.32,5403.41 变更到品目 54.08。

第 55 章 – 人造纤维短纤维

5501 ~ 5507 除品目 52.01 至 52.03,或 54.01 至 54.02,子目 5403.20,5403.33 至 5403.39,或 5403.42 至品目 54.05 之外,从任何其他各章变更到品目 55.01 至 55.07。

5508 ~ 5511 除品目 52.01 至 52.03,或 54.01 至 54.02,子目 5403.20,5403.33 至 5403.39,或 5403.42 至品目 54.05,55.01 至子目 5503.20,5503.40 至 5503.90,或品目 55.05 至 55.16 之外,从任何其他各章变更到品目 55.08 至 55.11。

5512 ~ 5516 除品目 52.01 至 52.03,或 54.01 至 54.02,子目 5403.20,5403.33 至 5403.39,或 5403.42 至品目 54.04,或 55.09 至 55.10 之外,从任何其他各章变更到品目 55.12 至 55.16。

第 56 章 – 絮胎、毡呢及无纺织物;特种纱线;线、绳、索、缆及其制品

5601 ~ 5609 除品目 51.06 至 51.13,或 52.04 至 52.12,53.07 至 53.08,或 53.10 至 53.11,或第 54 章至第 55 章之外,从任何其他各章变更到品目 56.01 至 56.09。

第57章－地毯和其他纺织材料的铺地制品

5701～5705　除品目51.06至51.13，或52.04至52.12，53.08，或53.11，第54章，或品目55.08至55.16之外，从任何其他各章变更到品目57.01至57.05。

第58章－特种机织物、簇绒织物、花边、壁毯、装饰带、刺绣制品

5801～5811　除品目51.06至51.13，或52.04至52.12，5307至53.08，或53.10至53.11，或第54章至第55章之外，从任何其他各章变更到品目58.01至58.11。

第59章－浸渍、涂布、包覆或层压的纺织物，工业用纱纺织品

5901　除品目51.11至51.13，52.08至52.12，53.10至53.11，54.07至54.08，或55.12至55.16之外，从任何其他各章变更到品目59.01。

5902　除品目51.06至51.13，52.04至52.12，或53.06至53.11，或第54章至第55章，从任何其他各章变更到品目59.02。

5903～5908　除品目51.11至51.13，52.08至52.12，53.10至53.11，54.07至54.08，或55.12至55.16，从任何其他各章变更到品目59.03至59.08。

5909　除品目51.11至51.13，52.08至52.12，53.10至53.11，第54章，或品目55.12至55.16，从任何其他各章变更到品目59.09。

5910　除品目51.11至51.13，52.04至52.12，53.07至53.08，或53.10至53.11，或第54章至第55章，从任何其他各章变更到品目59.01。

5911　除品目51.11至51.13，52.08至52.12，53.10至53.11，54.07至54.08，或55.12至55.16，从任何其他各章变更到品目59.11。

第60章－针织物或钩编织物

6001～6006　除品目51.06至51.13，第52章，品目53.07至53.08，或53.10至53.11，54.01至54.02，子目5403.33至5403.39，或5403.42至品目54.08，品目55.01至子目5503.20，5503.40至5503.90，或品目55.05至55.16之外，从任何其他各章变更到品目60.01至60.06。

第61章－针织或钩编服装饰品

章规则1：除了5408.22.10，5408.23.11，5408.23.21，或者5048.24.10所列织物，下列子目及品目中所涉织物，在用作男女式西服套装、夹克衫、连衣裙、大衣、便装短大衣、滑雪衫、风衣及类似品的里料时，必须完全在一缔约方或缔约双方辖区内制造：

5111至5112，5208.31至5208.59，5209.31至5209.59，5210.31至5210.59，5211.31至5211.59，5212.13至5212.15，5212.23至5212.25，5407.42至5407.44，5407.52至5407.54，5407.61，5407.72至5407.74，5407.82至5407.84，5407.92至5407.94，5408.22至5408.24，5408.32至5408.34，5512.19，5512.29，5512.99，5513.21至5513.49，5514.21至5515.99，5516.12至5516.14，5516.22至5516.24，5516.32至5516.34，5516.42至5516.44，5516.92至5516.94，6001.10，6001.92，6005.31至6005.44，或6006.10至6006.44。

章规则2：为了确定本章所涉货物的原产地，适用该货物的规则应仅适用决定该货物海关税则分类的成分，并且该成分必须满足该货物规则中规定的关税税目变更要求。如果规则要求该货物还必须满足本章规则1所列可见里料的关税税目变更要求，则此要求仅适用于服装的主体部分中表面积最大的可见里料，衣袖除外，并且不适用可脱卸的衬里部分。

6101.20～6101.30　除品目51.06至51.13，52.04至52.12，53.07至53.08，53.10至53.11，54.01至54.02，子目5403.33至5403.39，或5403.42至品目54.08，或品目55.08至55.16，或60.01至60.06之外，从任何其他各章变更到子目6101.10至6101.30，前提条件是：

(a)货物在一缔约方或缔约双方辖区内剪裁(或针织成形)并缝制或以其他方式组装拼制，以及

(b)服装制品中所用可见里料满足第61章规则1所列要求。

6101.90　除品目51.06至51.13，52.04至52.12，53.07至53.08，53.10至53.11，54.01至54.02，子目5403.33至5403.39，或5403.42至品目54.08，或品目55.08至55.16，或60.01至60.06之外，从任何其他各章变更到子目6101.90，前提条件是：

(a)货物在一缔约方或缔约双方辖区内剪裁(或针织成形)并缝制或以其他方式组装拼制，

(b)服装制品中所用可见里料满足第61章规则1所列要求；或者除品目51.06至51.13，52.04至52.12，53.07至53.08，或53.10至53.11，54.01至54.02，子目5403.33至5403.39，5403.42至品目54.08，或品目55.08至55.16，或品目60.01至60.06之外，从其他各章变更到子目6101.90，前提条件是货物在一缔约方或缔约双方辖区内剪裁(或针织成形)并缝制以其他方式组装拼制。

6102.10～6102.30　除品目51.06至51.13，52.04至52.12，53.07至53.08，或53.10至53.11，54.01至54.02，子目5403.33至5403.39，或5403.42至品目54.08，或品目55.08至55.16，或60.01至60.06之外，从任何其他各章变更到子目6102.10至6102.30，前提条件是：

(a)货物在一缔约方或缔约双方辖区内剪裁(或针织成形)并缝制或以其他方式组装拼制，以及

(b)服装制品中所用可见里料满足第61章规则1所列要求。

6102.90　除品目51.06至51.13，52.04至52.12，53.07至53.08，或53.10至53.11，54.01至54.02，子目5403.33至5403.39，或5403.42至品目54.08，或品目55.08至55.16，或60.01至60.06之外，从任何其他各章变更到子目6102.90，前提条件是：货物在一缔约方或缔约双方辖区内剪裁(或针织成形)并缝制或以其他方式组装拼制。

6103.11～6103.12　除品目51.06至51.13，52.04至52.12，53.07至53.08，或53.10至53.11，54.01至54.02，子目5403.20，5403.33至5403.39，或5403.42至品目54.08，或品目55.08至55.16，或60.01至60.06之外，从任何其他各章变更到子目6103.11至6103.12，前提条件是：

(a)货物在一缔约方或缔约双方辖区内剪裁(或针织成形)并缝制或以其他方式组装拼制，以及

(b)服装制品中所用可见里料满足第61章规则1所列要求。

6103.19　除品目51.06至51.13，52.04至52.12，53.07至53.08，或53.10至53.11，54.01至54.02，子目5403.33至5403.39，或5403.42至品目54.08，或品目55.08至55.16，

或 60.01 至 60.06 之外，从任何其他各章变更到关税税目 6103.10.70 或 6103.10.90，前提条件是：货物在一缔约方或缔约双方辖区内剪裁（或针织成形）并缝制或以其他方式组装拼制。

除品目 51.06 至 51.13，52.04 至 52.12，53.07 至 53.08，或 53.10 至 53.11，54.01 至 54.02，子目 5403.33 至 5403.39，或 5403.42 至品目 54.08，或品目 55.08 至 55.16，或 60.01 至 60.06 之外，从任何其他各章变更到子目 6103.10，前提条件是：

（a）货物在一缔约方或缔约双方辖区内剪裁（或针织成形）并缝制或以其他方式组装拼制，以及

（b）服装制品中所用可见里料满足第 61 章规则 1 所列要求。

6103.22 ~ 6103.29　除品目 51.06 至 51.13，52.04 至 52.12，53.07 至 53.08，或 53.10 至 53.11，54.01 至 54.02，子目 5403.33 至 5403.39，或 5403.42 至品目 54.08，或品目 55.08 至 55.16，或 60.01 至 60.06 之外，从任何其他各章变更到子目 6103.22 至 6103.29，前提条件是：

（a）货物在一缔约方或缔约双方辖区内剪裁（或针织成形）并缝制或以其他方式组装拼制，以及

（b）对品目 61.01 所列服装或品目 61.03 所列夹克衫或运动衫而言，只要是羊毛、动物细毛、棉或人造纤维短纤制成，并且，作为上述子目所列套装的部件进口，服装制品中所用可见里料满足第 61 章规则 1 所列要求。

6103.31 ~ 6103.33　除品目 51.06 至 51.13，52.04 至 52.12，53.07 至 53.08，或 53.10 至 53.11，54.01 至 54.02，子目 5403.33 至 5403.39，或 5403.42 至品目 54.08，或品目 55.08 至 55.16，或 60.01 至 60.06 之外，从任何其他各章变更到子目 6103.31 至 6103.33，前提条件是：

（a）货物在一缔约方或缔约双方辖区内剪裁（或针织成形）并缝制或以其他方式组装拼制，以及

（b）服装制品中所用可见里料满足第 61 章规则 1 所列要求。

6103.39　除品目 51.06 至 51.13，52.04 至 52.12，53.07 至 53.08，或 53.10 至 53.11，54.01 至 54.02，子目 5403.33 至 5403.39，或 5403.42 至品目 54.08，或品目 55.08 至 55.16，或 60.01 至 60.06 之外，从任何其他各章变更到关税税目 6103.39.40 或 6103.39.80，前提条件是：货物在一缔约方或缔约双方辖区内剪裁（或针织成形）并缝制或以其他方式组装拼制。

除品目 51.06 至 51.13，52.04 至 52.12，53.07 至 53.08，或 53.10 至 53.11，54.01 至 54.02，子目 5403.33 至 5403.39，或 5403.42 至品目 54.08，或品目 55.08 至 55.16，或 60.01 至 60.06 之外，从任何其他各章变更到子目 6103.31 至 6103.33，前提条件是：

（a）货物在一缔约方或缔约双方辖区内剪裁（或针织成形）并缝制或以其他方式组装拼制，以及

（b）服装制品中所用可见里料满足第 61 章规则 1 所列要求。

6103.41 ~ 6103.49　除品目 51.06 至 51.13，52.04 至 52.12，53.07 至 53.08，或 53.10 至 53.11，54.01 至 54.02，子目 5403.33 至 5403.39，或 5403.42 至品目 54.08，或品目 55.08

至55.16,或60.01至60.06之外,从任何其他各章变更到子目6103.41至6103.49,前提条件是:货物在一缔约方或缔约双方辖区内剪裁(或针织成形)并缝制或以其他方式组装拼制。

6104.11~6104.13　除品目51.06至51.13,52.04至52.12,53.07至53.08,或53.10至53.11,54.01至54.02,子目5403.33至5403.39,或5403.42至品目54.08,或品目55.08至55.16,或60.01至60.06之外,从任何其他各章变更到子目6104.11至6104.13,前提条件是:

(a)货物在一缔约方或缔约双方辖区内剪裁(或针织成形)并缝制或以其他方式组装拼制,以及

(b)服装制品中所用可见里料满足第61章规则1所列要求。

6104.19　除品目51.06至51.13,52.04至52.12,53.07至53.08,或53.10至53.11,54.01至54.02,子目5403.33至5403.39,或5403.42至品目54.08,或品目55.08至55.16,或60.01至60.06之外,从任何其他各章变更到关税税目6104.19.40或6104.19.80,前提条件是:货物在一缔约方或缔约双方辖区内剪裁(或针织成形)并缝制或以其他方式组装拼制。

除品目51.06至51.13,52.04至52.12,53.07至53.08,或53.10至53.11,54.01至54.02,子目5403.33至5403.39,或5403.42至品目54.08,或品目55.08至55.16,或60.01至60.06之外,从任何其他各章变更到子目6104.19,前提条件是:

(a)货物在一缔约方或缔约双方辖区内剪裁(或针织成形)并缝制或以其他方式组装拼制,以及

(b)服装制品中所用可见里料满足第61章规则1所列要求。

6104.22~6104.29除品目51.06至51.13,52.04至52.12,53.07至53.08,或53.10至53.11,54.01至54.02,子目5403.33至5403.39,或5403.42至品目54.08,或品目55.08至55.16,或60.01至60.06之外,从任何其他各章变更到子目6104.22至6104.29,前提条件是:

(a)货物在一缔约方或缔约双方辖区内剪裁(或针织成形)并缝制或以其他方式组装拼制,以及

(b)就品目61.04所列夹克衫或运动衫或品目61.04所列短裙而言,只要是羊毛、动物细毛、棉或人造纤维短纤制成,并且作为上述子目所列套装的部件进口,服装制品中所用可见里料满足第61章规则1所列要求。

6104.31~6104.32　除品目51.06至51.13,52.04至52.12,53.07至53.08,或53.10至53.11,54.01至54.02,子目5403.33至5403.39,5403.42至品目54.08,或品目55.08至55.16,或60.01至60.06之外,从任何其他各章变更到子目6104.31,前提条件是:

(a)货物在一缔约方或缔约双方辖区内剪裁(或针织成形)并缝制或以其他方式组装拼制,以及

(b)服装制品中所用可见里料满足第61章规则1所列要求。

6104.33~6104.39　从任何其他各章变更到子目6104.33至6104.39,前提条件是:货物在一缔约方或缔约双方辖区内剪裁(或针织成形)并缝制或以其他方式组装拼制。

6104.41~6104.49　除品目51.06至51.13,52.04至52.12,53.07至53.08,或53.10

至 53.11,54.01 至 54.02,子目 5403.33 至 5403.39,5403.42 至品目 54.08,或品目 55.08 至 55.16,或 60.01 至 60.06 之外,从任何其他各章变更到子目 6104.41 至 6104.49,前提条件是:货物在一缔约方或缔约双方辖区内剪裁(或针织成形)并缝制或以其他方式组装拼制。

6104.51 ~ 6104.53　除品目 51.06 至 51.13,52.04 至 52.12,53.07 至 53.08,或 53.10 至 53.11,54.01 至 54.02,子目 5403.33 至 5403.39,5403.42 至品目 54.08,或品目 55.08 至 55.16,或 60.01 至 60.06 之外,从任何其他各章变更到子目 6104.51 至 6104.53,前提条件是:

(a)货物在一缔约方或缔约双方辖区内剪裁(或针织成形)并缝制或以其他方式组装拼制,以及

(b)服装制品中所用可见里料满足第 61 章规则 1 所列要求。

6104.59　除品目 51.06 至 51.13,52.04 至 52.12,53.07 至 53.08,或 53.10 至 53.11,54.01 至 54.02,子目 5403.33 至 5403.39,5403.42 至品目 54.08,或品目 55.08 至 55.16,或 60.01 至 60.06 之外,从任何其他各章变更到关税税目 6104.59.40 或 6104.59.80,前提条件是:货物在一缔约方或缔约双方辖区内剪裁(或针织成形)并缝制或以其他方式组装拼制。

除品目 51.06 至 51.13,52.04 至 52.12,53.07 至 53.08. 或 53.10 至 53.11,54.01 至 54.02,子目 5403.33 至 5403.39,5403.42 至品目 54.08,或品目 55.08 至 55.16,或 60.01 至 60.06 之外,从任何其他各章变更到子目 6104.59,前提条件是:

(a)货物在一缔约方或缔约双方辖区内剪裁(或针织成形)并缝制或以其他方式组装拼制,以及

(b)服装制品中所用可见里料满足第 61 章规则 1 所列要求。

6104.61 ~ 6104.69　除品目 51.06 至 51.13,52.04 至 52.12,53.07 至 53.08,或 53.10 至 53.11,54.01 至 54.02,子目 5403.33 至 5403.39,5403.42 至品目 54.08,或品目 55.08 至 55.16,或 60.01 至 60.06 之外,从任何其他各章变更到子目 6104.61 至 6104.69,前提条件是:货物在一缔约方或缔约双方辖区内剪裁(或针织成形)并缝制或以其他方式组装拼制。

6105 ~ 6106　除品目 51.06 至 51.13,52.04 至 52.12,53.07 至 53.08,或 53.10 至 53.11,54.01 至 54.02,子目 5403.33 至 5403.39,5403.42 至品目 54.08,或品目 55.08 至 55.16,或 60.01 至 60.06 之外,从任何其他各章变更到品目 6105 至 6106,前提条件是:货物在一缔约方或缔约双方辖区内剪裁(或针织成形)并缝制或以其他方式组装拼制。

6107.11 ~ 6107.19　除品目 51.06 至 51.13,52.04 至 52.12,53.07 至 53.08,或 53.10 至 53.11,54.01 至 54.02,子目 5403.33 至 5403.39,5403.42 至品目 54.08,或品目 55.08 至 55.16,或 60.01 至 60.06 之外,从任何其他各章变更到子目 6107.11 至 6107.19,前提条件是:货物在一缔约方或缔约双方辖区内剪裁(或针织成形)并缝制或以其他方式组装拼制。

6107.21　从以下各项变更到子目 6107.21:

(a)关税税目 6006.21.10, 6006.22.10, 6006.23.10, 或 6006.24.10,前提是除衣领、衣袖、腰带或松紧带之外,货物全部由此类织物制成,并且,货物在一缔约方或缔约双方辖区内剪裁并缝制或以其他方式组装拼制,或者

(b)除品目 51.06 至 51.13, 52.04 至 52.12,53.07 至 53.08,或 53.10 至 53.11,54.01 至 54.02, 子目 5403.33 至 5403.39,5403.42 至品目 54.08,或品目 55.08 至 55.16,或 60.01

至60.06之外,任何其他各章,前提条件是:货物在一缔约方或缔约双方辖区内剪裁并缝制或以其他方式组装拼制。

6107.22~6107.99 除品目51.06至51.13,52.04至52.12,53.07至53.08,或53.10至53.11,54.01至54.02,子目5403.33至5403.39,5403.42至品目54.08,或品目55.08至55.16,或60.01至60.06之外,从任何其他各章变更到子目6107.22至6107.99,前提条件是:货物在一缔约方或缔约双方辖区内剪裁并缝制或以其他方式组装拼制。

6108.11~6108.19 除品目51.06至51.13,52.04至52.12,53.07至53.08,或53.10至53.11,54.01至54.02,子目5403.33至5403.39,5403.42至品目54.08,或品目55.08至55.16,或60.01至60.06之外,从任何其他各章变更到子目6108.11至6108.19,前提条件是:货物在一缔约方或缔约双方辖区内剪裁并缝制或以其他方式组装拼制。

6108.21 从以下各项变更到子目6108.21:

(a)关税税目6006.21.10,6006.22.10,6006.23.10或6006.24.10,

(b)前提条件是除腰带,松紧带或花边之外,货物全部由此类;

(c)织物制成,并且货物在一缔约方或缔约双方辖区内剪裁;

(d)(或针织成形)并缝制或以其他方式组装拼制,或者

(b)除品目51.06至51.13,52.04至52.12,53.07至53.08,或53.10至53.11,54.01至54.02,子目5403.33至5403.39,5403.42至品目54.08,或品目55.08至55.16,或60.01至60.06之外,任何其他各章,前提条件是:货物在一缔约方或缔约双方辖区内剪裁(或针织成形)并缝制或以其他方式组装拼制。

6108.22~6108.29 除品目51.06至51.13,52.04至52.12,53.07至53.08,或53.10至53.11,54.01至54.02,子目5403.33至5403.39,5403.42至品目54.08,或品目55.08至55.16,或60.01至60.06之外,从任何其他各章变更到子目6108.22至6108.29,前提条件是:货物在一缔约方或缔约双方辖区内剪裁(或针织成形)并缝制或以其他方式组装拼制。

6108.31 从以下各项变更到子目6108.31:

(a)关税税目6006.21.10,6006.22.10,6006.23.10或6006.24.10,前提条件是除腰带,松紧带或花边之外,货物全部由此类织物制成,并且货物在一缔约方或缔约双方辖区内剪裁(或针织成形)并缝制或以其他方式组装拼制,或者

(b)除品目51.06至51.13,52.04至52.12,53.07至53.08,或53.10至53.11,54.01至54.02,子目5403.33至5403.39,5403.42至品目54.08,或品目55.08至55.16,或60.01至60.06之外,任何其他各章,前提条件是:货物在一缔约方或缔约双方辖区内剪裁(或针织成形)并缝制或以其他方式组装拼制。

6108.32~6108.99 除品目51.06至51.13,52.04至52.12,53.07至53.08,或53.10至53.11,54.01至54.02,子目5403.33至5403.39,5403.42至品目54.08,或品目55.08至55.16,或60.01至60.06之外,从任何其他各章变更到子目6108.32至6108.99,前提条件是:货物在一缔约方或缔约双方辖区内剪裁(或针织成形)并缝制或以其他方式组装拼制。

6109~6111 除品51.06至51.13,52.04至52.12,53.07至53.08,或53.10至53.11,54.01至54.02,子目5403.33至5403.39,5403.42至品目54.08,或品目55.08至55.16,或60.01至60.06之外,从任何其他各章变更到品目61.09至61.11,前提条件是:货物在一缔

约方或缔约双方辖区内剪裁(或针织成形)并缝制或以其他方式组装拼制。

6112.11~6112.19　除品目51.06至51.13,52.04至52.12,53.07至53.08,或53.10至53.11,54.01至54.02,子目5403.33至5403.39,5403.42至品目54.08,或品目55.08至55.16,或60.01至60.06之外,从任何其他各章变更到子目6112.11至6112.19,前提条件是:货物在一缔约方或缔约双方辖区内剪裁(或针织成形)并缝制或以其他方式组装拼制。

6112.20　除品目51.06至51.13,52.04至52.12,53.07至53.08,或53.10至53.11,54.01至54.02,子目5403.33至5403.39,5403.42至品目54.08,或品目55.08至55.16,或60.01至60.06之外,从任何其他各章变更到子目6112.20,前提条件是:

(a)货物在一缔约方或缔约双方辖区内剪裁(或针织成形)并缝制或以其他方式组装拼制,以及

(b)对品目61.01,61.02,62.01,62.02所列服装,只要是以羊毛、动物细毛、棉或人造纤维短纤制成,并且作为上述子目所列滑雪套装的部件进口,服装制品中所用可见里料满足第61章规则1所列要求。

6112.31~6112.49　除品目51.06至51.13,52.04至52.12,53.07至53.08,或53.10至53.11,54.01至54.02,子目5403.33至5403.39,5403.42至品目54.08,或品目55.08至55.16,或60.01至60.06之外,从任何其他各章变更到子目6112.31至6112.49,前提条件是:货物在一缔约方或缔约双方辖区内剪裁(或针织成形)并缝制或以其他方式组装拼制。

6113~6117　除品目51.06至51.13,52.04至52.12,53.07至53.08,或53.10至53.11,54.01至54.02,子目5403.33至5403.39,5403.42至品目54.08,或品目55.08至55.16,或60.01至60.06之外,从任何其他各章变更到品目61.13至61.17,前提条件是:货物在一缔约方或缔约双方辖区内剪裁(或针织成形)并缝制或以其他方式组装拼制。

第62章-非针织或非钩编的服装及服装附件

章规则1:除了5408.22.10,5408.23.11,5408.23.21,或者5048.24.10所列织物,下列子目及品目中所涉织物,在作为男女式西服套装、夹克衫、连衣裙、大衣、便装短大衣、滑雪衫、风衣及类似品,必须完全在一缔约方或缔约双方辖区内制造:

5111至5112,5208.31至5208.59,5209.31至5209.59,5210.31至5210.59,5211.31至5211.59,5212.13至5212.15,5212.23至5212.25,5407.42至5407.44,5407.52至5407.54,5407.61,5407.72至5407.74,5407.82至5407.84,5407.92至5407.94,5408.22至5408.24,5408.32至5408.34,5512.19,5512.29,5512.99,5513.21至5513.49,5514.21至5515.99,5516.12至5516.14,5516.22至5516.24,5516.32至5516.34,5516.42至5516.44,5516.92至5516.94,6001.10,6001.92,6005.31至6005.44,或6006.10至6006.44。

章规则2:本章所列服装类货物应视为原产,如果货物在一缔约方或缔约双方辖区内剪裁并缝制或以其他方式组装拼制,并且除衣领或衣袖之外,外层面料全部由以下一种或多种面料制成:

(a)子目5801.23所列棉绒织物,以重量计含棉85%或以上;

(b)子目5801.22所列灯芯绒织物,以重量计含棉85%或以上,并且每厘米凸条纹超过第7.5条;

(c)子目5111.11或5111.19所列织物,如系手织,则在机宽幅度不超过76厘米,在英

国根据哈里斯斜纹软呢商会有限公司的规则与条例制成,并经该公司认证;

(d)子目5112.30所列织物,每平方米重量不超过340克,含羊毛、动物细毛重量超过20%,并且人造纤维短纤重量超过15%;或者

(e)子目5513.11或5513.21所列细亚麻织物,方形结构,单纱超过76公制支数,每平方厘米含经纱和纬纱60~70根,每平方米重量不超过110克。

章规则3:为了确定本章所涉货物的原产地,适用该货物的规则应仅适用决定该货物海关税则分类的成分,并且该成分必须满足对该货物规则中规定的关税税目变更要求。如果规则要求货物还必须满足本章规则1所列可见里料的关税税目变更要求,则此要求只适用服装主体部分中表面积最大的可见里料,衣袖除外,并且不适用可脱卸的衬里部分。

6201.11~6201.13 除品目51.06至51.13,52.04至52.12,53.07至53.08,或53.10至53.11,54.01至54.02,子目5403.33至5403.39,5403.42至品目54.08,或品目55.08至55.16,58.01至58.02,或60.01至60.06之外,从任何其他各章变更到子目6201.11至6201.13,前提条件是:

(a)货物在一缔约方或缔约双方辖区内剪裁并缝制或以其他方式组装拼制,以及

(b)服装制品中所用可见里料满足第62章规则1所列要求。

6201.19 除品目51.06至51.13,52.04至52.12,53.07至53.08.或53.10至53.11,54.01至54.02,子目5403.33至5403.39,5403.42至品目54.08,或品目55.08至55.16,58.01至58.02,或60.01至60.06之外,从任何其他各章变更到子目6201.19,前提条件是:货物在一缔约方或缔约双方辖区内剪裁并缝制或以其他方式组装拼制。

6201.91~6201.93 除品目51.06至51.13,52.04至52.12,53.07至53.08,或53.10至53.11,54.01至54.02,子目5403.33至5403.39,5403.42至品目54.08,或品目55.08至55.16,58.01至58.02,或60.01至60.06之外,从任何其他各章变更到子目6201.91至6201.93,前提条件是:

(a)货物在一缔约方或缔约双方辖区内剪裁并缝制或以其他方式组装拼制,以及

(b)服装制品中所用可见里料满足第62章规则1所列要求。

6201.99 除品目51.06至51.13,52.04至52.12,53.07至53.08.或53.10至53.11,54.01至54.02,子目5403.33至5403.39,5403.42至品目54.08,或品目55.08至55.16,58.01至58.02,或60.01至60.06之外,从任何其他各章变更到子目6201.99,前提条件是:货物在一缔约方或缔约双方辖区内剪裁并缝制或以其他方式组装拼制。

6202.11~6202.13 除品目51.06至51.13,52.04至52.12,53.07至53.08,或53.10至53.11,54.01至54.02,子目5403.33至5403.39,5403.42至品目54.08,或品目55.08至55.16,58.01至58.02,或60.01至60.06之外,从任何其他各章变更到子目6202.11至6202.13,前提条件是:

(a)货物在一缔约方或缔约双方辖区内剪裁并缝制或以其他方式组装拼制,以及

(b)服装制品中所用可见里料满足第62章规则1所列要求。

6202.19 除品目51.06至51.13,52.04至52.12,53.07至53.08,或53.10至53.11,54.01至54.02,子目5403.33至5403.39,5403.42至品目54.08,或品目55.08至55.16,58.01至58.02,或60.01至60.06之外,从任何其他各章变更到子目6202.19,前提条件是:

货物在一缔约方或缔约双方辖区内剪裁并缝制或以其他方式组装拼制。

6202.91 ~6202.93　除品目 51.06 至 51.13,52.04 至 52.12,53.07 至 53.08,或 53.10 至 53.11,54.01 至 54.02,子目 5403.33 至 5403.39,5403.42 至品目 54.08,或品目 55.08 至 55.16,58.01 至 58.02,或 60.01 至 60.06 之外,从任何其他各章变更到子目 6202.91 至 6202.93,前提条件是:

(a)货物在一缔约方或缔约双方辖区内剪裁并缝制或以其他方式组装拼制,以及

(b)服装制品中所用可见里料满足第 62 章规则 1 所列要求。

6202.99　除品目 51.06 至 51.13,52.04 至 52.12,53.07 至 53.08,或 53.10 至 53.11,54.01 至 54.02,子目 5403.33 至 5403.39,5403.42 至品目 54.08,或品目 55.08 至 55.16,58.01 至 58.02,或 60.01 至 60.06 之外,从任何其他各章变更到子目 6202.99,前提条件是:货物在一缔约方或缔约双方辖区内剪裁并缝制或以其他方式组装拼制。

6203.11 ~6203.12　除品目 51.06 至 51.13,52.04 至 52.12,53.07 至 53.08,或 53.10 至 53.11,54.01 至 54.02,子目 5403.33 至 5403.39,5403.42 至品目 54.08,或品目 55.08 至 55.16,58.01 至 58.02,或 60.01 至 60.06 之外,从任何其他各章变更到子目 6203.11 至 6203.12,前提条件是:

(a)货物在一缔约方或缔约双方辖区内剪裁并缝制或以其他方式组装拼制,以及

(b)服装制品中所用可见里料满足第 62 章规则 1 所列要求。

6203.19　除品目 51.06 至 51.13,52.04 至 52.12,53.07 至 53.08,或 53.10 至 53.11,54.01 至 54.02,子目 5403.33 至 5403.39,5403.42 至品目 54.08,或品目 55.08 至 55.16,58.01 至 58.02,或 60.01 至 60.06 之外,从任何其他各章变更到关税税目 6203.19.50 或 6203.19.90,前提条件是:货物在一缔约方或缔约双方辖区内剪裁并缝制或以其他方式组装拼制。

除品目 51.06 至 51.13,52.04 至 52.12,53.07 至 53.08,或 53.10 至 53.11,54.01 至 54.02,子目 5403.33 至 5403.39,5403.42 至品目 54.08,或品目 55.08 至 55.16,58.01 至 58.02,或 60.01 至 60.06 之外,从任何其他各章变更到子目 6203.19,前提条件是:

(a)货物在一缔约方或缔约双方辖区内剪裁并缝制或以其他方式组装拼制,以及

(b)服装制品中所用可见里料满足第 62 章规则 1 所列要求。

6203.21 ~6203.29　除品目 51.06 至 51.13,52.04 至 52.12,53.07 至 53.08,或 53.10 至 53.11,54.01 至 54.02,子目 5403.33 至 5403.39,5403.42 至品目 54.08,或品目 55.08 至 55.16,58.01 至 58.02,或 60.01 至 60.06 之外,从任何其他各章变更到子目 6203.21 至 6203.29,前提条件是:

(a)货物在一缔约方或缔约双方辖区内剪裁并缝制或以其他方式组装拼制,以及

(b)对品目 62.01 所列服装或品目 62.03 所列夹克衫或运动衫而言,只要是羊毛、动物细毛、棉或人造纤维短纤制成,并且作为上述子目所列套装的部件进口,服装制品中所用可见里料满足第 62 章规则 1 所列要求。

6203.31 ~6203.33　除品目 51.06 至 51.13,52.04 至 52.12,53.07 至 53.08,或 53.10 至 53.11,54.01 至 54.02,子目 5403.33 至 5403.39,5403.42 至品目 54.08,或品目 55.08 至 55.16,58.01 至 58.02,或 60.01 至 60.06 之外,从任何其他各章变更到子目 6203.31 至

6203.33,前提条件是:

(a)货物在一缔约方或缔约双方辖区内剪裁并缝制或以其他方式组装拼制,以及

(b)服装制品中所用可见里料满足第62章规则1所列要求。

6203.39　除品目51.06至51.13,52.04至52.12,53.07至53.08,或53.10至53.11,54.01至54.02,子目5403.33至5403.39,5403.42至品目54.08,或品目55.08至55.16,58.01至58.02,或60.01至60.06之外,从任何其他各章变更到关税税目6203.39.50或6203.39.90,前提条件是:货物在一缔约方或缔约双方辖区内剪裁并缝制或以其他方式组装拼制。

除品目51.06至51.13,52.04至52.12,53.07至53.08,或53.10至53.11,54.01至54.02,子目5403.33至5403.39,5403.42至品目54.08,或品目55.08至55.16,58.01至58.02,或60.01至60.06之外,从任何其他各章变更到子目6203.39,前提条件是:

(a)货物在一缔约方或缔约双方辖区内剪裁并缝制或以其他方式组装拼制,以及

(b)服装制品中所用可见里料满足第62章规则1所列要求。

6203.41~6203.49　除品目51.06至51.13,52.04至52.12,53.07至53.08,或53.10至53.11,54.01至54.02,子目5403.33至5403.39,5403.42至品目54.08,或品目55.08至55.16,58.01至58.02,或60.01至60.06之外,从任何其他各章变更到子目6203.41至6203.49,前提条件是:货物在一缔约方或缔约双方辖区内剪裁并缝制或以其他方式组装拼制。

6204.11~6204.13　除品目51.06至51.13,52.04至52.12,53.07至53.08,或53.10至53.11,54.01至54.02,子目5403.33至5403.39,5403.42至品目54.08,或品目55.08至55.16,58.01至58.02,或60.01至60.06之外,从任何其他各章变更到子目6204.11至6204.13,前提条件是:

(a)货物在一缔约方或缔约双方辖区内剪裁并缝制或以其他方式组装拼制,以及

(b)服装制品中所用可见里料满足第62章规则1所列要求。

6204.19　除品目51.06至51.13,52.04至52.12,53.07至53.08,或53.10至53.11,54.01至54.02,子目5403.33至5403.39,5403.42至品目54.08,或品目55.08至55.16,58.01至58.02,或60.01至60.06之外,从任何其他各章变更到关税税目6204.19.40或6204.19.80,前提条件是:货物在一缔约方或缔约双方辖区内剪裁并缝制或以其他方式组装拼制。

除品目51.06至51.13,52.04至52.12,53.07至53.08,或53.10至53.11,54.01至54.02,子目5403.33至5403.39,5403.42至品目54.08,或品目55.08至55.16,58.01至58.02,或60.01至60.06之外,从任何其他各章变更到子目6204.19,前提条件是:

(a)货物在一缔约方或缔约双方辖区内剪裁并缝制或以其他方式组装拼制,以及

(b)服装制品中所用可见里料满足第62章规则1所列要求。

6204.21~6204.29　除品目51.06至51.13,52.04至52.12,53.07至53.08,或53.10至53.11,54.01至54.02,子目5403.33至5403.39,5403.42至品目54.08,或品目55.08至55.16,58.01至58.02,或60.01至60.06之外,从任何其他各章变更到子目6204.21至6204.29,前提条件是:

(a)货物在一缔约方或缔约双方辖区内剪裁并缝制或以其他方式组装拼制,以及

(b)对品目 62.02 所列服装,品目 62.04 所列夹克衫或运动衫或品目 62.04 所列短裙而言,只要是羊毛、动物细毛、棉或人造纤维短纤制成,并且作为上述子目所列套装的部件进口,服装制品中所用可见里料满足第 62 章规则 1 所列要求。

6204.31 ~6204.33　除品目 51.06 至 51.13,52.04 至 52.12,53.07 至 53.08,或 53.10 至 53.11,54.01 至 54.02,子目 5403.33 至 5403.39,5403.42 至品目 54.08,或品目 55.08 至 55.16,58.01 至 58.02,或 60.01 至 60.06 之外,从任何其他各章变更到子目 6204.31 至 6204.33,前提条件是:

(a) 货物在一缔约方或缔约双方辖区内剪裁并缝制或以其他方式组装拼制,以及

(b)服装制品中所用可见里料满足第 62 章规则 1 所列要求。

6204.39　除品目 51.06 至 51.13,52.04 至 52.12,53.07 至 53.08,或 53.10 至 53.11,54.01 至 54.02,子目 5403.33 至 5403.39,5403.42 至品目 54.08,或品目 55.08 至 55.16,58.01 至 58.02,或 60.01 至 60.06 之外,从任何其他各章变更到关税税目 6204.39.60 或 6204.39.80,前提条件是:货物在一缔约方或缔约双方辖区内剪裁并缝制或以其他方式组装拼制。

除品目 51.06 至 51.13,52.04 至 52.12,53.07 至 53.08,或 53.10 至 53.11,54.01 至 54.02,子目 5403.33 至 5403.39,5403.42 至品目 54.08,或品目 55.08 至 55.16,58.01 至 58.02,或 60.01 至 60.06 之外,从任何其他各章变更到子目 6204.39,前提条件是:

(a)货物在一缔约方或缔约双方辖区内剪裁并缝制或以其他方式组装拼制,以及

(b)服装制品中所用可见里料满足第 62 章规则 1 所列要求。

6204.41 ~6204.49　除品目 51.06 至 51.13,52.04 至 52.12,53.07 至 53.08,或 53.10 至 53.11,54.01 至 54.02,子目 5403.33 至 5403.39,5403.42 至品目 54.08,或品目 55.08 至 55.16,58.01 至 58.02,或 60.01 至 60.06 之外,从任何其他各章变更到子目 6204.41 或 6204.49,前提条件是:货物在一缔约方或缔约双方辖区内剪裁并缝制或以其他方式组装拼制。

6204.51 ~6204.53　除品目 51.06 至 51.13,52.04 至 52.12,53.07 至 53.08,或 53.10 至 53.11,54.01 至 54.02,子目 5403.33 至 5403.39,5403.42 至品目 54.08,或品目 55.08 至 55.16,58.01 至 58.02,或 60.01 至 60.06 之外,从任何其他各章变更到子目 6204.51 至 6204.53,前提条件是:

(a)货物在一缔约方或缔约双方辖区内剪裁并缝制或以其他方式组装拼制,以及

(b)服装制品中所用可见里料满足第 62 章规则 1 所列要求。

6204.59　除品目 51.06 至 51.13,52.04 至 52.12,53.07 至 53.08,或 53.10 至 53.11,54.01 至 54.02,子目 5403.33 至 5403.39,5403.42 至品目 54.08,或品目 55.08 至 55.16,58.01 至 58.02,或 60.01 至 60.06 之外,从任何其他各章变更到关税税目 6204.59.40,前提条件是:货物在一缔约方或缔约双方辖区内剪裁并缝制或以其他方式组装拼制。

除品目 51.06 至 51.13,52.04 至 52.12,53.07 至 53.08,或 53.10 至 53.11,54.01 至 54.02,子目 5403.33 至 5403.39,5403.42 至品目 54.08,或品目 55.08 至 55.16,58.01 至 58.02,或 60.01 至 60.06 之外,从任何其他各章变更到子目 6204.59,前提条件是:

(a)货物在一缔约方或缔约双方辖区内剪裁并缝制或以其他方式组装拼制,以及

(b)服装制品中所用可见里料满足第62章规则1所列要求。

6204.61~6204.69　除品目51.06至51.13,52.04至52.12,53.07至53.08,或53.10至53.11,54.01至54.02,子目5403.33至5403.39,5403.42至品目54.08,或品目55.08至55.16,58.01至58.02,或60.01至60.06之外,从任何其他各章变更到子目6204.61至6204.69,前提条件是:货物在一缔约方或缔约双方辖区内剪裁并缝制或以其他方式组装拼制。

6205.10　除品目51.06至51.13,52.04至52.12,53.07至53.08,或53.10至53.11,54.01至54.02,子目5403.33至5403.39,5403.42至品目54.08,或品目55.08至55.16,58.01至58.02,或60.01至60.06之外,从任何其他各章变更到子目6205.10,前提条件是:货物在一缔约方或缔约双方辖区内剪裁并缝制或以其他方式组装拼制。

6205.20~6205.30

子目规则:棉或人造纤维男式衬衫或童式衬衫应视为原产,如果货物在一缔约方或缔约双方辖区内剪裁并缝制或以其他方式组装拼制,并且除衣领或衣袖之外,外层面料全部由以下一种或多种面料制成:

(a) 子目5208.21,5208.22,5208.29,5208.31,5208.32,5208.39,5208.41,5208.42,5208.49,5208.51,5208.52或5208.59所列面料,平均纱线支数超过135公制支数;

(b)子目5513.11或5513.21所列面料,非方形结构,每平方厘米含经纱和纬纱超过70根,平均纱线支数超过70公制支数;

(c)子目5210.21或5210.31所列面料,非方形结构,每平方厘米含经纱和纬纱超过70根,平均纱线支数超过70公制支数;

(d)子目5208.22或5208.32所列面料,非方形结构,每平方厘米含经纱和纬纱超过75根,平均纱线支数超过65公制支数;

(e)子目5407.81,5407.82,5407.83所列面料,每平方米重量不超过170克,有多臂织机织造的多臂提花组织;

(f)子目5208.42或5208.49所列面料,非方形结构,每平方厘米含经纱和纬纱超过85根,平均纱线支数超过85公制支数;

(g)子目5208.51所列面料,方形结构,每平方厘米含经纱和纬纱超过75根,单纱制成,平均纱线支数为95公制支数或以上;

(h)子目5208.41所列面料,方形结构,色织格布图案,每平方厘米含经纱和纬纱超过85根,单纱制成,平均纱线支数为95公制织数或以上,其特征为经纱和纬纱的纱线色差产生方格效果;或者

(i)子目5208.41所列面料,经纱植物染料着色,纬纱白色或植物染料着色,平均纱线支数超过65公制支数。

6205.20~6205.30　除品目51.06至51.13,52.04至52.12,53.07至53.08,或53.10至53.11,54.01至54.02,子目5403.33至5403.39,5403.42至品目54.08,或品目55.08至55.16,58.01至58.02,或60.01至60.06之外,从任何其他各章变更到子目6205.20至6205.30,前提条件是:货物在一缔约方或缔约双方辖区内剪裁并缝制或以其他方式组装

拼制。

6205.90　除品目51.06至51.13,52.04至52.12,53.07至53.08,或53.10至53.11,54.01至54.02,子目5403.33至5403.39,5403.42至品目54.08,或品目55.08至55.16,58.01至58.02,或60.01至60.06之外,从任何其他各章变更到子目6205.90,前提条件是:货物在一缔约方或缔约双方辖区内剪裁并缝制或以其他方式组装拼制。

6206～6210　除品目51.06至51.13,52.04至52.12,53.07至53.08,或53.10至53.11,54.01至54.02,子目5403.33至5403.39,5403.42至品目54.08,或品目55.08至55.16,58.01至58.02,或60.01至60.06之外,从任何其他各章变更到品目62.06至62.10,前提条件是:货物在一缔约方或缔约双方辖区内剪裁并缝制或以其他方式组装拼制。

6211.11～6211.12　除品目51.06至51.13,52.04至52.12,53.07至53.08,或53.10至53.11,54.01至54.02,子目5403.33至5403.39,5403.42至品目54.08,或品目55.08至55.16,58.01至58.02,或60.01至60.06之外,从任何其他各章变更到子目6211.11至6211.12,前提条件是:货物在一缔约方或缔约双方辖区内剪裁并缝制或以其他方式组装拼制。

6211.20　除品目51.06至51.13,52.04至52.12,53.07至53.08,或53.10至53.11,54.01至54.02,子目5403.33至5403.39,5403.42至品目54.08,或品目55.08至55.16,58.01至58.02,或60.01至60.06之外,从任何其他各章变更到子目6211.20,前提条件是:

(a)货物在一缔约方或缔约双方辖区内剪裁并缝制或以其他方式组装拼制,以及

(b)对品目61.02,62.01或62.02所列服装而言,只要是羊毛、动物细毛、棉或人造纤维短纤制成,并且作为本子目所列滑雪套装的部件进口,服装制品中所用可见里料满足第62章规则1所列要求。

6211.31～6211.49　除品目51.06至51.13,52.04至52.12,53.07至53.08,或53.10至53.11,54.01至54.02,子目5403.33至5403.39,5403.42至品目54.08,或品目55.08至55.16,58.01至58.02,或60.01至60.06之外,从任何其他各章变更到子目6211.31至6211.49,前提条件是:货物在一缔约方或缔约双方辖区内剪裁并缝制或以其他方式组装拼制。

6212　除品目51.06至51.13,52.04至52.12,53.07至53.08,或53.10至53.11,54.01至54.02,子目5403.33至5403.39,5403.42至品目54.08,或品目55.08至55.16,或60.01至60.06之外,从任何其他各章变更到品目62.12,前提条件是:货物在一缔约方或缔约双方辖区内剪裁(或针织成形)并缝制或以其他方式组装拼制。

6213～6217　除品目51.06至51.13,52.04至52.12,53.07至53.08,或53.10至53.11,54.01至54.02,子目5403.33至5403.39,5403.42至品目54.08,或品目55.08至55.16,58.01至58.02,或60.01至60.06之外,从任何其他各章变更到品目62.13至62.17,前提条件是:货物在一缔约方或缔约双方辖区内剪裁并缝制或以其他方式组装拼制。

第63章－其他纺织制成品;成套物品;旧衣物和旧纺织品;碎织品

章规则1:为了确定本章所涉货物的原产地,适用该货物的规则应仅适用决定该货物海关税则分类的成分,并且该成分必须满足该货物规则中规定的关税税目变更要求。

6301～6302　除品目51.06至51.13,52.04至52.12,53.07至53.08,或53.10至

53.11,54.01 至 54.02,子目 5403.33 至 5403.39,5403.42 至品目 54.08,或品目 55.08 至 55.16,58.01 至 58.02,或 60.01 至 60.06 之外,从任何其他各章变更到品目 63.01 至 63.02,前提条件是:货物在一缔约方或缔约双方辖区内剪裁(或针织成形)并缝制或以其他方式组装拼制。

6303 除品目 51.06 至 51.13,52.04 至 52.12,53.07 至 53.08,或 53.10 至 53.11,54.01至 54.02,子目 5403.33 至 5403.39,5403.42 至品目 54.08,或品目 55.08 至 55.16,58.01至 58.02,或 60.01 至 60.06 之外,从关税税目 5402.43.10 或 5402.52.10,或任何其他各章变更到关税税目 6303.92.10,前提条件是:货物在一缔约方或缔约双方辖区内剪裁(或针织成形)并缝制或以其他方式组装拼制。

除品目 51.06 至 51.13,52.04 至 52.12,53.07 至 53.08,或 53.10 至 53.11,54.01 至 54.02,子目 5403.33 至 5403.39,5403.42 至品目 54.08,或品目 55.08 至 55.16,58.01 至 58.02,或 60.01 至 60.06 之外,从关税税目 5402.43.10 或 5402.52.10,或任何其他各章变更到品目 63.03,前提条件是:货物在一缔约方或缔约双方辖区内剪裁(或针织成形)并缝制或以其他方式组装拼制。

6304 ~ 6308 除品目 51.06 至 51.13,52.04 至 52.12,53.07 至 53.08,或 53.10 至 53.11,54.01 至 54.02,子目 5403.33 至 5403.39,5403.42 至品目 54.08,或品目 55.08 至 55.16,或 60.01 至 60.06 之外,从任何其他各章变更到品目 63.04 至 63.08,前提条件是:货物在一缔约方或缔约双方辖区内剪裁(或针织成形)并缝制或以其他方式组装拼制。

6309 从任何其他品目变更到品目 63.09。

6310 除品目 51.06 至 51.13,52.04 至 52.12,53.07 至 53.08,或 53.10 至 53.11,54.01至 54.02,子目 5403.33 至 5403.39,5403.42 至品目 54.08,或品目 55.08 至 55.16,或 60.01 至 60.06 之外,从任何其他各章变更到品目 63.10,前提条件是:货物在一缔约方或缔约双方辖区内剪裁(或针织成形)并缝制或以其他方式组装拼制。

第 70 章 – 玻璃纤维粗纱及纤维纱线

7019 除品目 70.07 至 70.20 之外,从任何其他品目变更到品目 70.19。

第 94 章 – 羊毛围巾

9404.90 除品目 51.06 至 51.13,52.04 至 52.12,53.07 至 53.08. 或 53.10 至 53.11,54.01 至 54.02,子目 5403.33 至 5403.39,5403.42 至品目 54.08,或品目 55.08 至 55.16,或 60.01 至 60.06 之外,从任何其他各章变更到子目 9404.90。

附件 4 – B　无法获得商业数量的纤维，纱线和织物

1. 在收到利益实体请求的 30 个工作日内，进口方应将纤维、纱线或织物添加至其附件 4 – B – 1的清单中，如果该缔约方依据利益实体提供的信息，裁定某种纤维、纱线或织物的商业数量在其辖区内无法及时获得，或者如果没有利益实体对此项请求提出反对。

2. 如果没有足够的信息来做出第 1 款的裁定，进口方可以进行不超过 30 个工作日的延展，以便利益实体提供更充足的信息。

3. 如果出现下列情况，进口方应拒绝请求：

(a) 进口方裁定一种纤维、纱线或织物的商业数量在其辖区内可以及时获得；或者

(b) 进口方没有按照第 1 款或第 2 款的规定，在应作出裁定的期限期满的 30 个工作日之内作出第 1 款所指的裁定。

4. 在收到利益实体请求的 30 个工作日内，进口方依据第 1 款将纤维、纱线或织物添加至其附件 4 – B – 1 的清单中，如果该缔约方依据利益实体提供的信息，裁定某种纤维、纱线或织物的商业数量在其辖区内可以及时获得，可以将该纤维、纱线或织物从其清单上删除。删除应自进口方公布其裁定之日起 6 个月后生效。

5. (a) 依据(b)项，进口方应向《协调制度》第 51 章、第 52 章、第 54 章、第 55 章、第 58 章或第 60 章中，满足附件 4 – A 第十一部分规则 1 要求的货物提供优惠关税待遇。

(b) 进口方应将(a)项中提供的待遇提供给，自本协定生效之日起五个日历年内，每年进口到其辖区内总量相当于 1 亿平方米的货物。

6. (a) 依据(b)项，进口方应向《协调制度》第 61 章或第 62 章规定的，满足附件 4 – A 第十一部分规则 2 或规则 3 要求的货物提供优惠关税待遇。

(b) 进口方应将(a)项规定的待遇提供给，自本协定生效之日起五个日历年内，每年进口到其辖区内总量相当于 1 亿平方米的货物。

7. 为了确定第 5 款或第 6 款规定的年度平方米当量的数量，进口方应适用美国商务部下设纺织品及服装办公室(2007 年)颁布的《相关性：美国纺织品与服装分类系统与美国协调关税表》或其他后续出版物所列的转换因子，或使用基于该出版物的方法。

8. 如果进口方认定出口方的一出口商、生产商，或其他人员参与了第 4.3.5 条所述行为，进口方可以从第 5 款和第 6 款规定的最大数量进行至多三倍于上述行为所涉数量的削减。进口方应以书面形式，将其行使本段的意愿通知出口方，并应在通知中依据法律和事实的所有相关事项，罗列调查结果和结论。

9. 应出口方书面请求，进口方应要求一进口商对本附件项下的货物提出优惠关税待遇

要求,向进口方提交一份完整的有效证明,由出口方负责官员签字,并在货物进口到进口方之时出示。

10. (a)应任何一缔约方要求,缔约双方应就本附件的实施和执行进行磋商。磋商应在要求送达30天内开始。

(b)本协定生效后第五个日历年,缔约双方应就本附件的实施和执行进行磋商,并应考虑是否要延展第13款规定的本协定适用期限。

11. 自本协定生效之日起,各缔约方应立即颁布其遵循的接受第1款和第4款项下请求的程序。

12. 本附件中,利益实体系指一缔约方、一纺织品或服装的潜在或实际购买者,或者一纺织品或服装的潜在或实际供应商。

13. 除非缔约双方另有约定,本附件应自本协定生效后第六个日历年的1月1日失效。

附件 4 – B – 1　无法获得商业数量的纤维，纱线和织物

韩国的清单：
无项目。

美国的清单：
无项目。

注释：本附件中，一缔约方的清单应仍有效，直到该缔约方依据附件 4 – B 颁布替代清单，对本清单做出修改。任何替代清单应取代前一清单。进口方应在依据附件 4 – B 第 1 段做出裁定的同时，以及依据附件 4 第 4 段做出裁定 6 个月后颁布替代清单。进口方应在颁布清单的同时，将任何替代清单副本发给出口方。①

① 更确切而言，一缔约方可以通过将清单发布在其主管部门的网站上来满足这一要求。

2007 年 6 月 30 日
大韩民国
果川市
产业通商资源部
主要制造业政策官
金永学先生

敬启金先生：

本日，贵我两国政府签订了自由贸易协定，在就协定第四章（纺织品与服装）进行协商的过程中，韩国对将特定棉布纤维、人造纤维编织制品、聚酯及其他合成纤维长丝织物和羊毛织物增加到本协定附件 4－B－1 的美国清单（无法获得商业数量的纤维，纱线和织物）表现出了极大的兴趣，目的是给韩国的生产商更大的空间来满足协定有关于纺织品和服装原产地规则的要求。

我很高兴地向您确认，自详细描述各种织物的协定生效之日起，应贵国政府或其他利益实体的请求，美国将会依据本协定附件 4－B（无法获得商业数量的纤维，纱线和织物）规定的程序处理该请求。根据上述程序，美国将在收到请求后 30 个工作日之内做出裁定；如果信息不充分，则在顺延的 30 个工作日内做出裁定。

在实施《自由贸易协定》的过程中，我期待与您以及贵国政府密切合作。

谨上，
特别纺织品谈判代表
斯科特·科森贝里

第五章　药品和医疗设备

第 5.1 条：总则

缔约双方认识到，尽管医疗保健制度有所不同，各方仍共同致力于促进发展高质量的专利和非专利药品和医疗设备，并为其获得提供便利，作为持续提高国民健康水平的一种手段。为实现这些目的，缔约双方应确认下述事项的重要性：

(a) 充分获得药品和医疗设备以提供高质量医疗保健；

(b) 专利或非专利药品和医疗设备以减少其他更昂贵的医疗开销；

(c) 健全的经济奖励机制和竞争性市场以有效发展专利和非专利药品和医疗设备，并为其获得提供便利；

(d) 对学术及商业实验室的研发、知识产权保护，及其他药品和医疗设备研发过程中的创新激励机制给予适当的政府支持；

(e) 通过透明并可靠的程序促进创新和及时以可承受的价格获得安全且有效药品和医疗设备，不妨碍一缔约方适用合适的质量、安全性以及效力标准；

(f) 全球范围内药品和医疗设备制造商和供应商以及医疗保障提供者的职业操守，以实现公开、透明、可靠和合理的医疗保障决策；以及

(g) 缔约方之间，包括各缔约方的管理部门之间的合作，以提高药品和医疗设备的安全性和有效性。

第 5.2 条：创新的获得

如果一缔约方中央政府层面的医疗保障机构根据中央政府采取的医疗保障计划执行或维持药品、医疗设备，或可报销病症，或设定药品或医疗设备的报销金额的列表程序，[①]该缔约方应：

(a) 保证适用于药品、医疗设备、可报销病症或设定药品或医疗设备的报销金额清单的程序、规则、标准以及准则公平、合理，且非歧视；

(b) 在适当的管理部门认定药品或医疗设备安全有效的情况下，保证该缔约方关于药品或医疗设备报销金额的裁决，是基于竞争性市场衍生的价格；如果该裁决不是基于竞争性市场衍生的价格，则该缔约方应：

(i) 适当承认专利药品或医疗设备在其所提供报销中的价值；

(ii) 允许一药品或医疗设备制造商，基于安全性和有效性的证据，申请报销超过用于确

---

① 医药处方的开发和管理应被认为是参与政府采购的医疗保障机构进行政府采购的一个方面。第十七章《政府采购》应替代本章，适用于药品的政府采购。

定报销额度的比较产品的金额；以及

(iii)允许一药品或医疗设备制造商，在一项报销金额确定之后，依据制造商提供的关于产品安全性和有效性的证据，申请提高本产品的报销金额；以及

(iv)允许一药品或医疗设备制造商基于制造商提供的关于产品安全性和有效性的证据申请扩大本产品的适应症报销范围。

第5.3条：透明度

1. 各缔约方应保证，其与定价和报销相关的法律、法规和普遍适用的程序，或者对药品或医疗设备的管理及时公布，或以其他方式使利益相关人士和其他缔约方能够知悉。

2. 各缔约方应尽可能：

(a)提前公布那些提议要采取的措施；并且

(b)给利益相关人士和其他缔约方提供一个对建议采取的措施发表意见的适当机会。

3. 涉及拟实行的普遍适用的法规，只要与中央政府根据第2段(a)项公布的药品或医疗器械的定价、报销，或管理问题有关，各缔约方应：

(a)公布拟实施法规，包括在全国范围发行的官方刊物上发表关于制定那些法规的目的的解释性文章，并鼓励通过更多的渠道发布传播；

(b)在大多数情况下，应至少在公众发表意见截止日之前60天公布拟实施法规；以及

(c)应在它发布法规的最终版本时，附上利益相关人士在征求意见期寄来的重要的实质性意见，并解释对拟实施法规所作的重要修改。

4. 在可能范围内，每一缔约方应在公布中央政府就与药品或医疗器械的定价、报销，或监管有关事项的普遍适用的最终版本法规和这些法规正式生效之间留出合理时间。

5. 如果一缔约方中央政府层面的医疗保健机构根据中央政府采取的医疗保障计划执行或维持药品、医疗器械，或可报销病症程序，或设定药品或医疗设备报销金额的列表程序，该缔约方应：

(a)确保在合理的、指定的期限内完成药品或医疗器械报销的定价或核准的所有正式请求；

(b)在合理的、指定的期限内向申请人披露适用于药品和医疗器械定价和报销的所有程序性规则、方法、原则、标准(如果有的话，包括用于决定对比产品的那些标准)和指导方针；

(c)向申请人提供及时、有用的机会，以供其就药品或医疗器械的定价和报销决策程序相关部分提供意见；

(d)在合理的、指定的期限内，向申请者提供与药品或医疗设备的定价和报销的推荐或决定的准则有关的有意义的、详细的书面资料，包括在作出推荐或决定时依据的专家意见或学术研究；

(e)确保具有在直接受到推荐或决定影响的申请人提出要求时可以援引的独立的审查程序；

(f)向全部利益相关者公开所有报销决策机构，包括创新和非专利药公司开放；以及

(g)向公众提供与药品或医疗器械定价或报销有关的所有委员会的成员名单。

6. 每一缔约方应确保以合理、客观和公正的方式监管涉及药品或医疗器械定价、报销和管理的所有措施。

第 5.4 条：信息的传播

每一缔约方应允许药品生产商通过在缔约方辖区内注册的制造商的官方因特网网站，并通过在缔约方辖区内注册的医学杂志的因特网网站，包括直接链接到制造商的官方因特网网站，传播有关制造商药品的真实、不具误导性的信息，前提是产品在该缔约方辖区内具有销售许可，信息包括风险和收益的平衡，并仅限于该缔约方的监管部门已赋予该药品销售批文所规定的适应症。

第 5.5 条：商业道德

1. 每一缔约方应采取或维持适当的措施，禁止药品或医疗设备制造商和供应商以不正当的手段引诱医疗保健专业人士或机构把该缔约方中央政府实施的医疗保健计划规定可以报销的药品或医疗器械列入目录，或采购或在处方中开出上述药品或医疗器械。

2. 每一缔约方应采取或维持适当的处罚手段和程序来执行它根据第 1 段采用或维持的措施。

第 5.6 条：监管合作

1. 根据第 9 条第 8 款（技术性贸易壁垒委员会），一缔约方被要求承认由其他缔约方辖区内实体完成的合格评定程序的结果时，包括收到对良好操作规范、最佳实验室管理规范以及非专利药销售许可的协议进行协商的请求时，该缔约方应认真对待。

2. 缔约双方应就把此类请求提交给根据第 9 条第 8 款成立的药品和医疗器械委员会和技术性贸易壁垒委员会的可行性和适当性提出报告。

第 5.7 条：药品和医疗器械委员会

1. 缔约双方特此成立药品和医疗器械委员会。

2. 该委员会的职责是：

(a) 监督和支持本章的实施；

(b) 促进与本章相关问题的讨论和相互理解；以及

(c) 探索就与本章相关问题进行合作的机会。

3. 该委员会：

(a) 应由负责中央级医疗保健计划的中央政府机构官员和其他适当的中央政府官员组成，应由各缔约方的保健和贸易官员共同主持；

(b) 除非缔约双方另有约定，每年至少会晤一次；以及

(c) 向联合委员会报告每次会议的结果。

4. 该委员会可设立和确定工作组的范围及任务，以解决与本章相关的技术问题，包括与监管合作相关的问题。

第 5.8 条：定义

为本章之目的：

“一缔约方中央政府医疗保健机构”系指作为一缔约方中央政府一部分或中央政府成立的经营或管理其医疗保健计划的实体；

“一缔约方中央政府经营的医疗保健计划”系指在医疗保健项目中，中央政府医疗保健机构就本章适用的事项作为决策医疗保健计划，药品或医疗器械系指药物、生物制品、医疗器械或诊断设备。

2007 年 6 月 30 日
华盛顿特区
美国贸易代表
尊敬的苏珊 · C. 施瓦布

尊敬的施瓦布大使：

我很荣幸地确认，在贵我两国政府今天签署的《自由贸易协定》第五章（药品和医疗设备）的谈判过程中，大韩民国代表团和美利坚合众国代表团达成以下共识：

1. 关于第 5.3.5(e)条款（透明度）的实施，韩方应当：

(a)建立并维持一个实体机构，在直接受影响的申请人提出要求时，对与药品或医疗器械的定价和报销有关的推荐和决定进行审查；

(b)保证第(a)项所指的机构独立于中央政府管理或维持把药品、医疗器械、可报销病症列入目录，或规定药品或医疗器械报销金额的相关程序的医疗保健主管部门；

(c)向报销申请人提供第 5.3.5(d)条款规定的有意义的详尽书面信息时，必须把申请人获得独立审查的权利和程序告知申请人；

(d)保证在合理的规定日期内完成审查。

2. 第(a)段所指的审查机构成员应当：

(a)由具有相关专业知识和经验的专业人员组成；

(b)不是韩国中央政府管理或维持把药品、医疗器械、可报销病症列入目录，或规定药品或医疗器械报销金额的相关程序的医疗保健主管部门的雇员或成员；

(c)不存在任何可能影响其审查行为或决定的在审查结果中的金钱、专业，或个人的利益；以及

(d)在固定期限内任职，任职期间不会被韩国中央政府管理或维持把药品、医疗器械、可报销病症列入目录，或规定药品或医疗器械报销金额的相关程序的医疗保健主管部门调离。

我很荣幸地提议，本信及您关于贵国政府就此共识的确认函将共同构成《自由贸易协定》的一部分。

真诚的，
金铉宗

2007 年 6 月 30 日
大韩民国
首尔
贸易部长
尊敬的金铉宗

尊敬的金部长：

很荣幸今天收到您的来信，内容如下：

我很荣幸确认，在贵我两国政府今天签署的《自由贸易协定》第五章（药品和医疗设备）的谈判过程中，大韩民国代表团和美利坚合众国代表团达成以下共识：

1. 关于第 5.3.5(e) 条款（透明度）的实施，韩方应当：

(a) 建立与维持一个实体机构，在直接受影响的申请人提出要求时，对与药品和医疗器械的定价和报销有关的推荐和决定进行审查；

(b) 保证第(a)项所指的机构独立于中央政府管理或维持把药品、医疗器械、可报销病症列入目录，或规定药品或医疗器械报销金额的相关程序的医疗保健主管部门；

(c) 向报销申请人提供第 5.3.5(d) 条款规定的有意义的详尽书面信息时，必须把申请人获得独立审查的权利和程序告知申请人；

(d) 保证在合理的规定日期内完成审查。

2. 在第(a)段所指的审查机构成员应当：

(a) 由具有相关专业知识和经验的专业人员组成；

(b) 不是韩国中央政府管理或维持把药品、医疗器械、可报销病症列入目录，或规定药品或医疗器械报销金额的相关程序的医疗保健主管部门的雇员或成员；

(c) 不存在任何可能影响其审查行为或决定的在审查结果中的金钱、专业，或个人的利益；以及

(d) 在固定期限内任职，任职期间不会被韩国中央政府管理或维持把药品、医疗器械、可报销病症列入目录，或规定药品或医疗器械报销金额的相关程序的医疗保健主管部门调离。

我很荣幸地提议，本信及您关于贵国政府就此共识的确认函将共同构成《自由贸易协定》的一部分。

我很荣幸地再次确认，我国政府同意此共识，您的来函和本复函将共同构成《自由贸易协定》的一部分。

真诚的，
苏珊 · 施瓦布

第六章　原产地规则和原产地程序

A 节：原产地规则

第 6.1 条：原产货物

除非本章另有规定，货物在以下情况视为原产自一缔约方辖区内：

(a) 完全在一缔约方或者缔约双方辖区内获得或生产的货物；

(b) 完全在一缔约方或者缔约双方辖区内生产的货物，

(i) 该货物生产中使用的每种非原产材料发生了附件 4－A(纺织品或服装原产地特别规则)或者附件 6－A 规定的相关关税分类变更，或者

(ii) 该货物符合可适用的地区价值含量或附件 4－A 或附件 6－A 规定的其他要求，并且，该货物符合本章所有其他可适用要求；

(c) 该货物全部采用原产材料，完全在一缔约方或者缔约双方辖区内生产；

(d) 在固定期限内任职，任职期间不会被韩国中央政府管理或维持把药品、医疗器械、可报销病症列入目录，或规定药品或医疗器械报销金额的相关程序的医疗保健主管部门调离。

第 6.2 条：地区价值含量

1. 附件 6－A 详细说明了地区价值含量测试以确定某货物是否为原产货物，各缔约方应规定，出口商、进口商，或生产商可根据以下一种或几种方法计算货物的地区价值含量：

(a) 基于非原产地材料价值的计算方法(减扣法)

$$RVC = \frac{AV - VNM}{AV} \times 100$$

(b) 基于原产地材料价值的计算方法(累积法)

$$RVC = \frac{VOM}{AV} \times 100$$

其中，

RVC 系指以百分比表示的地区价值含量；

AV 系指货物的调整价值；

VNM 系指生产商在货物生产中获得并使用的非原产材料的价值，间接材料除外，VNM 不包括自己生产的材料的价值；以及

VOM 系指生产商在货物生产中获得或自己生产并使用的原产材料的价值，间接材料除外。

2. 各缔约方应规定，为计算地区价值含量而被考虑的所有成本应根据货物生产地缔约方辖区内适用的《公认会计原则》记录和保持。

3. 附件 6－A 详细说明了地区价值含量测试以确定汽车货物是否为原产地生产，各缔约方应

规定,出口商、进口商和生产商可根据第一段规定的或基于以下方法来计算货物的地区价值含量:

净成本计算方法(对汽车货物而言)

$$RVC = \frac{NC - VNM}{NC} \times 100$$

其中,

RVC 系指以百分比表示的地区价值含量;

NC 系指该货物的净成本;以及

VNM 系指生产商在该货物生产中获得并使用的非原产材料的价值,间接材料除外。

4. 各缔约方应规定,为了能够满足第 3 段中地区价值含量的计算方法,进口商、出口商或生产商可以选用以下种类的任何一种,可以基于该类别所有机动车辆,也可以基于该类别中出口到另一缔约方辖区内的机动车辆,按生产商的会计年度平均计算:

(a)一缔约方辖区内同一工厂生产的同一等级车辆的同一型号的机动车辆;

(b)一缔约方辖区内同一工厂生产的同一等级机动车辆;或

(c)一缔约方辖区内生产的同一型号的机动车辆。

5. 各缔约方应规定,为了计算同一工厂生产的汽车材料第 3 段项下的地区价值含量,进口商、出口商或生产商可:

(a)取以下期间的平均值,

(i)购买该货物的机动车辆生产商的会计年度;

(ii)任何季度或月份;或者

(iii)该汽车材料生产商的会计年度,

如果该货物在形成计算基础的会计年度、季度或月份生产;

(b)对销售给一个或多个机动车辆生产商的此类货物分别计算出第(a)项所指的平均值;或者

(c)对出口到另一缔约方辖区内的那些货物分别计算出第(a)项或第(b)项所指的平均值。

第 6.3 条:材料价值

各缔约方应规定,根据第 6 条第 2 款和第 6 条第 6 款,材料价值应是:

(a)一货物生产商进口的材料经过调整的价值;

(b)对于货物生产地生产商获得的一材料而言,根据第 1 条至第 8 条,第 15 条,以及《海关估价协定》相应的解释性说明确定的价值,即与进口货物等同的方式,做一些在没有进口的情况下,该生产商可以要求的合理性修改;或者

(c)自产材料的价值;

(i)在该材料生产过程中发生的所有成本,包括一般费用;和

(ii)相当于附加于正常贸易的利润额。

第 6.4 条:材料价值的进一步调整

各缔约方应规定,对于原产材料而言,以下不包含在第 6 条第 3 款的开支可以添加到材料的价值中:

(a)运费、保险费、包装费,以及在一缔约方辖区内或在缔约双方之间把该材料运输至生产商所在地过程中发生的一切其他费用;

(b)在一缔约方或缔约双方辖区内为该材料支付的关税、国内税和报关税,免除的、已退的、可退的,或以其他方式可收回的,包括已付或应付关税或国内说的削减的关税和国内税除外;以及

(c)扣除可回收残料或副产品的价值后,生产该货物过程中由使用该材料导致的废料或损坏的成本;以及

(d)在一缔约方辖区内生产非原产材料过程中使用的原产材料的成本。①

第6.5条:累积

1. 各缔约方应规定,一缔约方的原产货物或原产材料,在另一缔约方辖区内被并入一货物,应被视为另一缔约方的原产货物。

2. 各缔约方应规定,在一缔约方或缔约双方辖区内由一个或多个生产商生产的货物是原产货物,如果该货物符合第6条第1款和本章所有其他可适用的要求。

第6.6条:微量允许

1. 除非附件6-B另有规定,各缔约方应规定,未能实现附件6-A规定的相关海关税则分类变更的货物,如果该货物的生产过程中使用的和没有实现可适用的海关税则分类变更的所有非原产材料的价值不超过该货物调整价值的10%,该货物应被视为原产货物,只要符合适用的地区价值含量要求把此类非原产材料的价值包含在非原产材料的价值之内,以及该货物符合本章所有其他适用的要求。

2. 对于纺织品和服装品,第4.2.7条(原产地规则和相关事宜)代替第1段适用。

第6.7条:可代替货物和材料②

1. 各缔约方应规定,要求某一货物优惠关税待遇的进口商可以主张某可代替货物或材料是原产货物或材料,如果该进口商、出口商或生产商:

(a)已按物理形态分离可代替货物或材料;或者

(b)已运用生产所在地缔约方的《通用会计准则》认可的,或者生产所在地缔约方接受的某种库存管理方法,如拉平价格法、后进先出法或先进先出法。

2. 各缔约方应规定,按照第1段为某种可代替货物或材料选择的库存管理办法在挑选使用该办法的人的整个会计年度将继续适用于该货物或材料。

第6.8条:配件、备件和工具

1. 各缔约方应规定,如果一货物是原产货物,那么,与该货物一同交付的该货物标准配件、备件或工具应被视为原产货物,并且在决定该货物生产中使用的所有非原产材料是否发生了相关海关税则分类变更时,不应该考虑这些配件、备件与工具,但是以下列条件为限:

(a)该配件、备件或工具未与该货物分类并分别开具发票;以及

(b)该配件、备件或工具的数量和价值对该货物而言是符合惯例的。

2. 如果一货物受地区价值含量要求的约束,在计算该货物的地区价值含量时,第1款所

---

① 为更确切地阐释及便于实施第6条第4款第1(a)项目和第2(a)项目的规定,"运费"系指所有运输方式,包括一缔约方辖区内发生的所有运输方式的陆路运输产生的费用。

② 第6条第7款中的任何内容不能被理解为使任一缔约方不必要求进口商以百分比确认可替代货物的原产国。

述的配件、备件或工具应根据实际情况被视为原产材料或非原产材料。

第 6.9 条:成套货物

1. 各缔约方应规定,如果根据《协调制度解释通则》第 3 条,一批货物被归为一套货物,那么,只有在每一件货物都为原产货物的情况下,这套货物才是原产货物。

2. 尽管有第 1 段规定,如果在该成套货物中非原产货物的价值未超过该套货物的调整价值的 15%,该套货物仍为原产货物。

3. 对于纺织品或服装,第 4.2.8 条(原产地规则和相关事宜)代替第 1 款和第 2 款适用。

第 6.10 条:零售的包装材料与容器

1. 各缔约方应规定,用于包装零售货物的包装材料与容器,如果与货物同归一类,在决定该货物生产中使用的所有非原产地材料是否发生了附件 4 – A(纺织品或服装特别原产地规则)或附件 6 – A 规定的相关关税税则分类变更时,应忽略不计。

2. 如果该货物受地区价值含量要求的约束,在计算该货物的地区价值含量时,第 1 款中提到的包装材料与容器的价值应根据情况,作为原产材料或非原产材料而考虑在内。

第 6.11 条:运输的包装材料与容器

各缔约方应规定,供货物运输用的包装材料与容器,在决定该货物是否为原产材料时,应忽略不计。

第 6.12 条:间接材料

各缔约方应规定,依据第 6.1 条第(a)项,第(b)(i)项以及第(c)项确定某货物是否为原产货物,应忽略间接材料。

第 6.13 条:运输和转运

各缔约方应规定,一货物不应被视为非原产货物,如果该货物:

(a)在缔约方境外经历了后续生产或任何其他操作,但是,卸载、重装或保持货物完好的任何其他必要操作除外;或者

(b)在非缔约方辖区内没有在海关管控中。

第 6.14 条:磋商与修订

1. 缔约双方应定期磋商,以保证本章按照本协定的精神和目标得到有效、统一和一致的实施,并相互合作实施本章条款。

2. 鉴于技术、生产工艺或其他事项的发展,缔约双方应根据第 22.2.3(c)条(联合委员会)对本章的条款和附件可能的修订等事项进行研讨。

3. 对于纺织品或服装品,第 4.2 条(原产地规则和相关事宜)第 3 款至第 5 款取代第 2 段适用。

B 节:原产地程序

第 6.15 条:优惠关税待遇申请

1. 各缔约方应规定,进口商可以基于以下条件申请优惠关税待遇索赔:

(a)进口商、出口商或生产商出示书面或电子版证明;或者

(b)进口商知道该货物为原产货物,包括根据进口商掌握的该货物为原产货物的信息合理推断。

2. 各缔约方应规定,该证明不一定采用规定的格式,只要证明为书面或电子版本,包括但不仅限于以下要素:

(a)证明人的姓名,包含必要的联系人或其他身份信息;

(b)货物的进口商(如已知);

(c)货物的出口商(如与其生产商不同);

(d)货物的生产商(如已知);

(e)协调制度关税分类和对该货物的描述;

(f)证明该货物为原产货物的信息;

(g)证明日期;以及

(h)如果涉及第4段(b)项列出的通用证明,需标明证明涉及的时间段。

3. 各缔约方应规定,货物的生产商或出口商出具的证明可以基于两点完成:

(a)生产商或出口商知晓货物为原产货物;或者

(b)如果涉及出口商,合理信任生产商出具的证明该货物为原产货物的书面或电子版证明。

任何一方可能都不需出口商或生产商向另一人提供书面或电子版证明。

4. 各缔约方应规定,证明可适用于:

(a)向一缔约方辖区内一次装运的货物;

(b)在书面或电子版证明说明的时间段内,多次装运的相同货物,不超过证明颁发之日起12个月。

5. 各缔约方应规定,证明自颁发之日起,4年内有效。

6. 各缔约方应允许进口商以进口方或出口方所在国的语言提交证明。在后一种情况下,进口方的海关当局可要求进口商提交一份证明的进口方语言的译文。

第6.16条:证明或其他信息的免除

各缔约方应规定,对下列情形不得要求证明原产货物的证明或信息:

(a)进口货物的海关价值不超过1000美元或进口方货币的等值金额,或者该进口方可能设定的更高金额,除非该进口方认为该进口是为了规避该缔约方本协定项下优惠关税待遇申请相关法律进行或计划的一系列进口的一部分;或者

(b)这是进口方不要求进口商提交原产地证明或信息的货物。

第6.17条:记录保持要求

1. 各缔约方应规定,其辖区内根据第6.15条提供证明的出口商或生产商应自证明发出之日起至少5年中保留能够证明该生产商或出口商提供证明的某货物是原产货物所需的档案材料,包括含有以下信息的档案:

(a)出口产品的购买、成本、价值和支付金额;

(b)用于生产出口产品的全部材料,包括辅助材料的购买、成本、价值和支付金额;

(c)出口时形态的产品的生产;和

(d)缔约双方可能同意获得的其他类似文件。

2. 各缔约方应规定,在进口商提供证明或在进口商知晓该货物是原产货物的基础上申请优惠关税待遇的进口商应自该货物进口之日起至少5年保留足以证明该货物有资格获得优惠关税待遇所需的所有档案。

3. 各缔约方应规定,在进口商或生产商出具证明的基础上申请为进口到该缔约方辖区内的货物申请优惠关税待遇的进口商应自该货物进口之日起至少5年保留一份用作申请基础的证明的复印件。如果该进口商持有档案,可以证实该货物符合第6.13条项下的保持原产地的要求,自该货物进口之日起至少5年,该进口商应保留这些档案。

4. 各缔约方应规定,进口商、出口商或生产商可以选择任何可以立即调取的媒介保留第1款、第2款或第3款所述档案,这些媒介包括但不仅限于数码、电子、光学、磁性或书面形式。

第6.18条:核查

1. 为了确定从另一缔约方辖区内进口至其辖区内的货物是否为原产货物,进口方可以通过下列方式进行核查:

(a)书面要求进口商、出口商或生产商提供信息;

(b)对进口商、出口商或生产商进行书面问卷调查;

(c)实地访问位于另一缔约方辖区内的出口商或生产商的生产经营场所,以审查第6.17.1条所指的档案,或考察用于生产该货物的设施;

(d)如果是纺织品或服装,第4.3条(纺织品或服装海关合作)规定的程序;或

(e)进口方和出口方可能同意的其他程序。

如进口方依据第(a)项或第(b)项所指的方式进行核查,进口方可要求进口商安排出口商或生产商直接向进口缔约方提供信息。

2. 缔约双方应商定进行第1(c)款规定的访问程序。

3. 在以下情形中,缔约方可拒绝给予货物优惠关税待遇:

(a)进口商、出口商或生产商未能提供缔约方根据第1(a)款或第1(b)款要求提供的该货物为原产货物的相关信息;

(b)在收到与第1(c)款相符的访问的书面通知后,出口商或生产商拒绝提供第6.17条所指的档案材料或拒绝参观其设备;

(c)该缔约方发现的一种行为模式表明,进口商、出口商或生产商提供的关于进口的货物为原产货物的声明或证明是虚假的或未经证实的。

4. 如果经核查,一缔约方发现某货物不是原产货物,该缔约方应向进口商提供该货物不是原产货物的初步决定,并给予进口商一次机会,准予其提交能证明该货物是原产货物的补充信息。各缔约方应规定,进口商可安排出口商或生产商直接向该缔约方提供相关资料。

5. 给予进口商提供与第4段相符的补充信息的机会之后,进行核查的缔约方应该以书面形式提供进口商该货物是原产货物还是非原产货物的最后决定。该缔约方的决定必须包括与事实相关的发现和这些决定的法律基础。如果与缔约方验证相关的第1款或第4款,以其为根据,如果出口商或生产商把与第1款或第4款相符的信息直接提供给实施核查的缔约方,该缔约方应该努力向提供过信息的出口商或生产商提供决定的副本。

6. 如果进口方核查后决定,进口商、出口商或生产商的行为模式涉嫌提供一些虚假或未经证实的关于进口到其辖区内的货物是原产货物的陈述、申明或证明,该缔约方可以中止对该进口商、出口商或生产商后来所作的陈述、声明或证明所涉及的相同货物实施优惠关税待遇,直到该缔约方决定进口商、出口商或生产商遵守了本章规定。

第 6.19 条:与进口相关的义务

1. 各缔约方应批准根据本章提出的优惠关税待遇申请,除非该缔约方书面决定根据法律和事实该申请是无效的。

2. 如果一进口商未能遵守本章的规定,缔约方可拒绝给予货物优惠关税待遇。

3. 任何缔约方不得对无效申请优惠关税待遇的进口商作出惩罚,如果该进口商:

(a)在申请中没有过失、重大过失以及诈骗行为并且支付了应付关税;或者

(b)在知道申请无效的情况下,及时地、主动地修改了申请并支付了应付关税。

4. 各缔约方可对申请进口到辖区内的货物享受优惠关税待遇的进口商提出以下要求:

(a)在进口文件中声明该货物为原产货物;

(b)确定适用的税率;

(c)在作出第(a)项中所指声明时,应持有一份第 6.15 条所述的书面或电子证明,如果该证明构成申请的必要条件;

(d)在进口方提出要求的情况下,向进口方提供证明复印件,如果该证明构成申请的必要条件;

(e)当进口商有理由相信,第(a)项声明的信息不准确时,应修改进口文件并支付应付关税;

(f)如果出口商的证明构成申请的必要条件,在进口方提出要求的情况下,及时与出口商协商提供作出此证明所依据的所有信息;

(g)如果出口商的证明构成申请的必要条件,依照进口商的选择,及时完成以下事项:

(i)与生产商协商提供证明;或者

(ii)与出口商协商让生产商提供作出此证明所依据的所有信息;

(h)如果进口商的证明或知晓构成申请的必要条件,按照进口方要求,证明根据第6.1.1 条该货物是原产货物,并且,根据第 6.13 条,该货物符合规定仍然是原产货物。

5. 各缔约方应规定,如果某货物在进口到辖区内时是原产货物,但是,该货物的进口商在进口时并没有申请优惠关税待遇,那么,自进口之日起 1 年内,该进口商可以申请优惠关税待遇,并申请退还由于该货物未享受优惠关税待遇而额外支付的关税,并把以下文件提交给该缔约方:

(a)说明该货物进口时是原产货物的书面或电子申报或声明;

(b)书面或电子证明的副本,如果证明构成申请的必要条件,或表明该货物是原产货物的其他信息;

(c)进口方可能要求的与货物进口相关的其他文件。

6. 本条的任何规定不得妨碍缔约方根据第 4.3 条(纺织品或服装的海关合作)采取行动。

第6.20条:与出口相关的义务

1.各缔约方应规定:

(a)如出口方提出要求,其辖区内根据第6.15条已提交书面或电子证明的出口商或生产商应向该出口方提供一份原产地证明副本;

(b)其辖区内出口商或生产商提供的关于出口至另一缔约方辖区内的货物是原产货物的虚假证明应受到处罚,处罚程度与适用于其辖区内提供与进口有关的虚假声明或陈述的进口商的处罚办法相当,可作适当的修改;以及

(c)如果其辖区内的出口商或生产商已提交原产地证明,随后,有理由认为该原产地证明包含或基于不正确的信息,该出口商或生产商应及时以书面形式把可能会影响该原产地证明准确性与有效性的所有变动通知该原产地证明送达的所有相关人员。

2.如果出口商或生产商主动书面通知它曾提供证明的所有有人员该证明有误,任何缔约方不得因它提供有误证据而对其作出处罚。

第6.21条:共同指导方针

本协定生效之日起6个月内,缔约双方应开会讨论是否就本章和第七章(海关管理和贸易便利)的解释、适用和管理制定共同指导方针。

第6.22条:定义

为本章之目的:

"调整"值系指根据第1条至第8条、第15条和《海关估值协定》中的相应解释确定,如有必要,为剔除货物从出口国运至进口国的国际运输途中产生的运输、保险以及相关服务中的一切成本、费用或开支作出调整的价值。

"机动车类"系指包括以下所有机动车类别:

(a)归入协调制度子目8701.10的机动车辆,归入协调制度子目8701.30或8701.90的机动车辆,归入子目8704.10、8704.22、8704.23、8704.32,或8704.90,或品目87.05或87.06的机动车辆;

(b)归入子目8701.10或8701.30至8701.90的机动车辆;

(c)归入子目8702.10或8702.90可搭乘15人或15人以下的机动车辆,归入子目8704.21或8704.31的机动车辆;

(d)归入子目8703.21至8703.90的机动车辆;

"可代替货物或材料"系指在商业用途中可互换的或者性能基本相同的货物或材料。

"公认会计准则"系指一致承认的共识,或者在任一缔约方辖区内对记录收入、支出、成本、资产和负债、信息披露和财务报表制定的实质性和权威性的支持。公认会计准则可以包括宽泛的普遍适用的指导原则以及具体的标准、惯例和程序;

"货物"系指任一商品、产品、物品或材料;

在一缔约方辖区内或缔约双方辖区内完全获得或生产的货物系指:

(a)在一缔约方辖区内或缔约双方辖区内生长、收割或采集的植物和植物产品;

(b)在一缔约方辖区内或缔约双方辖区内出生并成长的活体动物;

(c)从一缔约方辖区内或缔约双方辖区内的活体动物获取的货物;

(d)在一缔约方辖区内或缔约双方辖区内狩猎、捕获、捕钓或水产养殖的货物；

(e)第(a)项至第(d)项未涉及的在一缔约方辖区内或缔约双方辖区内提取、挖出的矿产和其他自然资源；

(f)一缔约方已登记并悬挂该缔约方国旗的船舶在一缔约方辖区或缔约双方辖区以外的海域、海床和底土所得的鱼类、贝类和其他海洋生物；

(g)第(f)项所指货物经加工船加工的货物，该加工船须是由该缔约方登记并悬挂该缔约方国旗的船只；

(h)任一缔约方或任一缔约方的人员从一缔约方辖区或缔约双方辖区以外的海床或底土获得的货物，若一缔约方拥有开发该海床或底土的权利；

(i)取自外太空的货物，前提是该货物由一缔约方或一缔约方的个人获得，并且不是在非缔约方辖区内处理的；

(j)来自以下方面的废料和碎料：

(i)在一缔约方辖区内或缔约双方辖区内的加工或处理过程；

(ii)在一缔约方辖区内或缔约双方辖区内收集的二手货物，如果该货物仅适合于原材料的回收；

一缔约方辖区内或缔约双方辖区内从二手货物衍生的回收货物，以及在一缔约方辖区内或缔约双方辖区内生产再制造产品过程中利用的回收货物在一缔约方或缔约双方辖区内全部用第(a)项至第(j)项所指货物，或者用其衍生品，在生产的任何阶段生产的货物；

“相同货物”系指在各方面均与赋予货物原产货物资格的特定原产地规则相同的货物；

“间接材料”系指在货物的生产或检测过程中使用，但在物理上并未与该货物合为一体的货物，或与某货物的生产有关联的建筑维修或设备运行中使用的货物，包括：

(a)燃料和能量；

(b)工具、模具和模型；

(c)在维护设备和建筑物时使用的零部件和材料；

(d)在生产中使用或和运行设备和建筑物所使用的润滑油、润滑脂、复合材料，及其他材料；

(e)手套、眼镜、鞋靴、工装、安全设备及用品；

(f)用于检测货物的设备、仪器和用品；

(g)催化剂和溶剂；以及

(h)不与该货物合为一体但其在生产过程中使用能够合理说明是该生产一部分的其他货物：

“材料”系指生产另一货物(包括货物的组成部分或成分)所使用的货物；

“自产材料”系指某货物生产者生产的并用于该货物生产过程中的一种原产材料；

“型号线系”指具有相同平台或型号的机动车辆组合；

“净成本”系指总成本减去总成本所含的销售推广成本、市场营销成本、售后服务成本、特许权使用费、运输成本、包装成本和不允许的利息成本；

“货物的净成本”系指可以以下列方式合理分摊到该货物的净成本：

(a)计算该生产者生产的所有货物发生的总成本，再减去所有这些货物的总成本所含的销售推广成本、市场营销成本、售后服务成本、特许权使用费、运输成本、包装成本和不允许的利息成本，然后将得出的那些货物的净成本合理分摊给该产品；

(b)计算该生产者生产的所有货物发生的总成本，再把总成本合理分摊给该货物，然后减去销售推广成本、市场营销成本、售后服务成本、特许权使用费、运输成本、包装成本和不允许的利息成本；或者

(c)合理分摊构成该货物总成本的各成本，使得这些成本之和不包括销售推广成本、市场营销成本、售后服务成本、特许权使用费、运输成本、包装成本和不允许的利息成本，如果所有这些成本的分摊符合《通用会计准则》规定的合理分摊成本的规定；

"不允许的利息成本"系指超过生产者所在地缔约方中央政府发行的类似债券的债务欠款收益率水平700个基点的利息成本；

"非原产货物或非原产材料"系指不符合本章原产地规定的货物或材料；

"运输包装材料容器"系指用于保护货物在运输过程中受损的材料，不包括货物零售时的包装材料和容器；

"生产商"系指在缔约一方辖区内从事货物生产的个人；

"生产"系指货物的种植、开采、收获、捕捞、养殖、饲养、狩猎、制造、加工、装配或拆卸；

"合理分摊"系指按照《公认会计准则》分摊；

"回收货物"系指由于以下情况得到的材料；

(a)将二手货物拆分成小部件；以及

(b)为保持良好工作状况所必须的清理、检测或其他过程；

"总成本"系指在一缔约方辖区内或缔约双方辖区内发生的一货物的所有产品成本、期间成本和其他成本。产品成本系指与一货物的生产有关的成本，包括原材料价值、直接人工成本、直接制造费用。期间成本系指在生产过程中除产品成本外的成本，包括销售费用、总务及管理费用。其他成本系指记录在生产商会计账簿中的除产品成本和期间成本外的成本，如利息。总成本不包括生产商赚取的利润，无论是生产商获得，还是作为股息支付给他人还是为利润支付的税金，包括资本收益税；

"二手的"系指在货物的生产过程中已使用过或消耗过的；

"价值"系指计算关税或适用本章时一货物的价值。

附件 6 - A　原产地具体规则

第一部分——通用解释性备注

1. 为解释本附件的原产地规则：

(a)适用于特定品目或子目的具体规则，或一套具体规则，会在其旁边立即注明；

(b)变更关税分类的要求仅适用于非原产材料；

(c)若某一原产地具体规则用更改关税分类的标准来定义，并且注明不包括协调制度的章、品目或子目层次的关税规定，这就意味着该原产地规则规定归入那些排除在外的材料应该是原产材料，该货物才能取得原产资格；

(d)在某一品目或子目从属于多个原产地具体规则的情况下，若某货物符合其中一项具体规则，就可被视为符合这条规则；

(e)若某一条原产地规则适用于一个品目或子目组，并且该原产地规则具体说明了品目或子目的变更，就应被理解为品目或子目的变更可以出现在任何其他品目或子目，或许，还可能出现在某个指定组内的品目或子目。然而，若一规则适用于"该组之外"的品目或子目变更，这应被视为规定品目或子目的变更必须发生在该规则罗列的品目或子目组之外的品目或子目；

(f)《协调制度》第 1 章至第 24 章关于货物重量的规则系指净重，除非协调制度另有规定；以及

(g)第 1 章至第 40 章规定，不能由于只是加水或其他物质稀释不改变商品物质属性就认为货物是原产的。

2. 以下定义适用：

"章"系指协调制度的章；

"品目"系指协调制度中税则分类代号的前四位；

"类"系指协调制度的一个类；

"子目"系指协调制度中税则分类代号的前六位。

第二部分——原产地具体规则

第一类

活体动物；动物制品（第 1 章至第 5 章）

第 1 章

活体动物

01.01～01.06

从其他章到品目 01.01 至 01.06 的变更。

第 2 章

肉及可食用肉杂碎

02.01～02.10

从其他章到品目 02.01 至 02.10 的变更，品目 01.05 的家禽类家鸡（鸡）除外。

第 3 章

鱼、甲壳动物、软体动物及其他水生无脊椎动物

第 3 章注解：

鱼、甲壳纲动物、软体动物及其他水生无脊椎动物应被视为原产，即使其从非原产的鱼苗[①]或幼虫饲养而来。

03.01～03.05

从其他章到品目 03.01 至 03.05 的变更。

03.06～03.08

从品目 03.06 至 03.08 或其他章的非烟熏货物到品目 03.06 至 03.08 烟熏货物的变更。

从其他章到品目 03.06 至 03.08 的变更。

第 4 章

乳品；蛋品；天然蜂蜜；别处未规定或包括的其他食用动物产品

04.01～04.10

从其他章到品目 04.01 至 04.10 的变更，子目 1901.90 和 2106.90 除外。

第 5 章

别处未规定或包括的动物产品

05.01～05.11

从其他章到品目 05.01 至 05.11 的变更。

第二类

植物产品（第 6 章至第 14 章）

第二类的注解：

在一缔约方辖区内种植的农业和园艺货物应被视为原产货物，即使植物的种子、球茎、根茎、扦插、移植、嫩枝、芽或其他活体部分是从非缔约方进口的。

第 6 章

活树及其他活植物；球茎、根及类似品；插花及装饰类簇叶

06.01～06.04

从其他章到品目 06.01 至 06.04 的变更。

第 7 章

食用蔬菜、某些根及块茎

---

① 鱼苗系指后幼虫阶段的小鱼，包括幼鳟、幼鲑、幼鳗。

07.01 ~07.14

从其他章到品目 07.01 至07.14 的变更。

第 8 章

食用水果及坚果;柑橘属水果的果皮或甜瓜

08.01 ~08.14

从其他章到品目 08.01 至08.14 的变更。

第 9 章

咖啡、茶叶、马黛茶及调味香料

0901.11 ~ 0901.12

从其他章到子目 0901.11 至0901.12 的变更。

0901.21

从其他子目到子目 0901.21 的变更。

0901.22

从其他子目到子目 0901.22 的变更修改,子目 0901.21 除外。

0901.90

从其他章到子目 0901.90 的变更。

09.02 ~09.03

从其他章到品目 09.02 和 09.03 的变更。

0904.11 ~0904.12

从子目 0904.11 和 0904.12 未碾碎、研磨或粉化的香料到子目 0904.11 和 0904.12 碾碎、研磨或粉化的香料的改变;或从其他子目到子目 0904.11 和 0904.12 的混合香料或其他香料的改变,碾碎、研磨或粉化的香料除外。

0904.20

从其他章到子目 0904.20 的变更。

09.05 ~09.09

从品目 09.05 至 09.09 或其他子目中未碾碎、研磨或粉化的香料到品目 09.05 至 09.09 中碾碎、研磨或粉化香料的改变;或从其他子目到品目 09.05 至 09.09 混合香料或其他货物的改变,碾碎、研磨或粉化香料除外。

0910.10

从其他章到子目 0910.10 的变更。

0910.20 ~ 0910.99

从子目 0910.20 至 0910.99 中未碾碎、研磨或粉化香料,或其他子目到子目 0910.20 至 0910.99 碾碎、研磨或粉化香料的改变;或从其他子目到子目 0910.20 至 0910.99 香料混合物或其他货物的改变,碾碎、研磨或粉化的香料除外。

第 10 章

谷物

10.01 ~10.08

从其他章到品目 10.01 至 10.08 的变更。

第11章

制粉工业产品;麦芽;淀粉;菊粉;面筋

11.01

从其他章到品目11.01的变更。

11.02～11.04

从其他章到品目11.02至11.04的变更,品目10.06除外。

11.05

从其他章到品目11.05的变更,品目07.01除外。

11.06～11.09

从其他章到品目11.06至11.09的变更

第12章

含油子仁及果实;杂项子仁及果实;工业用或药用植物;稻草、秸秆及饲料

12.01～12.14

从其他章到品目12.01至12.14的变更。

第13章

虫胶;树胶、树脂及其他植物液、汁

13.01

从其他章到品目13.01的变更。

1302.11～1302.14

从其他章到子目1302.11至1302.14的变更。

1302.19

从其他章到子目1302.19的变更,子目1211.20除外。

1302.20～1302.32

从其他章到子目1302.20至1302.32的变更。

1302.39

从子目1302.39内或其他章到子目1302.39的卡拉胶的变更,如果1302.39子目的非原产材料不超过该货物重量的50%。从其他章到子目1302.39其他货物的变更。

第14章

编结用植物材料;别处未列入或包括的植物产品

14.01～14.04

从其他章到品目14.01至14.04的变更。

第三类

动植物油、脂及其分解产品;精制的食用油脂;动植物蜡(第15章)

第15章

动、植物油、脂及其分解产品;精制的食用油脂;动、植物蜡动植物油、脂及其分解产品;精制的食用油脂;动植物蜡

15.01～15.18

从其他章到品目15.01至15.08的变更。

15.20

从其他品目到品目 15.20 的变更。

15.21 ~ 15.22

从其他章到品目 15.21 至 15.22 的变更。

第四类

加工食品;饮料、烈性酒及醋;烟草及经加工的烟草代用品(第 16 章至第 24 章)

第 16 章

肉、鱼、甲壳动物、软体动物或其他水生无脊椎动物的制品

16.01 ~ 16.03

从其他章到品目 16.01 至 16.03 的变更。

1604.11 ~ 1604.13

从其他章到子目 1604.11 至 1604.13 的变更。

1604.14

从其他章到子目 1604.14 的变更,第 3 章除外。

1604.15 ~ 1604.30

从其他章到子目 1604.15 至 1604.30 的变更。

16.05

从其他章到品目 16.05 的变更。

第 17 章

糖和糖食

17.01 ~ 17.03

从其他章到品目 17.01 至 17.03 的变更。

17.04

从其他品目到品目 17.04 的变更。

第 18 章

可可和可可制品

18.01 ~ 18.02

从其他章到品目 18.01 至 18.02 的变更。

18.03 ~ 18.05

从其他品目到品目 18.03 至 18.05 的变更。

1806.10

从其他品目到子目 1806.10 的变更,只要子目 1806.10 含有干重 90% 或以上的糖的这类产品不含有第 17 章提到的非原产糖,以及子目 1806.10 含有干重小于 90% 的糖不包含 35% 以上的第 17 章提到的非原产糖。

1806.20

从其他品目到子目 1806.20 的变更。

1806.31 ~ 1806.90

从其他子目到子目 1806.31 至 1806.90 的变更。

第 19 章

谷物、面粉、淀粉或牛乳的制成品;糕点类产品

01.10

从其他章到子目 1901.10 的变更,品目 10.06、子目 1102.30 以及子目 1103.19、1103.20、1104.19、1104.29 和 1104.30 的大米制品除外,前提条件是,固体乳重量超过 10% 的子目 1901.10 的货物不包含第 4 章的非原产乳品。

1901.20

从其他章到子目 1901.20 的变更,品目 10.06、子目 1102.30 以及子目 1103.19、1103.20、1104.19、1104.29 和 1104.30 的大米制品除外,前提条件是,乳脂重量超过 25%,不用于零售的子目 1901.20 的货物不包含第 4 章的非原产乳品。

1901.90

从其他章到子目 1901.90 的变更,品目 10.06、子目 1102.30 以及子目 1103.19、1103.20、1104.19、1104.29 和 1104.30 的大米制品除外,前提条件是,固体乳重量超过 10% 的子目 1901.90 的货物不包含第 4 章的非原产乳品。

19.02 ~1904.30

从其他章到品目 19.02 至子目 1904.30 的变更。

1904.90

从其他章到子目 1904.90 的变更,品目 10.06 除外。

19.05

从其他章到品目 19.05 的变更。

蔬菜、水果、坚果或植物其他部分的制品

注释:

通过冷冻,在水、盐水或天然果汁中浸泡包装(包括装罐),或干烤或油煎(包括附带冰冻、浸泡或煎烤的加工方法)等加工方法制作或加工的品目 20.01 至 20.08 的水果、坚果和蔬菜制品应被视为原产货物,前提条件是,这些新鲜的货物全部都在一缔约方辖区内或缔约双方辖区内获得或生产。除此之外,包括桃子、梨子、杏子(既可以只有一种水果,也可以与其他水果混合)的品目 20.08 的水果制品应被视为原产货物,前提条件是,桃子、梨子或杏子全部都在一缔约方辖区内或缔约双方辖区内获得或生产。

第 20 章

20.01 ~20.07

从其他章到品目 2001 至 2007 的变更,第 20 章注释规定的和子目 0701 除外。

2008.11

从其他章到子目 2008.11 的变更,子目 1202 除外。

2008.19 ~ 2008.99

从其他章到子目 2008.19 至 2008.99 的变更,第 20 章的注释规定的除外。

2009.11 ~ 2009.39

从其他章到子目 2009.11 至 2009.39 的变更,与其他任一章节的不同之处,子目 0805 除外。

2009.41～2009.80

从其他章到子目2009.41至2009.80的变更。

2009.90

从其他章到子目2009.90的变更;或从第20章其他子目到子目2009.90越橘汁混合物的变更,子目2009.11至2009.39,或子目2009.80的越橘汁除外,无论是否还存在从其他章的变更,前提条件是,地区价值含量:

(a)根据累积法不少于35%;或

(b)根据减扣法不少于45%;或者

从第20章内其他子目到子目2009.90其他货物的变更,无论是否还存在从其他章的变更,只要某单一果汁成分,或来自单一非缔约方的多种果汁成分,构成的单一浓度不超过该货物体积的60%。

第21章

各种可食用制品

21.01～21.02

从其他章到品目21.01至21.02的变更。

2103.10

从其他章到子目2013.10的变更。

2103.20

从其他章到子目2013.20的变更,只要子目2013.20的番茄酱不含子目2002.90的非原产货物。

2103.30

从其他章到子目2103.30的变更。

2103.90

从其他品目到子目2103.90的变更。

21.04

从其他章到品目21.04的变更。

21.05

从其他品目到品目21.05的变更,品目04.01至04.05、子目1901.90的含固体乳重量超过10%的奶制品除外。

21.06

从其他章到子目2106.90的单一水果的浓缩汁或强化维生素或矿物质的蔬菜的变更,品目08.05、20.09和子目2202.90除外。

从以下货物到子目2106.90的强化维生素或矿物质的混合汁的变更:

(a)从其他章,品目08.05、20.09、子目2209.90的混合汁除外;或

(b)从第21章内的其他子目、品目20.09,或子目2202.90的混合果汁,无论是否还存在从其他章的变更,只要来自单一非缔约方的单一水果或蔬菜的汁,或汁的成分构成的浓度不超过该货物体积的60%。

从其他子目到子目2106.90的混合酒精制品的变更,品目22.03至22.09除外;

从其他章到子目2106.90的糖浆变更，来自第17章的除外；

从其他章到子目2106.90含固体乳超过10%的货物的变更，来自第4章或子目1901.90含固体乳重量超过10%的乳制品除外；或

从其他章到子目2106.90用含有重量超过水果重量20%的胶囊包装的水果的变更，来自第20章的除外。

从其他品目到子目2106.90的人参制品的变更，子目1211.20和1302.19除外。

从其他章到品目21.06的其他货物的变更。

第22章

饮料、烈性酒和醋

22.01

从其他章到品目22.01的变更。

2202.10

从其他章到子目2202.10的变更。

2202.90

从其他章到子目2202.90含强化维生素或矿物质单一水果或蔬菜汁的变更，品目08.05或20.09或子目2106.90的浓缩混合汁除外；

从以下货物到子目2202.90的强化维生素或矿物质的混合汁的变更：

（a）从其他章，品目08.05或20.09或子目2106.90的混合汁除外；或

（b）从第22章的其他子目、品目20.09或子目2106.90的混合汁，无论是否还存在从其他章的变更，只要来自单一非缔约方的单一水果或蔬菜的汁或者水果或蔬菜汁成分构成的浓度不超过该货物体积的60%；

从其他章到子目2202.90的含乳饮料的变更，来自第4章或子目1901.90含固体乳超过10%的乳制品除外；

从其他品目到子目2202.90的人参制品的变更，来自子目1211.20和1302.19的除外。

从其他章到子目2202.90的其他货物的变更。

22.03～22.05

从其他章到品目22.03至22.05的变更，来自子目2106.90的混合含酒精制品除外。

22.06

从其他品目到品目22.06的清酒的变更；或

从其他章到品目22.06的其他货物的变更，来自子目2106.90的混合含酒精制品除外。

22.07

从其他章到品目22.07的变更，子目2106.90的混合含酒精制品除外。

22.08

从其他品目到子目2208.90烧酒的变更；或从其他章到品目22.08其他货物的变更，来自子目为2106.90的混合含酒精制品除外。

22.09

从其他品目到品目22.09的变更。

第23章

食品工业的残渣及废料，配制的动物饲料

23.01 ~ 23.08

从其他章到品目 23.01 至 23.08 的变更。

2309.10

从其他品目到子目 2309.10 的变更。

2309.90

从其他品目到子目 2309.90 的变更,品目 04.01 至 04.05 或子目 1901.90 除外。

第 24 章

烟草以及制造的烟草代用品

24.01

从其他章到品目 24.01 的变更。

24.02

从其他章或品目 24.01 未捣碎或类似处理的包裹烟草或品目 24.03 经过均质或复原处理适合用作包裹烟草的烟草到品目 24.02 的变更。

注释:

由于下列年度数量限制,各缔约方应把含品目 24.01 非原产烟草的子目 2402.20 货物视为原产货物,只要:

(a)在美国生长并收获的品目 24.01 的烟草叶不少于此类货物所含烟草重量的 30%;或

(b)品目 24.01 的原产烟草叶不少于此类货物所含烟草重量的 60%。

第 7 年规定的数量限制应在接下来的所有年份适用。

年份	数量(百万支)
1	1100
2	1350
3	1600
4	1850
5	2100
6	2300
7	2500

24.03

从其他品目到子目 2403.91 经均质或复原处理用于雪茄包裹烟叶的变更;或从其他章到品目 24.03 其他货物的变更。

第五类

矿产品(第 25 章至第 27 章)

第 25 章

盐;硫磺;土及石料;粉刷材料;石灰和水泥

25.01～25.16

从其他品目到品目25.01至25.16的变更。

2517.10～2517.20

从其他品目到子目2517.10至2517.20的变更。

2517.30

从其他子目到子目2517.30的变更。

2517.41～2517.49

从其他品目到子目2517.41至2517.49的变更。

25.18～25.22

从其他品目到品目25.18至25.22的变更。

25.23

从其他章到品目25.23的变更。

25.24～25.30

从其他品目到品目25.24至25.30的变更。

第26章

矿砂、矿渣和矿灰

26.01～26.21

从其他品目到品目26.01至26.21的变更。

第27章

矿物燃料、矿物油及其蒸馏产品；沥青物质；矿物蜡

注释：

为本章之目的，“化学反应”是一个通过折断分子内键并形成新的分子内键，或通过改变分子中原子的空间排列导致产生一个具有新结构的分子的过程（包括生化过程）。

在本定义中，以下内容不被视为化学反应：

（a）溶解于水或其他溶剂中；

（b）去除各种溶剂，包括溶剂水；或

（c）增加或去除结晶水。

对于品目27.10而言，下列过程赋予原产地资格：

（a）常压蒸馏：汽油在蒸馏塔根据沸点以及蒸汽的大小转化为馏分，然后冷凝成不同种类的液化油馏分的分离过程。

（b）真空蒸馏：在低于大气压但又不至于低到被归入分子蒸馏的压力下的蒸馏。

27.01～27.06

从其他品目到品目27.01至27.06的变更。

2707.10～2707.99

从其他品目到子目2707.10至2707.90的变更；或从其他子目到子目2707.10到2707.99的变更，如果由此变更而来的货物是化学反应的产物。

27.08～27.09

从其他品目到品目27.08至27.09的变更。

27.10

从品目27.10的任何其他货物到品目27.10的任何货物的变更，如果由此变更而来的货物是化学反应、常压蒸馏或真空蒸馏的产物；或从其他品目到品目27.10的变更，品目22.07除外。

2711.11

从其他子目到子目2711.11的变更，来自子目2711.21的除外。

2711.12～2711.19

从其他子目到子目2711.12至2711.19的变更，来自子目2711.29的除外。

2711.21

从其他子目到子目2711.21的变更，来自子目2711.11的除外。

2711.29

从其他子目到子目2711.29的变更，来自子目2711.12至2711.21的除外。

27.12～27.16

从其他品目到品目27.12至27.16的变更。

第六类

化工以及相关行业的产品（第28章至第38章）

注释1：

符合F节规则1至规则7一条或多条规则的任何章或品目的货物应被视为原产货物，除非在那些规则中另有说明。

注释2：

尽管注释1规定，如果某货物符合适用的关税分类变更规定，或者符合本部分原产地规则说明的适用的价值含量要求，该货物应被视为原产货物。

规则1：化学反应的来源

在一缔约方辖区内或缔约双方辖区内由化学反应产生的第28章至第38章的货物应被视为原产货物，品目38.23的货物除外。

注释：

在本部分，"化学反应"是一个通过折断分子内键并形成新的分子内键，或通过改变分子中原子的空间排列导致一个具有新结构的分子的过程，包括生化过程。

在决定一货物是否为原产货物时，以下过程不被视为化学反应：

(a)溶解于水或其他溶剂中；

(b)去除各种溶剂，包括溶剂水；或

(c)增加或去除结晶水。

规则2：提纯

第28章至第38章涉及提纯的货物则应被视为原产货物，如果该提纯过程在一缔约方辖区内或缔约双方辖区内发生，并在以下过程产生：

(a) 至少去除80%的杂质；或

(b)杂质的减少或去除产生适合以下用途的货物：

(i)作为药物、药品、化妆品、兽用药或食品级物质；

(ii)分析、诊断或实验室使用的化学产品或试剂；

(iii)作为微型元件使用的元素或成分；

(iv)专业光学的用途；

(v)健康和安全的无毒的用途；

(vi)生物工程用途；

(vii)作为分离过程的载体；或

(viii)核等级的用途。

规则3：混合物以及融合物

第30章、第31章或第33章至第38章的货物，品目38.08除外，应被视为原产货物，如果按照预定规格按比例严格控制的材料混合或混和(包括分散)在一缔约方辖区内或缔约双方辖区内发生，而且其结果是生产出一种与该货物的用途有关并与投入的材料不同的物理或化学特性基本不同的货物。

规则4：颗粒尺寸的改变

第30章、第31章或第33章的货物应被视为原产货物，如果严格控制的对该货物颗粒大小的改变在一缔约方辖区内或缔约双方辖区内发生，改变方法包括通过溶解聚合物以及之后的沉淀使其成为微小粒子，但不包括仅仅通过粉碎或碾压，其结果是产生一种与该货物的用途有关并与投入的材料不同的物理或化学特性基本不同的货物，颗粒大小符合规格、颗粒分布符合规格或者颗粒表面积符合规格的货物。

规则5：标准材料

第28章至第38章的货物应被视为原产货物，如果标准材料的生产在一缔约方辖区内或缔约双方辖区内发生。

在本规则，“标准材料”(包括标准溶液)是适合用于分析、校正或参照的制品，具有经制造商证明的纯度或比例的精确度数。

规则6：同分异构体的分离

第28章至第38章的货物应被视为原产货物，如果从同分异构体的混合物中分离同分异构体的过程发生在一缔约方辖区内或缔约双方辖区内。

规则7：禁止分离

在一缔约方辖区内或缔约双方辖区内因为从一种人造混合物中分离出一种或多种材料而经历了关税分类变更的第28章至第38章的货物不应被视为原产货物，除非被分离的材料在一缔约方辖区内或缔约双方辖区内经历了化学反应。

第28章

无机化学品；贵金属、稀土金属、放射性元素或同位素的有机或无机化合物

28.01～28.08

从其他品目到品目28.01至28.08的变更。

2809.10～2809.20

从其他子目到子目2808.10至2808.20的变更。

28.10～28.51

从其他品目到品目28.10至28.51的变更。

第29章
有机化学品
2901.10～2901.29
从其他子目变更到子目2901.10至2901.29。
29.02～29.35
从其他品目变更到品目29.02至29.35。
2936.10～2941.90
从其他子目变更到子目2936.10至2941.90。
29.42
从其他品目变更到品目29.42。
第30章
药品
3001.10～3002.90
从其他子目变更到子目3001.10至3002.90。
30.03
从其他品目变更到品目30.03。
30.04
从其他品目变更到品目30.04,品目30.03除外。
3005.10～3006.80
从其他子目变更到子目3005.10至3006.80。
第31章
肥料
31.01～31.05
从其他品目变更至品目31.01至31.05。
第32章
鞣料浸膏或染料浸膏;鞣酸及其衍生物;染料、颜料,及其他着色料;油漆及清漆;油灰及其他胶黏剂;墨水
3201.10～3202.90
从其他子目变更到子目3201.10至3202.90。
32.03
从其他品目变更到品目32.03。
3204.11～3204.90
从其他子目变更到子目3204.11至3204.90。
32.05
从其他章变更到品目32.05。
3206.11～3206.50
从其他子目变更到子目3206.11至3206.50。

32.07 ~32.12

从其他章变更到品目 32.07 至32.12。

32.13 ~32.14

从其他品目变更到品目 32.13 至32.14。

32.15

从其他章变更到品目 32.15。

第 33 章

精油与香膏;芳香料制品、化妆或盥洗用品

3301.11 ~3301.30

从其他子目变更到子目 3301.11 至3301.30。

3301.90

从其他品目变更到子目 3301.90,来自子目 1211.20 和 1302.19 的除外。

33.02 ~33.07

从其他品目变更到品目 33.02 至33.07。

第 34 章

肥皂、有机表面活性剂、洗涤剂、润滑剂、人造蜡、调制蜡、光洁剂、蜡烛及类似品、塑型用膏、牙科用蜡及牙科用熟石膏制剂

34.01 ~34.07

从其他品目变更到品目 34.01 至34.07。

第 35 章

蛋白类物质;改性淀粉;胶、酶

3501.10 ~3501.90

从其他子目变更到子目 3501.10 至3501.90。

3502.11 ~3502.19

从其他品目变更到子目 3502.11 至3502.19,品目 04.07 除外。

3502.20 ~3502.90

从其他子目变更到子目 3502.20 至3502.90。

从其他品目变更至品目 35.03 至35.04。

35.05

从其他品目变更到品目 35.05,品目 11.08 除外。

35.06

从其他品目变更到品目 35.06,品目 35.01、35.03 和 35.05 除外。

35.07

从其他品目变更到品目 35.07。

第 36 章

炸药;烟火制品;火柴;引火合金;易燃材料制品

36.01 ~36.06

从其他品目变更到品目 36.01 至36.06。

第 37 章

照相或电影用品

37.01～37.03

从该组之外的任何品目变更到品目 37.01 至 37.03。

37.04～37.07

从其他品目变更到品目 37.04 至 37.07。

第 38 章

杂项化学产品

38.01～38.07

从其他品目变更到品目 38.01 至 38.07。

3808.10～3808.90

从其他子目变更到子目 3808.10 至 3808.90，如果不少于单个放射性成分或多个放射性成分总重量 50% 是原产的。

38.09～38.24

从其他品目变更到品目 38.09 至 38.24。

38.25

从其他章变更到品目 38.25，第 28 章至第 37 章、第 40 章或第 90 章除外。

第七类

塑料及其制品；橡胶及其制品（第 39 章至第 40 章）

第七类注释：

注释 1：

若在那些规则中无其他特别规定，在第七类的任何章节及品目中的产品，只要适用于本类规则 1 至规则 5 的任何一条或多条规则，均被视为原产货物。

注释 2：

尽管注释 1 做出了说明，若一货物符合适用的关税分类变更条件，或适用于本类原产地规则规定的地区价值含量，该货物仍被视为原产货物。

规则 1：化学反应

从一缔约方辖区内或缔约双方辖区内的化学反应获得的第 39 章和第 40 章的货物应被视为原产货物。

在本类，"化学反应"是一个通过折断分子内键并形成新的分子内键，或通过改变分子中原子的空间排列从而导致一个具有新结构的分子的过程。以下化学反应不视为决定是否为原产地产品的依据：

在本部分，"化学反应"是一个通过折断分子内键并形成新的分子内键，或通过改变分子中原子的空间排列导致一个具有新结构的分子的过程（包括生化过程）。在决定一货物是否为原产货物时，以下过程不被视为化学反应：

（a）溶解于水或其他溶剂中；

（b）去除各种溶剂，包括溶剂水；或增加或去除结晶水。

规则 2:混合物和混合物的来源

第 39 章和第 40 章的货物应被视为原产货物,如果按照预定规格按比例严格控制的材料混合(包括分散)在一缔约方辖区内或缔约双方辖区内发生,而且其结果是生产出一种与该货物的用途有关,并与投入的材料不同的物理或化学特性基本不同的货物。

规则 3:提纯

和第 40 章涉及提纯的货物应被视为原产货物,如果该提纯过程在一缔约方辖区内或缔约双方辖区内发生,并在以下过程产生:

(a)至少去除杂质含量的 80%;或者

(b)杂质的减少或去除使得产品适合于:

(i)作为药物、医药、化妆品、兽药或食品级物质;

(ii)作为分析、诊断或实验室用化学产品或试剂;

(iii)作为微型元件使用的元素或成分;

(iv)专业光学用途;

(v)对健康和安全无毒的用途;

(vi)生物工程用途;

(vii)分离过程的载体;或

(viii)核等级用途。

规则 4:粒度变化

第 39 章中的货物应被视为原产货物,如果严格控制的对该货物颗粒大小的改变在一缔约方辖区内或缔约双方辖区内发生,改变方法包括通过溶解聚合物以及之后的沉淀使其成为微小粒子,但不包括仅仅通过粉碎或碾压,其结果是产生一种与该货物的用途有关并与投入的材料不同的物理或化学特性基本不同的货物,颗粒大小符合规格、颗粒分布符合规格或者颗粒表面积符合规格的货物。

规则 5:同分异构体的分离

第 39 章中的货物应被视为原产货物,如果从同分异构体的混合物中分离同分异构体的过程发生在一缔约方辖区内或缔约双方辖区内。

第 39 章

塑料及其制品

39.01～39.15

从其他品目变更到品目 39.01 至 39.15,前提条件是,品目 39.01 至 39.15 所含原产聚合物含量不得低于聚合物总重量的 50%。

39.16～39.26

从其他品目变更到品目 39.16 至 39.26。

第 40 章

橡胶及其制品

40.01

从其他品目变更到品目 40.01;或从其他子目变更到子目 4001.10 至 4001.30,前提条件是,地区价值含量以扣除法计不得低于 30%。

40.02 ~40.05

任何其何品目变更至品目 40.02 至 40.05。

40.06

从其他品目变更到品目 40.06,品目 40.01 除外;或者从品目 40.01 或其他品目变更到品目 40.06,前提条件是,地区价值含量以扣除法计不低于 30%。

40.07 ~40.17

从其他品目变更到品目 40.07 至 40.17。

第八类

生皮和原皮、皮革、毛皮及其制品;鞍具和挽具;旅行用品、手提包和类似箱包;动物肠线(蚕绞丝除外)制品(第 41 章至第 43 章)

第 41 章

生皮和原皮(毛皮除外)及皮革

4101.20 ~4103.10

从其他子目变更到子目 4101.20 至 4103.10。

4103.20 ~4103.90

从其他品目变更到子目 4103.20 至 4103.90。

4104.11 ~4104.49

从其他子目变更到子目 4104.11 至 4104.49。

41.05

从其他品目变更到品目 41.05,品目 41.02 中鞣过(包括预鞣)可两面用的生皮或原皮,或品目 41.12 除外;或从子目 4105.10 的蓝湿皮变更到品目 41.05。

41.06

从其他品目变更到品目 41.06,品目 41.03 中鞣过(包括预鞣)可两面用的生皮或原皮,或品目 41.13 除外;或从子目 4106.21、4106.31 或 4106.91 的蓝湿皮变更到品目 41.06。

41.07

从其他品目变更到品目 41.07。

41.12

从其他品目变更到品目 41.12,品目 41.02 中鞣过(包括预鞣)可两面用的生皮或原皮,或品目 41.05 除外;或从子目 4105.10 的蓝湿皮变更到品目 41.12。

41.13

从其他品目变更到品目 41.13,品目 41.03 中鞣过(包括预鞣)可两面用的生皮或原皮,或品目 41.06 除外;或从子目 4106.21、4106.31 或 4106.91 的蓝湿皮变更到品目 41.13。

4114.10 ~4115.20

从其他子目变更到子目 4114.10 至 4115.20。

第 42 章

皮革制品;鞍具和挽具;旅行用品、手提包和类似箱包;动物肠线(蚕绞丝除外)制品

42.01

从其他品目变更到品目 42.01。

4202.11

从其他章变更到子目 4202.11。

4202.12

对于外表层为纺织物的货物,参考附件 4 – A(纺织品或服装原产地特别规则)。从其他品目变更到子目 4202.12 其他货物。

4202.19 ~ 4202.21

从其他章变更到子目 4202.19 至 4202.21。

4202.22

对于外表层为纺织物的产品,参考附件 4 – A(纺织品或服装原产地特别规则)。从其他品目变更到子目 4202.22。

4202.29 ~ 4202.31

从其他章变更到子目 4202.29 至 4202.31。

4202.32

对于外表层为纺织物的产品,参考附件 4 – A(纺织品或服装原产地特别规则)。从其他品目变更到子目 4202.32。

4202.39 ~ 4202.91

从其他章变更到子目 4202.39 至 4202.91。

4202.92

对于外表层为纺织物的产品,参考附件 4 – A(纺织品或服装原产地特别规则)。从其他品目变更到子目 4202.92。

4202.99

从其他章变更到子目 4202.99。

42.03 ~ 42.06

从其他品目变更到品目 42.03 至 42.06。

第 43 章

毛皮、人造毛皮及其制品

43.01

从其他章变更到品目 43.01。

43.02 ~ 43.04

从其他品目变更到品目 43.02 至 43.04。

第九类

木及木制品;木炭;软木及软木制品;稻草、细茎茅草或其他编结材料的制品;篮筐及柳条编结品(第 44 章至第 46 章)

第 44 章

木及木制品;木炭

44.01 ~ 44.21

从其他品目变更到品目 44.01 至 44.21。

第 45 章

软木及软木制品

45.01 ~45.04

从其他品目变更到品目 45.01 至 45.04。

第 46 章

稻草、细茎茅草或其他编结材料制品;篮筐及柳条编结品

46.01

从其他章变更到品目 46.01。

46.02

从其他品目变更到品目 46.02。

第十类

木浆及其他纤维状纤维素浆;(废碎纸)再生纸或纸板;纸和纸板及其制品(第 47 章至第 49 章)

第 47 章

木浆及其他纤维状纤维素浆;(废碎纸)再生纸或纸板

47.01 ~47.07

从其他品目变更到品目 47.01 至 47.07。

第 48 章

纸和纸板;纸浆、纸及纸板制品

48.01 ~48.07

从其他章变更到品目 48.01 至 48.07。

48.08 ~48.23

从其他品目变更到品目 48.08 至 48.23。

第 49 章

印刷书籍、报纸、图画和其他印刷品;手稿、打字稿及设计图纸

49.01 ~49.11

从其他章变更到品目 49.01 至 49.11。

第十一类

纺织品及其制品(第 50 章至第 63 章)

参见附录 4 – A(纺织品及服装原产地特别规则)

第十二类

鞋类、帽类、雨伞、阳伞、手杖、带座手杖、鞭子、马鞭及其零件;已加工羽毛及其制品;人造花;人发制品(第 64 章至第 67 章)

第 64 章

鞋类、护腿及类似制品;该类制品的零件

64.01 ~64.06 从品目 64.01 至 64.05 之外的其他品目变更到子目 6401.10 或 6401.91,或关税税目 6401.92. aa、6401.99. aa、6401.99. bb、6401.99. cc、6402.30. aa、6402.30. bb、

6402. 30. cc、6402. 91. aa、6402. 91. bb、6402. 91. cc、6402. 99. aa、6402. 99. bb、6402. 99. cc、6404. 11. aa 或 6404. 19. aa，子目 6406. 10 除外，前提条件是，地区价值含量以累积法计不低于 55%[1]；或者从其他子目变更到第 64 章的货物。

第 65 章

帽类及其部件

65. 01 ~ 65. 02

从其他章变更到品目 65. 01 至 65. 02。

65. 03 ~ 65. 06

从其他品目变更到品目 65. 03 至 65. 06，品目 65. 03 至 65. 07 除外。

65. 07

从其他品目变更到品目 65. 07。

第 66 章

雨伞、阳伞、手杖、带座手杖、鞭子、马鞭及其零部件

66. 01 ~ 66. 02

从其他品目变更到品目 66. 01 至 66. 02。

66. 03

从其他章变更到品目 66. 03。

第 67 章

已加工羽毛、羽绒及其制品，人造花、人发制品

67. 01

从其他品目变更到品目 67. 01；或从其他货物，包含该品目的货物，变更到品目 67. 01 的羽毛或羽绒制品。

67. 02 ~ 67. 04

从其他品目变更到品目 67. 02 至 67. 04。

第十三类

石头、石膏、水泥、石棉、云母或类似材料的制品；陶瓷制品；玻璃及玻璃器皿（第 68 章至第 70 章）

第 68 章

石料、石膏、水泥、石棉、云母或类似材料的制品

68. 01 ~ 68. 11

从其他品目变更到品目 68. 01 至 68. 11。

6812. 50

从其他子目变更到子目 6812. 50。

6812. 60 ~ 6812. 90

从其他品目变更到子目 6812. 60 至 6812. 90。

---

① 参见附件 6 – A – 1 对比表。

68.13～68.15

从其他品目变更到品目68.13至68.15。

第69章

陶瓷产品

69.01～69.14

从其他章变更到品目69.01至69.14。

第70章

玻璃及玻璃器皿

70.01～70.02

从其他品目变更到品目70.01至70.02。

70.03～70.07

从该组外其他品目变更到品目70.03至70.07。

70.08

从其他品目变更到品目70.08。

70.09～70.18

从该组外其他品目变更到品目70.09至70.18，品目70.07至70.08除外。

70.19

参见附件4-A（纺织品及服装原产地特别规则）。

70.20

从其他品目变更到品目70.20。

第十四类

天然或养殖珍珠、宝石或半宝石、贵金属、包贵金属及其制品、仿珠宝、硬币（第71章）

第71章

天然或养殖珍珠、宝石或半宝石、贵金属、包贵金属及其制品、仿珠宝、硬币

71.01

从其他品目变更到品目71.01。

71.02～71.03

从其他章变更到品目71.02至71.03。

71.04～71.05

从其他品目变更到品目71.04至71.05。

71.06～71.08

从其他章变更到品目71.06至71.08。

71.09

从其他品目变更到品目71.09。

71.10～71.11

从其他章变更到品目71.10至71.11。

71.12

从其他品目变更到品目71.12。

71.13

从其他品目变更到品目 71.13,品目 71.16 除外。

71.14 ~ 71.15

从其他品目变更到品目 71.14 至 71.15。

71.16

从其他品目变更到品目 71.16,品目 71.13 除外。

71.17 ~ 71.18

从其他品目变更到品目 71.17 至 71.18。

第十五类

低值金属及其制品(第 72 章至第 83 章)

第 72 章

钢铁

72.01 ~ 72.03

从其他章变更到品目 72.01 至 72.03。

72.04 ~ 72.05

从其他品目变更到品目 72.04 至 72.05。

72.06 ~ 72.07

从该组外其他品目变更到品目 72.06 至 72.07。

72.08 ~ 72.29

从其他品目变更到品目 72.08 至 72.29。

第 73 章

钢铁制品

73.01 ~ 73.07

从其他章变更到品目 73.01 至 73.07;或从子目 7304.49 变更到子目 7304.41 外直径小于 19 毫米的货物。

73.08

从其他品目变更到品目 73.08,对源于品目 72.16 所列角材、型材或异型材进行以下加工的变更除外:

(a)钻孔、冲压、切槽、切割、弯曲,不管是单独进行还是组合进行;

(b)为组合结构添加辅助物或焊接件;

(c)为装卸目的添加辅助物;

(d)为工字型钢材添加焊接件、连接件或辅助物;前提是焊接件、连接件或辅助物的最大尺寸不得超过工字型钢材凸缘的内部平面之间的尺寸;

(e)涂漆、镀锌或以其他方式涂层;或者

(f)添加无钢元素底盘使其成为适合钢柱的产品,不管是单独还是钻孔、冲压、切槽或切割同时进行。

73.09 ~ 73.11

从该组外其他品目变更到品目 73.09 至 73.11。

73.12 ~73.14

从其他品目变更到品目 73.12 至 73.14。

7315.11 ~7315.12

从其他品目变更到子目 7315.11 至 7315.12;或者从子目 7315.19 变更到子目 7315.11 至 7315.12,不论是否还存在从其他品目的变更,前提条件是地区价值含量:

(a)以累积法计,不低于 35%;或者

(b)以扣除法计,不低于 45%。

7315.19

从其他品目变更到子目 7315.19。

7315.20 ~7315.89

从其他品目变更到子目 7315.20 至 7315.89;或者

从子目 7315.90 变更到子目 7315.20 至 7315.89,不论是否还存在从其他品目的变更,前提条件是地区价值含量:

(a)以累积法计,不低于 35%;或者

(b)以扣除法计,不低于 45%。

7315.90

从其他品目变更到子目 7315.90。

73.16

从其他品目变更到品目 73.16,品目 73.12 或 73.15 除外。

73.17

从其他品目变更到品目 73.17。

73.18

从其他品目变更到品目 73.18,品目 73.17 除外。

73.19 ~73.20

从其他品目变更到品目 73.19 至 73.20。

7321.11

从其他子目变更到子目 7321.11,子目 7321.90 的烹饪室(不论是组装还是散装)、上板(不管是否带有控制器或燃烧器),或至少包括以下一种部件的门组件:内板、外板、窗或隔板;或者从子目 7321.90 变更到子目 7321.11 至 7321.90,不论是否还存在从其他品目的变更,前提条件是地区价值含量:

(a)以累积法计,不低于 35%;或者

(b)以扣除法计,不低于 45%。

7321.12 ~7321.83

从其他品目变更到品目 7321.12 至 7321.83;或者从子目 7321.90 变更到子目 7321.12 至 7321.83,不论是否还存在从其他品目的变更,前提条件是,地区价值含量:

(a)以累积法计,不低于 35%;或者

(b)以扣除法计,不低于 45%。

7321.90

从其他品目变更到品目7321.90;或者

对该品目所列海关税则分类不要求变更,前提条件是地区价值含量:

(a)以累积法计,不低于35%;或者

(b)以扣除法计,不低于45%。

73.22

从其他品目变更到品目73.22。

73.23

从其他品目变更到品目73.23,品目73.22除外。

7324.10~7324.29

从其他品目变更到子目7324.10至7324.29;或者对该品目所列海关税则分类不要求变更,前提条件是地区价值含量:

(a)以累积法计,不低于35%;或者

(b)以扣除法计,不低于45%。

7324.90

从其他品目变更到子目7324.90。

7325.10~7326.20

从该组之外其他子目变更到子目7325.10至7326.20。

7326.90

从其他品目变更到品目7326.90,品目73.25除外。

第74章

铜和铜制品

74.01~74.07

从其他品目变更到品目74.01至74.07。

74.08

从其他品目变更到品目74.08,品目74.07除外。

74.09

从其他品目变更到品目74.09。

74.10

从其他品目变更到品目74.10,品目74.09中厚度低于5毫米的板材、片材及条材除外。

74.11~74.19

从其他品目变更到品目74.11至74.19。

第75章

镍和镍制品

75.01~75.05

从其他品目变更到品目75.01至75.05。

75.06

从其他品目变更到品目75.06;或者

从品目75.06其他货物变更到厚度不超过0.15毫米的薄片,前提条件是,厚度减少不得少于50%。

7507.11~7508.90

从其他子目变更到子目7507.11至7508.90。

第76章

铝和铝制品

76.01~76.03

从其他品目变更到品目76.01至76.03。

76.04

从其他品目变更到品目76.04,品目76.05至76.06除外。

76.05

从其他品目变更到品目76.05,品目76.04除外。

7606.11

从其他品目变更到子目7606.11。

7606.12

从其他品目变更到子目7606.12,品目76.04至76.06除外。

7606.91

从其他品目变更到子目7606.91。

7606.92

从其他品目变更到子目7606.92,品目76.04至76.06除外。

7607.11

从其他品目变更到子目7607.11。

7607.19~7607.20

从其他品目变更到子目7607.19至7607.20;或者对该品目所列海关税则分类不要求变更,前提条件是地区价值含量:

(a)以累积法计,不低于35%;或者

(b)以扣除法计,不低于45%。

76.08~76.09

从该组之外其他品目变更到品目76.08至76.09。

76.10~76.15

从其他品目变更到品目76.10至76.15。

7616.10

从其他品目变更到品目7616.10。

7616.91~7616.99

从其他子目变更到子目7616.91至7616.99。

第78章

铅和铅制品

78.01 ~78.06

从其他品目变更到品目 78.01 至 78.06。

第 79 章

锌和锌制品

79.01 ~79.02

从其他章变更到品目 79.01 至 79.02。

7903.10

从其他章变更到子目 7903.10。

7903.90

从其他章变更到子目 7903.90。

79.04 ~79.07

从其他品目变更到品目 79.04 至 79.07。

第 80 章

锡和锡制品

80.01 ~80.04

从其他品目变更到品目 80.01 至 80.04。

80.05

从其他品目变更到品目 80.05,品目 80.04 除外。

80.06 ~80.07

从其他品目变更到品目 80.06 至 80.07。

第 81 章

其他低值金属;金属陶瓷及其制品

8101.10 ~8101.95

从其他子目变更到子目 8101.10 至 8101.95。

8101.96

从其他子目变更到子目 8101.96,子目 8101.95 除外。

8101.97 ~8101.99

从其他子目变更到子目 8101.97 至 8101.99。

8102.10 ~8102.95

从其他子目变更到子目 8102.10 至 8102.95。

8102.96

从其他子目变更到子目 8102.96,子目 8102.95 除外。

8102.97 ~8102.99

从其他子目变更到子目 8102.97 至 8102.99。

8103.20 ~8105.90

从其他子目变更到子目 8103.20 至 8105.90。

81.06

从其他章变更到品目 81.06;或者对该品目所列海关税则分类不要求变更,前提条件是地区价值含量：

(a)以累积法计，不低于35%；或者

(b)以扣除法计，不低于45%。

8107.20～8107.90

从其他子目变更到子目8107.20至8107.90。

8108.20～8108.30

从其他章变更到子目8108.20至8108.30。

8108.90

从其他子目变更到子目8108.90。

8109.20～8109.90

从其他子目变更到子目8109.20至8109.90。

81.10

从其他子目变更到品目81.10，或对该品目所列海关税则分类不要求变更，前提条件是地区价值含量：

(a)以累积法计，不低于35%；或者

(b)以扣除法计，不低于45%。

81.11

从其他章变更到品目81.11；或者

对该品目所列海关税则分类不要求变更，前提条件是地区价值含量：

(a)以累积法计，不低于35%；或者

(b)以扣除法计，不低于45%。

8112.12～8112.19

从其他子目变更到子目8112.12至8112.19。

8112.21～8112.59

从其他章变更到子目8112.21至8112.59；或者对该品目所列海关税则分类不要求变更，前提条件是地区价值含量：

(a)以累积法计，不低于35%；或者

(b)以扣除法计，不低于45%。

8112.92

从其他章变更到子目8112.92。

8112.99

从其他子目变更到子目8112.99。

81.13

从其他章变更到品目81.13；或者

对该品目所列海关税则分类不要求变更，前提条件是地区价值含量：

(a)以累积法计，不低于35%；或者

(b)以扣除法计，不低于45%。

第82章

低值金属工具、器具、刀具、汤匙和刀叉及其零件

82.01 ~ 82.06

从其他章变更到品目 82.01 至 82.06。

8207.13

从其他章变更到子目 8207.13；或者从品目 82.09 或子目 8207.19 变更到子目 8207.13，不论是否还存在从其他章的变更，前提条件是地区价值含量：

(a) 以累积法计，不低于 35%；或者

(b) 以扣除法计，不低于 45%。

8207.19 ~ 8207.30

从其他章变更到子目 8207.19 至 8207.30。

8207.40 ~ 8207.50

从其他品目变更到子目 8207.40 至 8207.50。

8207.60

从其他章变更到子目 8207.60。

8207.70

从其他品目变更到子目 8207.70。

8207.80

从其他品目变更到子目 8207.80。

8207.90

从其他品目变更到子目 8207.90。

82.08 ~ 82.15

从其他章变更到品目 82.08 至 82.15；或者从子目 8211.95 变更到子目 8211.91 至 8211.93，不论是否还存在从其他章的变更，前提条件是地区价值含量：

(a) 以累积法计，不低于 35%；或者

(b) 以扣除法计，不低于 45%。

第 83 章

低值金属杂项制品

8301.10 ~ 8301.40

从其他章变更到子目 8301.10 至 8301.40；或者从子目 8301.60 变更到子目 8301.10 至 8301.40，不论是否还存在从其他章的变更，前提条件是地区价值含量：

(a) 以累积法计，不低于 35%；或者

(b) 以扣除法计，不低于 45%。

8301.50

从其他章变更到子目 8301.50，或从其他子目变更到子目 8301.50，前提条件是地区价值含量：

(a) 以累积法计，不低于 35%；或者

(b) 以扣除法计，不低于 45%。

8301.60 ~ 8301.70

从其他章变更到子目 8301.60 至 8301.70。

83.02～83.04

从其他品目变更到品目83.02至83.04。

8305.10～8305.20

其他章变更到子目8305.10至8305.20;或者从其他子目变更到子目8305.10至8301.20,前提条件是地区价值含量:

(a)以累积法计,不低于35%;或者

(b)以扣除法计,不低于45%。

8305.90

从其他品目变更到子目8305.90。

8306.10

从其他章变更到子目8306.10。

8306.21～8306.30

从其他品目变更到子目8306.21至8306.30。

83.07

从其他品目变更到品目83.07。

8308.10～8308.20

从其他品目变更到子目8308.10至8308.20;或者从其他子目变更到子目8308.10至8308.20,前提条件是地区价值含量:

(a)以累积法计,不低于35%;或者

(b)以扣除法计,不低于45%。

8308.90

从其他品目变更到子目8308.90。

83.09～83.10

从其他品目变更到子目83.09至83.10。

8311.10～8311.30

从其他品目变更到子目8311.10至8311.30;或者从其他子目变更到子目8311.10至8311.30,前提条件是地区价值含量:

(a)以累积法计,不低于35%;或者

(b)以扣除法计,不低于45%。

8311.90

从其他品目变更到子目8311.90。

第十六类

机械和机械器具;电气设备及其零件;录音机和放声机、电视图像和声音的录制和重放设备及其零件和配件(第84章至第85章)

第84章

核反应堆、锅炉、机械、机械器具及其零件

8401.10～8401.30

从其他子目变更到子目8401.10至8401.30。

8401.40

从其他品目变更到子目 8401.40。

8402.11

从其他品目变更到子目 8402.11;或者从子目 8402.90 变更到子目 8402.11,不论是否还存在其他子目的变更,前提条件是地区价值含量:

(a)以累积法计,不低于 35%;或者

(b)以扣除法计,不低于 45%。

8402.12

从其他品目变更到子目 8402.12;或者从其他子目变更到子目 8402.12,前提条件是地区价值含量:

(a)以累积法计,不低于 35%;或者

(b)以扣除法计,不低于 45%。

8402.19

从其他品目变更到子目 8402.19;或者从子目 8402.90 变更到子目 8402.19,不论是否还存在其他子目的变更,前提条件是地区价值含量:

(a)以累积法计,不低于 35%;或者

(b)以扣除法计,不低于 45%。

8402.20

从其他品目变更到子目 8402.20;或者从其他子目变更到子目 8402.20,前提条件是地区价值含量:

(a)以累积法计,不低于 35%;或者

(b)以扣除法计,不低于 45%。

8402.90

从其他品目变更到子目 8402.90;或者不要求改变海关分类,前提条件是地区价值含量:

(a)以累积法计,不低于 35%;或者

(b)以扣除法计,不低于 45%。

8403.10

从其他子目变更到子目 8403.10。

8403.90

从其他品目变更到子目 8403.90。

8404.10

从其他子目变更到子目 8404.10。

8404.20

从其他品目变更到子目 8404.20;或者从子目 8404.90 变更到子目 8404.20,不论是否还存在其他子目的变更,前提条件是地区价值含量:

(a)以累积法计,不低于 35%;或者

(b)以扣除法计,不低于 45%。

8404.90

从其他品目变更到子目8404.90。

8405.10

从其他子目变更到子目8405.10。

8405.90

从其他品目变更到子目8405.90。

8406.10

从其他子目变更到子目8406.10。

8406.81～8406.82

从该组之外其他子目变更到子目8406.81至8406.82。

8406.90

从其他品目变更到子目8406.90;或者不要求改变海关分类,前提条件是地区价值含量:

(a)以累积法计,不低于35%;或者

(b)以扣除法计,不低于45%。

8407.10～8407.29

从其他品目变更到子目8407.10至8407.29。

8407.31～8407.34

从其他品目变更到子目8407.31至8407.34;或者不要求改变海关分类,前提条件是地区价值含量:

(a)以累积法计,不低于35%;或者

(b)以扣除法计,不低于55%;

(c)以净成本法计,不得低于35%。

8407.90

从其他品目变更到子目8407.90。

8408.10

从其他品目变更到子目8408.10。

8408.20

从其他品目变更到子目8408.20;或者不要求改变海关分类,前提条件是地区价值含量:

(a)以累积法计,不低于35%;或者

(b)以扣除法计,不低于55%;

(c)以净成本法计,不得低于35%。

8408.90

从其他品目变更到子目8408.90。

84.09

不要求改变海关分类,前提条件是地区价值含量:

(a)以累积法计,不低于35%;或者

(b)以扣除法计,不低于55%;

(c)以净成本法计,不得低于35%。

8410.11～8410.13

从该组外其他子目变更到子目8410.11至8410.13。

8410.90

从其他品目变更到子目8410.90。

8411.11～8411.82

从该组外其他子目变更到子目8411.11至8411.82。

8411.91

从其他品目变更到子目8411.91。

8411.99

从其他品目变更到子目8411.99;或者不要求改变海关分类,前提条件是地区价值含量:

(a)以累积法计,不低于35%;或者

(b)以扣除法计,不低于45%。

8412.10～8412.80

从其他子目变更到子目8412.10至8412.80。

8412.90

从其他品目变更到品目8412.90。

8413.11～8413.82

从其他子目变更到子目8413.11至8413.82。

8413.91～8413.92

从其他品目变更到子目8413.91至8413.92;或者对子目8413.92,不要求改变海关分类,前提条件是地区价值含量:

(a)以累积法计,不低于35%;或者

(b)以扣除法计,不低于45%。

8414.10～8414.80

从其他品目变更到子目8414.10至8414.80;

从子目8414.90变更到子目8414.10至8414.80,不论是否还存在其他品目的变更,前提条件是地区价值含量:

(a)以累积法计,不低于35%;或者

(b)以扣除法计,不低于45%。

8414.90

从其他品目变更到子目8414.90;或者不要求改变海关分类,前提条件是地区价值含量:

(a)以累积法计,不低于35%;或者

(b)以扣除法计,不低于45%。

8415.10～8415.83

从其他子目变更到子目8415.10至8415.83。

8415.90

从其他品目变更到子目8415.90;或者从其他货物,包括子目8415.90的货物,变更到该子目下的底盘、底板及外机。

8416.10～8416.90
从其他子目变更到子目 8416.10 至 8416.90。
8417.10～8417.80
从其他子目变更到子目 8417.10 至 8417.80。
8417.90
从其他品目变更到子目 8417.90。
8418.10～8418.69
从该组之外的其他子目变更到子目 8418.10 至 8418.69，子目 8418.91 除外。
8418.91 ～8418.99
从其他品目变更到子目 8418.91 至 8418.99。
8419.11～8419.89
从其他子目变更 8419.11 至 8419.89。
8419.90
从其他品目变更到子目 8419.90；或者关税分类不需要改变，前提条件是地区价值含量：
(a)以累积法计，不低于 35%，或
(b)以扣除法计，不低于 45%。
8420.10
从其他子目变更到子目 8420.10。
8420.91～8420.99
从其他品目变更到子目 8420.91 至 8420.99。
从任何其他子目变更到子目 8421.11 至 8421.39。
8421.91
从其他品目变更到子目 8421.91；或者关税分类不需要改变，前提条件是地区价值含量：
(a)以累积法计，不低于 35%，或
(b)以扣除法计，不低于 45%。
8421.99
从任何其他品目变更到子目 8421.99；或者关税分类不需要改变，前提条件是地区价值含量：
(a)以累积法计，不低于 35%，或
(b)以扣除法计，不低于 45%。
8422.11～8422.40
从其他子目变更到子目 8422.11 至 8422.40。
8422.90
从其他品目变更到子目 8422.90，或者关税分类不需要改变，前提条件是地区价值含量：
(a)以累积法计，不低于 35%，或
(b)以扣除法计，不低于 45%
8423.10～8423.89
从其他子目变更到子目 8423.10 至 8423.89。

8423.90

从其他品目变更到子目8423.90。

8424.10~8430.69

从其他子目变更到子目8424.10至8430.69。

84.31

从其他品目变更到品目84.31;或者对子目8431.10、8431.31、8431.39、8431.43或8431.49而言,关税分类不需要改变,前提条件是地区价值含量:

(a)以累积法计,不低于35%,或

(b)以扣除法计,不低于45%。

8432.10~8437.90

其他子日变更到子目8432.10至8437.90。

8438.10~8438.80

从其他子目变更到子目8438.10至8438.80。

8438.90

从其他品目变更到子目8438.90。

8439.10~8440.90

从其他子目变更到子目8439.10至8440.90。

8441.10~8441.80

从其他子目变更到子目8441.10至8441.80。

8441.90

从其他品目变更到子目8441.90,或者关税分类不需要改变,前提条件是地区价值含量:

(a)以累积法计,不低于35%,或

(b)以扣除法计,不低于45%。

8442.10~8442.30

从该组之外的任何其他子目变更到子目8442.10至8442.30。

8442.40~8442.50

从其他品目变更到子目8442.40至8442.50。

8443.11~8443.59

从该组之外的任何其他子目变更到子目8443.11至8443.59,子目8443.60除外;或者从子目8443.60变更到8443.11至8443.59,不论是否还存在从其他品目的变更,前提条件是地区价值含量:

(a)以累积法计,不低于35%,或

(b)以扣除法计,不低于45%。

8443.60

从其他子目变更到子目8443.60,子目8443.11至8443.59除外。

8443.90

从其他品目变更到子目8443.90。

84.44

从其他品目变更到品目 84.44。

84.45 ~ 84.47

从该组之外的任何其他品目变更到品目 84.45 至 84.47。

8448.11 ~ 8448.19

从其他子目变更到子目 8448.11 至 8448.19。

8448.20 ~ 8448.59

从其他品目变更到子目 8448.20 至 8448.59。

84.49

从其他品目变更到品目 84.49。

8450.11 ~ 8450.20

从其他子目变更到子目 8450.11 至 8450.20。

8450.90

从其他品目变更到子目 8450.90

8451.10 ~ 8451.80

从其他子目变更到子目 8451.10 至 8451.80。

8451.90

从其他品目变更到子目 8451.90。

8452.10 ~ 8452.29

从该组之外的其他子目变更到子目 8452.10 至 8452.29。

8452.30 ~ 8452.40

从其他子目变更到子目 8452.30 至 8452.40。

8452.90

从其他品目变更到子目 8452.90。

8453.10 ~ 8453.80

从其他子目变更到子目 8453.10 至 8453.80。

8453.90

从其他品目变更到子目 8453.90。

8454.10 ~ 8454.30

从其他子目变更到子目 8454.10 至 8454.30。

8454.90

从其他品目变更到子目 8454.90。

8455.10 ~ 8455.90

从其他子目变更到子目 8455.10 至 8455.90。

84.56

从其他品目变更到品目 84.56，前提条件是，以扣除法计算的地区价值含量不低于 60%。

84.57～84.61

从其他品目变更到品目 84.57 至 84.61，前提条件是，以扣除法计算的地区价值含量不低于 55%。

84.62

从其他品目变更到品目 84.62，前提条件是，以扣除法计算的地区价值含量不低于 60%。

84.63

从其他品目变更到品目 84.63，前提条件是，以扣除法计算的地区价值含量不低于 55%。

84.64～84.65

从其他品目变更到品目 84.64 至 84.65。

84.66

从其他品目变更到品目 84.66，前提条件是地区价值含量：

(a) 以累积法计，不低于 35%，或

(b) 以扣除法计，不低于 45%。

8467.11～8467.89

从其他子目变更到子目 8467.11 至 8467.89。

8467.91

从其他品目变更到子目 8467.91。

8467.92～8467.99

除品目 84.07 之外，从其他品目变更到子目 8467.92 至 8467.99。

8468.10～8468.80

从其他子目变更到子目 8468.10 至 8468.80。

8468.90

从其他品目变更到子目 8468.90。

8469.11～8469.12

从该组以外的其他子目变更到子目 8469.11 至 8469.12。

8469.20～8469.30

从该组以外的其他子目变更到子目 8469.20 至 8469.30。

8470.10～8472.90

从其他子目变更到子目 8470.10 至 8472.90。

8473.10～8473.50

从其他子目变更到子目 8473.10 至 8473.50，或者关税分类不需要改变，前提条件是地区价值含量：

(a) 以累积法计，不低于 35%，或

(b) 以扣除法计，不低于 45%。

8474.10～8474.80

从其他子目变更到子目 8474.10 至 8474.80。

8474.90

从其他品目变更到子目 8474.90;或者关税分类不需要改变,前提条件是地区价值含量:

(a)以累积法计,不低于 35%,或

(b)以扣除法计,不低于 45%。

8475.10

从其他子目变更到子目 8475.10。

8475.21~8475.29

从该组以外的其他子目变更到子目 8475.21 至 8475.29。

8475.90

从其他品目变更到子目 8475.90。

8476.21~8476.89

从该组以外的其他子目变更到子目 8476.21 至 8476.89。

8476.90

从其他品目变更到子目 8476.90。

84.77

从其他品目变更到品目 84.77,前提条件是地区价值含量:

(a)以累积法计,不低于 35%,或

(b)以扣除法计,不低于 45%。

从子目 8477.90 变更到子目 8477.10 至 8477.80,不论是否还存在从其他品目的变更,前提条件是地区价值含量:

(a)以累积法计,不低于 35%,或

(b)以扣除法计,不低于 45%。

8478.10

从其他子目变更到子目 8478.10。

8478.90

从其他品目变更到子目 8478.90。

8479.10~8479.90

从其他子目变更到子目 8479.10 至 8479.90。

84.80

从其他品目变更到品目 84.80。

8481.10~8481.80

从其他品目变更到子目 8481.10 至 8481.80,或者从子目 8481.90 变更到子目 8481.10 至 8481.80,不论是否还存在从其他品目的变更,前提条件是地区价值含量:

(a)以累积法计,不低于 35%,或

(b)以扣除法计,不低于 45%。

8481.90

从其他品目变更到子目 8481.90。

8482.10 ~ 8482.80

从该组之外的其他子目变更到子目 8482.10 至 8482.80，子目 8482.99 除外；或者从子目 8482.99 变更到 8482.10 至 8482.80，不论是否还存在从其他品目的变更，前提条件是地区价值含量：

(a) 以累积法计，不低于 40%，或

(b) 以扣除法计，不低于 50%。

8482.91 ~ 8482.99

从其他品目变更到子目 8482.91 至 8482.99。

8483.10

从其他子目变更到子目 8483.10。

8483.20

除了子目 8482.10 至 8482.80 之外，从其他子目变更到子目 8483.20。

8483.30

从其他品目变更到子目 8483.30；或者从其他子目变更到子目 8483.30，前提条件是地区价值含量：

(a) 以累积法计，不低于 40%，或

(b) 以扣除法计，不低于 50%。

8483.40 ~ 8483.50

从其他子目变更到子目 8483.40 至 8483.50，子目 8482.10 至 8482.80、8482.99、8483.10至 8483.40，8483.60 或 8483.90 除外；或者从子目 8482.10 至 8482.80、8482.99、8483.10 至 8483.40、8483.60，或 8483.90 变更到子目 8483.40 至 8483.50，前提条件是地区价值含量：

(a) 以累积法计，不低于 40%，或

(b) 以扣除法计，不低于 50%。

8483.60

从其他子目变更到子目 8483.60。

8483.90

从其他品目变更到子目 8483.90。

8484.10 ~ 8484.90

从其他子目变更到子目 8484.10 至 8484.90。

84.85

从其他品目变更到品目 84.85。

第 85 章

电气机械与设备及其零件；录音机和放声机、电视图像和声音的录制和重放设备及其零件和附件

8501.10

从其他品目变更到子目 8501.10，品目 85.03 除外；或者从品目 85.03 变更到子目 8501.10，不论是否还存在从其他品目的变更，前提条件是地区价值含量：

(a)以累积法计,不低于35%,或

(b)以扣除法计,不低于45%。

8501.20~8501.64

从其他品目变更到子目8501.20至8501.64。

85.02~85.03

从其他品目变更到品目85.02至85.03。

8504.10~8504.23

从子目8504.10至8504.50之外的子目变更到子目8504.10至8504.23。

8504.31

从其他品目变更到子目8504.31;或者从子目8504.90变更到子目8504.31,不论是否还存在从其他品目的变更,前提条件是地区价值含量:

(a)以累积法计,不低于35%,或

(b)以扣除法计,不低于45%。

8504.32~8504.50

从子目8504.10至8504.50之外的其他子目变更到子目8504.32至8504.50。

8504.90

从其他品目变更到子目8504.90。

8505.11~8505.30

从其他子目变更到子目8505.11至8505.30。

8505.90

从其他品目变更到子目8505.90。

8506.10~8506.40

从其他子目变更到子目8506.10至8506.40。

8506.50~8506.80

从该组外其他子目变更到子目8506.50至8506.80。

8506.90

从其他品目变更到子目8506.90。

8507.10

从其他品目变更到子目8507.10;或者从其他子目变更到子目8507.10,前提条件是地区价值含量:

(a)以累积法计,不低于35%,或

(b)以扣除法计,不低于45%。

8507.20~8507.80

从其他子目变更到子目8507.20至8507.80。

8507.90

从其他品目变更到子目8507.90。

8509.10 ~ 8509.80

从其他品目变更到子目 8509.10 至 8509.80；或者从其他子目变更到子目 8509.10 至 8509.80，前提条件是地区价值含量：

（a）以累积法计，不低于 35%，或

（b）以扣除法计，不低于 45%。

8509.90

从其他品目变更到子目 8509.90。

8510.10 ~ 8510.30

从其他子目变更到子目 8510.10 至 8510.30。

8510.90

从其他品目变更到子目 8510.90。

8511.10 ~ 8511.80

从其他子目变更到子目 8511.10 至 8511.80。

8511.90

从其他品目变更到子目 8511.90。

8512.10 ~ 8512.20

从该组外其他子目变更到子目 8512.10 至 8512.20。

8512.30

从其他品目变更到子目 8512.30；或者从子目 8512.90 变更到子目 8512.30，不论是否还存在从其他品目的变更，前提条件是地区价值含量：

（a）以累积法计，不低于 35%，或

（b）以扣除法计，不低于 45%。

8512.40

从其他品目变更到子目 8512.40；或者从子目 8512.90 变更到子目 8512.40，不论是否还存在从其他品目的变更，前提条件是地区价值含量：

（a）以累积法计，不低于 35%，或

（b）以扣除法计，不低于 45%。

8512.90

从其他品目变更到子目 8512.90。

8513.10

从其他品目变更到子目 8513.10；或者从子目 8513.90 变更到子目 8513.90，不论从其他品目是否也有变更，前提条件是地区价值含量：

（a）以累积法计，不低于 35%，或

（b）以扣除法计，不低于 45%。

8513.90

从其他品目变更到子目 8513.90。

8514.10 ~ 8514.40

从其他子目变更到子目 8514.10 至 8514.40。

8514.90

从其他品目变更到子目8516.72。

8515.11～8515.80

从该组外其他子目变更到子目8515.11至8515.80。

8515.90

从其他品目变更到子目8515.90。

8516.10～8516.50

从其他子目变更到子目8516.10至8516.50。

8516.60

从其他品目变更到子目8516.60;或者从子目8516.90变更到子目8516.60,不论是否还存在从其他品目的变更,前提条件是地区价值含量:

(a)以累积法计,不低于35%,或

(b)以扣除法计,不低于45%。

8516.71

从其他子目变更到子目8516.71。

8516.72

从其他子目变更到子目8516.72,子目8516.90的烤箱外壳以及子目9032.10除外;或者从子目8516.90的烤箱外壳或从子目9032.10变更到子目8516.72,不论是否还存在从其他子目的变更,前提条件是地区价值含量:

(a)以累积法计,不低于35%,或

(b)以扣除法计,不低于45%。

8516.79

从其他子目变更到子目8516.79。

8516.80

从其他品目变更到子目8516.80;或者从子目8516.90变更到子目8516.80,不论是否还存在从其他品目的变更,前提条件是地区价值含量:

(a)以累积法计,不低于35%,或

(b)以扣除法计,不低于45%。

8516.90

从其他品目变更到子目8516.90;或者关税分类不需要变更,前提条件是地区价值含量:

(a)以累积法计,不低于35%,或

(b)以扣除法计,不低于45%。

8517.11～8517.90

从其他子目变更到子目8517.11至8517.90。

8518.10～8518.21

从其他品目变更到子目8518.10至8518.21;或者从子目8518.90变更到子目8518.10至8518.21,不论是否还存在从其他品目的变更,前提条件是地区价值含量:

(a)以累积法计,不低于35%,或

(b)以扣除法计,不低于 45%。

8518.22

从其他品目变更到子目 8518.22;或者从子目 8518.29 或 8518.90 变更到子目 8518.22,不论是否还存在从其他品目的变更,前提条件是地区价值含量:

(a)以累积法计,不低于 35%,或

(b)以扣除法计,不低于 45%。

8518.29～8518.50

从其他品目变更到子目 8518.29 至 8518.50;或者从子目 8518.90 变更到子目 8518.29 至 8518.50,不论是否还存在从其他品目的变更,前提条件是地区价值含量:

(a)以累积法计,不低于 35%,或

(b)以扣除法计,不低于 45%。

8518.90

从其他品目变更到子目 8518. 90。

8519.10～8519.40

从其他子目变更到子目 8519.10 至 8519.40。

8519.92～8519.93

从该组外其他子目变更到子目 8519.92 至 8519.93。

8519.99

从其他子目变更到子目 8519.99。

8520.10～8520.20

从其他子目变更到子目 8520.10 至 8520.20。

8520.32～8520.33

从该组外其他子目变更到子目 8520.32 至 8520.33。

8520.39～8520.90

从其他子目变更到子目 8520.39 至 8520.90。

8521.10～8524.99

从其他子目变更到子目 8521.10 至 8524.99。

8525.10

从其他子目变更到子目 8525.10,子目 8525.20 除外。

8525.20～8525.40

从其他子目变更到子目 8525.20 至 8525.40。

8526.10～8527.90

从其他子目变更到子目 8526.10 至 8527.90。

8528.12

从包含数字微镜装置的子目 8529.90 中的平板屏幕组件,或从其他品目变更至子目 8528.12,子目 9013.80 或品目 85.29 所列货物除外。

从子目 8529.90 或 9013.80 变更到子目 8528.12,不论是否还存在从其他品目的变更,前提条件是地区价值含量:

(a)以累积法计,不低于40%,或

(b)以扣除法计,不低于50%。

8528.13

从其他子目变更到子目8528.13。

8528.21

从包含数字微镜装置的子目8529.90的平板屏幕组件,或从其他品目变更到子目8528.21,子目9013.80或品目85.29所列其他货物除外。

从子目8529.90或9013.80变更到子目8528.21,不论是否还存在从其他品目的变更,前提条件是地区价值含量:

(a)以累积法计,不低于40%,或

(b)以扣除法计,不低于50%。

8528.22

从其他子目变更到子目8528.22。

8528.30

从包含数字微镜装置的子目8529.90的平板屏幕组件,或从其他品目变更到子目8528.30,子目9013.80或品目85.29所列其他货物除外。

从子目8529.90或9013.80变更到子目8528.30,不论是否还存在从其他品目的变更,前提条件是地区价值含量:

(a)以累积法计,不低于40%,或

(b)以扣除法计,不低于50%。

85.29

从其他品目变更至品目85.29;或者对于子目8529.90而言,关税分类不需要变更,前提条件是地区价值含量:

(a)以累积法计,不低于35%,或

(b)以扣除法计,不低于45%。

8530.10~8530.80

从其他子目变更到子目8530.10至8530.80。

8530.90

从其他品目变更到子目8530.90。

8531.10~8531.80

从其他子目变更到子目8531.10至8531.80。

8531.90

从其他品目变更到子目8531.90。

8532.10~8532.30

从其他子目变更到子目8532.10至8532.30。

8532.90

从其他品目变更到子目8532.90。

8533.10～8533.40

从其他子目变更到子目8533.10至8533.40。

8533.90

从其他品目变更到子目8533.90。

85.34

从其他品目变更至品目85.34；或者关税分类不需要变更，前提条件是地区价值含量：

(a)以累积法计，不低于30%，或

(b)以扣除法计，不低于35%。

8535.10～8536.90

从其他子目变更到子目8535.10至8536.90。

85.37～85.38

从其他品目变更到品目85.37至85.38。

8539.10～8539.49

从其他子目变更到子目8539.10至8539.49。

8539.90

从其他品目变更到子目8539.90。

8540.11

从其他子目变更到子目8540.11，子目7011.20或8540.91除外。

8540.12

从其他子目变更到子目8540.12。

8540.20

从其他品目变更到子目8540.20；或者从子目8540.91至8540.99变更到子目8540.20，不论是否还存在从其他品目的变更，前提条件是地区价值含量：

(a)以累积法计，不低于35%，或

(b)以扣除法计，不低于45%。

8540.40～8540.60

从该组外其他子目变更到子目8540.40至8540.60。

8540.71～8540.89

从其他子目变更到子目8540.71至8540.89。

8540.91

从其他品目变更到子目8540.91。

8540.99

从其他子目变更至子目8540.99；或者关税分类不需要变更，前提条件是地区价值含量：

(a)以累积法计，不低于35%，或

(b)以扣除法计，不低于45%。

8541.10～8542.90

从子目8541.10至8542.90的未组装芯片、晶片或芯片，或者从其他子目变更到子目8541.10至8542.90的组装半导体设备、集成电路或微电子组件；或者从其他子目变更到子

目8541.10至8542.90;或者关税分类不需要变更,前提条件是地区价值含量:

(a)以累积法计,不低于30%,或

(b)以扣除法计,不低于35%。

8543.11

从其他子目变更到子目8543.11。

8543.19

从其他子目变更到子目8543.19,子目8543.11除外。

8543.20~8543.30

从其他子目变更到子目8543.20至8543.30。

8543.40~8543.89

从该组外其他子目变更到子目8543.40至8543.89。

8543.90

从其他品目变更到子目8543.90。

8544.11

从其他子目变更到子目8544.11,前提条件是地区价值含量:

(a)以累积法计,不低于35%,或

(b)以扣除法计,不低于45%。

8544.19

从其他子目变更到子目8544.19,前提条件是地区价值含量:

(a)以累积法计,不低于35%,或

(b)以扣除法计,不低于45%。

8544.20

从其他子目变更到子目8544.20,子目8544.11至8544.60以及品目74.08、74.13、76.05或76.14除外;或者从子目8544.11至8544.60或从品目74.08、74.13、76.05或76.14变更到子目8544.20,不论是否还存在从其他子目的变更,前提条件是地区价值含量:

(a)以累积法计,不低于35%,或

(b)以扣除法计,不低于45%。

8544.30~8544.49

从其他品目变更到子目8544.30至8544.49;或者从其他子目变更到子目8544.30,前提条件是地区价值含量:

(a)以累积法计,不低于35%,或

(b)以扣除法计,不低于45%。

8544.51~8544.59

从其他品目变更到子目8544.51至8544.59。

8544.60

从其他子目变更到子目8544.60,前提条件是地区价值含量:

(a)以累积法计,不低于35%,或

(b)以扣除法计,不低于45%。

8544.70

从其他子目变更到子目 8544.70。

8545.11～8545.90

从其他品目变更到子目 8545.11 至 8545.90。

85.46

从其他品目变更到品目 85.46。

8547.10～8547.90

从其他子目变更到子目 8547.10 至 8547.90。

85.48

从其他品目变更到品目 85.48。

第十七类

车辆、航空器、船舶及相关运输装备(第 86 章至第 89 章)

第 86 章

铁道或电车轨道机车、车厢及其零部件;铁道或电车轨道固定装置及其零件;各种机械(包括电动机械)交通信号设备

86.01～86.02

从其他品目变更到品目 86.01 至 86.02。

86.03～86.06

从其他品目变更到品目 86.03 至 86.06,品目 86.07 除外;或者从品目 86.07 变更到品目 86.03 至 86.06,不论是否还存在从其他品目的变更,前提条件是地区价值含量:

(a)以累积法计,不低于 35%,或

(b)以扣除法计,不低于 45%。

8607.11～8607.12

从该组外其他子目变更到子目 8607.11 至 8607.12。

8607.19

从子目 8607.19 的车轴零件变更到子目 8607.19 的车轴;或从子目 8607.19 的车轮零件或车轴零件变更到子目 8607.19 的车轮,不论车轮是否已安装于车轴;或从其他子目变更到子目 8607.19;或关税分类不需要变更,前提条件是地区价值含量:

(a)以累积法计,不低于 30%,或

(b)以扣除法计,不低于 35%。

8607.21～8607.99

从其他品目变更到子目 8607.21 至 8607.99。

86.08～86.09

从其他品目变更到品目 86.08 至 86.09。

第 87 章

铁道或电车轨道车厢以外的车辆及其零件和附件

87.01～87.06

关税分类不需要变更,前提条件是地区价值含量:

(a)以累积法计,不低于35%,或

(b)以扣除法计,不低于55%,或

(c)以净成本法计,不低于35%。

87.07

从其他品目变更到品目87.07;或关税分类不需要变更,前提条件是地区价值含量:

(a)以累积法计,不低于35%,或

(b)以扣除法计,不低于55%,或

(c)以净成本法计,不低于35%。

8708.10~8708.99

从其他子目变更到子目8708.10至8708.99;或关税分类不需要变更,前提条件是地区价值含量:

(a)以累积法计,不低于35%,或

(b)以扣除法计,不低于55%,或

(c)以净成本法计,不低于35%。

8709.11~8709.19

从其他品目变更到子目8709.11至8709.19;或从子目8709.90变更到子目8709.11至8709.19,不论是否还存在从其他品目的变更,前提条件是地区价值含量:

(a)以累积法计,不低于40%,或

(b)以扣除法计,不低于50%。

8709.90 从其他品目变更到子目8709.90。

关税分类不需要变更,前提条件是地区价值含量:

(a)以累积法计,不低于40%,或

(b)以扣除法计,不低于50%。

87.10

从其他品目变更到品目87.10。

87.11~87.13

从其他品目变更到品目87.11至87.13,品目87.14之除外;或者从品目87.14变更到品目87.11至87.13,不论是否还存在从其他品目的变更,前提条件是地区价值含量:

(a)以累积法计,不低于35%,或

(b)以扣除法计,不低于45%。

8714.11~8714.96

从其他品目变更到子目8714.11至8714.96;或从子目8714.99变更到子目8714.11至8714.96,不论是否还存在从其他品目的变更,前提条件是地区价值含量:

(a)以累积法计,不低于40%,或

(b)以扣除法计,不低于50%。

8714.99

从其他品目变更到子目8714.99。

87.15

从其他品目变更到品目 87.15。

8716.10 ~ 8716.80

从其他品目变更到子目 8716.10 至 8716.80；或从子目 8716.90 变更到子目 8716.10 至 8716.80，不论是否还存在从其他品目的变更，前提条件是地区价值含量：

(a) 以累积法计，不低于 35%，或

(b) 以扣除法计，不低于 45%。

8716.90

从其他品目变更到子目 8716.90。

第 88 章

航空器、航天器及其零件

8801.10 ~ 8803.90

从其他子目变更到子目 8801.10 至 8803.90。

88.04 ~ 88.05

从其他品目变更到品目 88.04 至 88.05。

第 89 章

船舶及浮动结构体

89.01 ~ 89.02

从其他章变更到品目 89.01 至 89.02；或从其他品目变更到品目 89.01 至 89.02，前提条件是地区价值含量：

(a) 以累积法计，不低于 35%，或

(b) 以扣除法计，不低于 45%。

89.03

从其他品目变更到品目 89.03。

89.04 ~ 89.05

从其他章变更到品目 89.04 至 89.05；或从其他品目变更到品目 89.04 至 89.05，前提条件是地区价值含量：

(a) 以累积法计，不低于 35%，或

(b) 以扣除法计，不低于 45%。

89.06 ~ 89.08

从其他品目变更到品目 89.06 至 89.08。

第十八类

光学、照相、电影、计量、检验、精密、医疗或外科仪器及设备；钟表；乐器；上述物品的零件和附件（第 90 章至第 92 章）

第 90 章

光学、照相、电影、计量、检验、精密、医疗或外科仪器及设备；上述物品的零件和附件

9001.10

从其他章变更到子目 9001.10，品目 70.02 除外；或从品目 70.02 变更到子目 9001.10，

不论是否还存在从其他章节的变更,前提条件是地区价值含量:

(a)以累积法计,不低于35%,或

(b)以扣除法计,不低于45%。

9001.20~9001.90

从其他品目变更到子目9001.20至9001.90。

9002.11~9002.90

从其他品目变更到子目9002.11至9002.90,品目90.01除外;或从品目90.01变更到子目9002.11至9002.90,不论是否还存在从其他品目的变更,前提条件是地区价值含量:

(a)以累积法计,不低于35%,或

(b)以扣除法计,不低于45%。

9003.11~9003.19

从其他子目变更到子目9003.11至9003.19,子目9003.90除外;或从子目9003.90变更到子目9003.11至9003.19,不论是否还存在从其他子目的变更,前提条件是地区价值含量:

(a)以累积法计,不低于35%,或

(b)以扣除法计,不低于45%。

9003.90

从其他品目变更到子目9003.90。

9004.10

从其他章节变更到子目9004.10。

从其他品目变更到子目9004.10,前提条件是地区价值含量:

(a)以累积法计,不低于35%,或

(b)以扣除法计,不低于45%。

9004.90

从其他品目变更到子目9004.90,子目9001.40或9001.50除外。

9005.10

从其他子目变更到子目9005.10。

9005.80

从其他子目变更到子目9005.80,品目90.01至90.02或子目9005.90除外;或从子目9005.90变更到子目9005.80,不论是否还存在从其他品目的变更,前提条件是地区价值含量:

(a)以累积法计,不低于35%,或

(b)以扣除法计,不低于45%。

9005.90

从其他品目变更到子目9005.90。

9006.10~9006.69

从其他品目变更到子目9006.10至9006.69;或从其他子目变更到子目9006.10至9006.69,前提条件是地区价值含量:

(a)以累积法计,不低于35%,或

(b)以扣除法计,不低于45%。

9006.91~9006.99

从其他品目变更到子目9006.91至9006.99。

9007.11~9007.20

从其他品目变更到子目9007.11至9007.20;或从其他子目变更到子目9007.11至9007.20,前提条件是地区价值含量:

(a)以累积法计,不低于35%,或

(b)以扣除法计,不低于45%。

9007.91~9007.92

从其他品目变更到子目9007.91至9007.92;或对子目9007.92而言,关税分类不需要变更,前提条件是地区价值含量:

(a)以累积法计,不低于35%,或

(b)以扣除法计,不低于45%。

9008.10~9008.40

从其他品目变更到子目9008.10至9008.40;或从其他子目变更到子目9008.10至9008.40,前提条件是地区价值含量:

(a)以累积法计,不低于35%,或

(b)以扣除法计,不低于45%。

9008.90

从其他品目变更到子目9008.90。

9009.11

从其他子目变更到子目9009.11。

9009.12

从其他子目变更到子目9009.12,子目9009.91除外;或从子目9009.91变更到子目9009.12,不论是否还存在从其他子目的变更,前提条件是地区价值含量:

(a)以累积法计,不低于35%,或

(b)以扣除法计,不低于45%。

9009.21~9009.99

从其他子目变更到子目9009.21至9009.99。

9010.10~9010.60

从其他品目变更到子目9010.10至9010.60;或从子目9010.09变更到子目9010.10,不论是否还存在从其他品目的变更,前提条件是地区价值含量:

(a)以累积法计,不低于35%,或

(b)以扣除法计,不低于45%。

9010.90

从其他品目变更到子目9010.90。

9011.10~9011.80

从其他品目变更到子目9011.10至9011.80;或从其他子目变更到子目9011.10至9011.80,前提条件是地区价值含量:

(a)以累积法计,不低于35%,或

(b)以扣除法计,不低于45%。

9011.90

从其他品目变更到子目9011.90。

9012.10

从其他品目变更到子目9012.10;或从子目9012.90变更到子目9012.10,不论是否还存在从其他品目的变更,前提条件是地区价值含量:

(a)以累积法计,不低于35%,或

(b)以扣除法计,不低于45%。

9012.90

从其他品目变更到子目9012.90。

9013.10

从其他品目变更到子目9013.10;或从其他子目变更到子目9013.10,前提条件是地区价值含量:

(a)以累积法计,不低于35%,或

(b)以扣除法计,不低于45%。

9013.20

从其他子目变更到子目9013.20。

9013.80

从其他品目变更到子目9013.80;或从其他子目变更到子目9013.80,前提条件是地区价值含量:

(a)以累积法计,不低于35%,或

(b)以扣除法计,不低于45%。

9013.90

从其他品目变更到子目9013.90。

9014.10~9014.80

从其他品目变更到子目9014.10至9014.80;或从其他子目变更到子目9014.10至9014.80,前提条件是地区价值含量:

(a)以累积法计,不低于35%,或

(b)以扣除法计,不低于45%。

9014.90

从其他品目变更到子目9014.90。

9015.10~9015.80

从其他品目变更到子目9015.10至9015.80;或从其他子目变更到子目9015.10至9015.80,前提条件是地区价值含量:

(a)以累积法计,不低于35%,或
(b)以扣除法计,不低于45%。
9015.90
从其他品目变更到子目9015.90;或关税分类不需要变更,前提条件是地区价值含量:
(a)以累积法计,不低于35%,或
(b)以扣除法计,不低于45%。
90.16 从其他品目变更到品目90.16。
9017.10~9021.90
从其他子目变更到子目9017.10至9021.90;或
关税分类不需要变更,前提条件是地区价值含量:
(a)以累积法计,不低于35%,或
(b)以扣除法计,不低于45%。
9022.12
从其他子目变更到子目9022.12;或关税分类不需要变更,前提条件是地区价值含量:
(a)以累积法计,不低于35%,或
(b)以扣除法计,不低于45%。
9022.13
从其他品目变更到子目9022.13;或关税分类不需要变更,前提条件是地区价值含量:
(a)以累积法计,不低于35%,或
(b)以扣除法计,不低于45%。
9022.14~9022.90
从其他子目变更到子目9022.14至9022.90;或关税分类不需要变更,前提条件是地区价值含量:
(a)以累积法计,不低于35%,或
(b)以扣除法计,不低于45%。
90.23
从其他品目变更到品目90.23。
9024.10~9024.80
从其他品目变更到子目9024.10至9024.80;或从其他子目变更到子目9024.10至9024.80,前提条件是地区价值含量:
(a)以累积法计,不低于35%,或
(b)以扣除法计,不低于45%。
9024.90
从其他品目变更到子目9024.90。
9025.11~9025.80
从其他品目变更到子目9025.11至9025.80;或从其他子目变更到子目9025.11至9025.80,前提条件是地区价值含量:
(a)以累积法计,不低于35%,或

(b)以扣除法计,不低于45%。

9025.90

从其他品目变更到子目9025.90。

9026.10~9026.90

从其他子目变更到子目9026.10至9026.90。

9027.10~9027.80

从其他品目变更到子目9027.10至9027.80;或从其他子目变更到子目9027.10至9027.80,前提条件是地区价值含量:

(a)以累积法计,不低于35%,或

(b)以扣除法计,不低于45%。

9027.90

从其他品目变更到子目9027.90。

9028.10~9028.30

从其他品目变更到子目9028.10至9028.30;或从其他子目变更到子目9028.10至9028.30,前提条件是地区价值含量:

(a)以累积法计,不低于35%,或

(b)以扣除法计,不低于45%。

9028.90

从其他品目变更到子目9028.90。

9029.10~9029.20

从其他品目变更到子目9029.10至9029.20;或从其他子目变更到子目9029.10至9029.20,前提条件是地区价值含量:

(a)以累积法计,不低于35%,或

(b)以扣除法计,不低于45%。

9029.90

从其他品目变更到子目9029.90。

9030.10~9030.89

从其他子目变更到子目9030.10至9030.89。

9030.90

从其他品目变更到子目9030.90。

9031.10~9031.80

从其他品目变更到子目9031.10至9031.80;或从其他货物变更到子目9031.49的坐标测量机,子目9031.49该货物的底座和构架除外;或从其他子目变更到子目9031.10至9031.80,前提条件是地区价值含量:

(a)以累积法计,不低于35%,或

(b)以扣除法计,不低于45%。

9031.90

从其他品目变更到子目9031.90。

9032.10 ~ 9032.89

从其他品目变更到子目 9032.10 至 9032.89；或从其他子目变更到子目 9032.10 至 9032.89，前提条件是地区价值含量：

(a) 以累积法计，不低于 35%，或

(b) 以扣除法计，不低于 45%。

9032.90

从其他品目变更到子目 9032.90。

90.33

从其他品目变更到品目 90.33。

第 91 章

钟表及其零件

9101.11

从其他章变更到子目 9101.11；或从品目 91.08 至 91.14 变更到子目 9101.11，前提条件是地区价值含量：

(a) 以累积法计，不低于 35%，或

(b) 以扣除法计，不低于 45%。

9101.12

从任何其他章变更到子目 9101.12；或从其他品目变更到子目 9101.12，前提条件是地区价值含量：

(a) 以累积法计，不低于 35%，或

(b) 以扣除法计，不低于 45%。

9101.19

从其他章节变更到子目 9101.19；或从品目 91.08 至 91.14 变更到子目 9101.19，不论从其他章节是否也有变更，前提条件是地区价值含量：

(a) 以累积法计，不低于 30%，或

(b) 以扣除法计，不低于 40%。

9101.21

从其他章节变更到子目 9101.21；或从品目 91.08 至 91.14 变更到子目 9101.21，不论从其他章节是否也有变更，前提条件是地区价值含量：

(a) 以累积法计，不低于 30%，或

(b) 以扣除法计，不低于 40%。

9101.29

从其他章变更到子目 9101.29；或从品目 91.08 至 91.14 变更到子目 9101.29，不论是否还存在从其他章的变更，前提条件是地区价值含量：

(a) 以累积法计，不低于 30%，或

(b) 以扣除法计，不低于 40%。

9101.91

从其他章变更到子目 9101.91；或从其他品目变更到子目 9101.91，前提条件是地区价值含量：

(a)以累积法计，不低于35%，或

(b)以扣除法计，不低于45%。

9101.99

从其他章变更到子目9101.99；或从品目91.08至91.14变更到子目9101.99，不论是否还存在从其他章节的变更，前提条件是地区价值含量：

(a)以累积法计，不低于30%，或

(b)以扣除法计，不低于40%。

91.02～91.07

从其他章变更到品目91.02至91.07；或从品目91.08至91.14变更到品目91.02至91.07，不论是否还存在从其他章的变更，前提条件是地区价值含量：

(a)以累积法计，不低于30%，或

(b)以扣除法计，不低于40%。

91.08～91.10

从其他品目变更到品目91.08至91.10，前提条件是地区价值含量：

(a)以累积法计，不低于35%，或

(b)以扣除法计，不低于45%。

9111.10～9111.80

从其他章变更到子目9111.10至9111.80；或从子目9111.90变更到子目9111.10至9111.80，不论是否还存在从其他章节的变更，前提条件是地区价值含量：

(a)以累积法计，不低于35%，或

(b)以扣除法计，不低于45%。

9111.90

从其他品目变更到子目9111.90。

9112.20

从子目9112.90变更到子目9112.20，不论是否还存在从其他品目的变更，前提条件是地区价值含量：

(a)以累积法计，不低于30%，或

(b)以扣除法计，不低于40%。

9112.90

从其他品目变更到子目9112.90。

91.13～91.14

从其他品目变更到品目91.13至91.14。

第92章

乐器及其零件和附件

92.01～92.08

从其他章变更到品目92.01至92.08；或从其他品目变更到品目92.01至92.08，前提条件是地区价值含量：

(a)以累积法计,不低于 35%,或
(b)以扣除法计,不低于 45%。
92.09
从其他品目变更到品目 92.09。

第十九类

武器、弹药及其零件和附件(第 93 章)
第 93 章
武器、弹药及其零件和附件
93.01～93.04
从其他章变更到品目 93.01 至 93.04;或从其他品目变更到品目 93.01 至 93.04,前提条件是地区价值含量:
(a)以累积法计,不低于 35%,或
(b)以扣除法计,不低于 45%。
93.05
从其他品目变更到品目 93.05。
93.06～93.07
从其他章变更到品目 93.06。

第二十类

杂项制品(第 94 章至第 96 章)
第 94 章
家具;寝具、褥垫、弹簧床垫、软坐垫及类似的填充制品;别处未列或未规定的灯具和照明装备;发光标志、发光铭牌及类似品;预制房屋
9401.10
从其他品目变更到子目 9401.10。
9401.20
从其他品目变更到子目 9401.20;或从子目 9401.90 变更到子目 9401.20,不论是否还存在从其他品目的变更,前提条件是地区价值含量:
(a)以累积法计,不低于 35%,或
(b)以扣除法计,不低于 45%。
9401.30～9401.90
从其他品目变更到子目 9401.30 至 9401.90。
9402.10～9402.90
从其他子目变更到子目 9402.10 至 9402.90。
94.03
从其他品目变更到品目 94.03。
9404.10～9404.30
从其他章变更到子目 9404.10 至 9404.30。

9404.90

参见附件4－A(纺织品或服装原产地特别规则)。

9405.10～9405.60

从其他章变更到子目9405.10至9405.60;或从子目9405.91至9405.99变更到子目9405.10至9405.60,不论是否还存在从其他章节的变更,前提条件是地区价值含量:

(a)以累积法计,不低于35%,或

(b)以扣除法计,不低于45%。

9405.91～9405.99

从其他品目变更到子目9405.91至9405.99。

94.06

从其他章变更到品目94.06。

第95章

玩具、游戏品、运动用品及其零件与附件

9501.00～9505.90

从其他子目变更到子目9501.00至9505.90;或

关税分类不需要变更,前提条件是地区价值含量:

(a)以累积法计,不低于35%,或

(b)以扣除法计,不低于45%。

9506～95.08

从其他品目变更到品目94.06至95.08;或从子目9506.39变更到子目9506.31,不论是否还存在从其他品目的变更,前提条件是地区价值含量:

(a)以累积法计,不低于35%,或

(b)以扣除法计,不低于45%。

第96章

杂项制品

96.01～96.05

从其他章变更到品目96.01至96.05。

9606.10

从其他品目变更到子目9606.10;或关税分类不需要变更,前提条件是地区价值含量:

(a)以累积法计,不低于35%,或

(b)以扣除法计,不低于45%。

9606.21～9606.29

从其他章变更到子目9606.21至9606.29;或从子目9606.30变更到子目9606.21至9606.29,不论是否还存在从其他品目的变更,前提条件是地区价值含量:

(a)以累积法计,不低于35%,或

(b)以扣除法计,不低于45%。

9606.30

从其他品目变更到子目9606.30。

9607.11～9607.19

从其他章变更到子目9607.11至9607.19；或从子目9607.20变更到子目9607.11至9607.19，不论是否还存在从其他章的变更，前提条件是地区价值含量：

(a)以累积法计，不低于35%，或

(b)以扣除法计，不低于45%。

9607.20

从其他品目变更到子目9607.20。

9608.10～9608.20

从其他章变更到子目9608.10至9608.20；或从子目9608.60至9608.99变更到子目9608.10至9608.20，不论是否还存在从其他章的变更，前提条件是地区价值含量以扣除法计不低于30%。

9608.31～9608.50

从其他章变更到子目9608.31至9608.50；或从子目9608.60至9608.99变更到子目9608.31至9608.50，不论是否还存在从其他章的变更，前提条件是地区价值含量：

(a)以累积法计，不低于35%，或

(b)以扣除法计，不低于45%。

9608.60～9608.99

从其他品目变更到子目9608.60至9608.99。

9609.10～9609.90

从其他品目变更到子目9609.10至9606.90；或从子目9609.20变更到子目9609.10至9609.90，不论是否还存在从其他品目的变更，前提条件是地区价值含量：

(a)以累积法计，不低于35%，或

(b)以扣除法计，不低于45%。

96.10～96.11

从其他品目变更到品目96.10。

9612.10

从其他章变更到子目9612.10。

9612.20

从其他品目变更到子目9612.20。

9613.10～9613.80

从其他章变更到子目9613.10至9613.80；或从子目9613.90变更到子目9613.10至9613.80，不论是否还存在从其他章的变更，前提条件是地区价值含量：

(a)以累积法计，不低于35%，或

(b)以扣除法计，不低于45%。

9613.90

从其他品目变更到子目9613.90。

9614.20

从其他子目变更到子目9614.20，子目9614.90除外。

9614.90

从其他品目变更到子目9614.90。

9615.11～9615.19

从其他品目变更到子目9615.11至9615.19；或从子目9615.90变更到子目9615.11至9615.19，不论是否还存在从其他品目的变更，前提条件是地区价值含量：

(a)以累积法计，不低于35%，或

(b)以扣除法计，不低于45%。

9615.90

从其他品目变更到子目9615.90。

96.16

从其他品目变更到品目96.16。

96.17

从其他章变更到品目96.17。

96.18

从其他品目变更到品目96.18。

第二十一类

艺术品、收藏品及古董(第97章)

第97章

艺术品、收藏品及古董

9701.10～9701.90

从其他子目变更到子目9701.10至9701.90。

97.02～97.06

从其他品目变更到品目97.02至97.06。

附件6－A－1　鞋类相关表

关税税目	美国	韩国	说明
6401.92.aa	6401.92.90	ex6401.92	非机械组装，鞋底和鞋面是由橡胶、塑料或其他未具体规定的材料制成的，鞋帮到脚踝不到膝盖的防水鞋类。
6401.99.aa	6401.99.30	ex6401.99	非机械组装，鞋底和鞋面是由橡胶或塑料制成的，鞋帮不到脚踝，没有封口的防水防护鞋类。
6401.99.bb	6401.99.60	ex6401.99	非机械组装，鞋底和鞋面是由橡胶或塑料制成的，鞋帮不到脚踝，有封口的防水防护鞋类。
6401.99.cc	6401.99.90	ex6401.99	非机械组装，鞋底和鞋面是由橡胶、塑料或其他未具体规定的材料制成的，鞋帮不到脚踝的防水鞋类。
6402.30.aa	6402.30.50	ex6402.30	鞋面是由橡胶、塑料或其他未具体规定的材料制成的鞋类，其金属鞋头的设计可以防水，防化学制品以及防天气突变的鞋子。
6402.30.bb	6402.30.70	ex6402.30	鞋底和鞋面是由橡胶、塑料或其他未具体规定的材料制成的鞋类，其金属鞋头的设计不起防护作用，每双定价为3美元到6.5美元的鞋子。
6402.30.cc	6402.30.80	ex6402.30	鞋底和鞋面是由橡胶、塑料或其他未具体规定的材料制成的鞋类，其金属鞋头的设计不起防护作用，每双定价为6.5美元到12美元。
6402.91.aa	6402.91.50	ex6402.91	鞋底和鞋面是由橡胶、塑料或其他未具体规定的材料制成的鞋类，其鞋帮到脚踝的设计可以防水，防化学制品以及防天气突变。
6402.91.bb	6402.91.80	ex6402.91	鞋底和鞋面是由橡胶、塑料或其他未具体规定的材料制成的鞋类，鞋帮到脚踝，每双定价为6.5美元到12美元。
6402.91.cc	6402.91.90	ex6402.91	鞋底和鞋面是由橡胶、塑料或其他未具体规定的材料制成的鞋类，鞋帮到脚踝，每双定价为12美元以上。
6402.99.aa	6402.99.20	ex6402.99	鞋底和鞋面是由橡胶、塑料或其他未具体规定的材料制成的鞋类，其鞋帮不到脚踝，设计可以防水，防化学制品以及防天气突变。
6402.99.bb	6402.99.80	ex6402.99	鞋底和鞋面是由橡胶、塑料或其他未具体规定的材料制成的鞋类，鞋帮不到脚踝，每双定价为6.5美元到12美元。
6402.99.cc	6402.99.90	ex6402.99	鞋底和鞋面是由橡胶、塑料或其他未具体规定的材料制成的鞋类，鞋帮不到脚踝，每双定价为12美元以上。
6404.11.aa	6404.11.90	ex6404.11	鞋底和鞋面是由橡胶、塑料或其他未具体规定或含有的材料制成的鞋类，鞋帮到脚踝，每双定价为12美元以上。
6404.19.aa	6404.19.20	ex6404.19	橡胶或塑料制鞋底以及纺织材料制鞋面的鞋类，可防水，防油，防油脂，防化学制品，防寒冷或恶劣天气。

附件 6 - B　第 6.6 条的免责条款

第 6.6 条不适用于：

(a)《协调制度》第 3 章所列非原产材料，并且用于生产《协调制度》第 3 章所列货物；

(b)《协调制度》第 4 章所列非原产材料，或含子目 1901.90 或 2106.90 所列固体乳重量超过 10% 的非原产乳制品，并且用于生产《协调制度》第 4 章所列货物；

(c)《协调制度》第 4 章所列非原产材料，或子目 1901.90 所列含固体乳重量超过 10% 的非原产乳制品，并且用于生产以下货物：子目 1901.10 所列含固体乳重量超过 10% 的婴儿用乳制品、子目 1901.20 所列含固体乳重量超过 25% 不供零售的混合品和揉合品、子目 1901.90 或 2106.90 所列含固体乳重量超过 10% 的乳制品、品目 21.05 所列货物、子目 2202.90 所列含乳饮料，或子目 2309.90 所列含固体乳重量超过 10% 的动物饲料；

(d)用于生产子目 0703.10、0703.20、0709.59、0709.60、0710.21 至 0710.80、0711.9、0712.20、0712.39 至 0713.10，或 0714.20 所列货物的《协调制度》第 7 章所列非原产材料；

(e)品目 10.06 所列非原产材料，或者用于生产品目 10.06、11.02 至 11.04，或子目 1901.20、1901.90 所列货物的《协调制度》第 11 章所列非原产米制品；

(f)品目 08.05 或子目 2009.11 至 2009.39 所列非原产材料，并且该材料用于生产子目 2009.11 至 2009.39 所列货物，或者用于生产子目 2106.90 或 2202.90 所列矿物质或维生素得到强化的任何单一水果汁或蔬菜汁，包括浓缩的和非浓缩的；

(g)《协调制度》第 8 章或第 20 章所列非原产桃子、梨子或杏子，用于生产品目 20.08 所列货物；

(h)《协调制度》第 15 章所列非原产材料，用于生产品目 15.01 至 15.08、15.12、15.14 或 15.15 所列货物；

(i)品目 17.01 所列非原产材料，用于生产品目 17.01 至 17.03 所列货物；

(j)《协调制度》第 17 章所列非原产材料，用于生产子目 1806.10 所列货物；或

(k)按第(a)段至第(j)段所列规定以及附件 6 - A 所列原产地特别规则，用于生产《协调制度》第 1 章至第 24 章所列货物的非原产材料除外，除非该非原产材料被列入其他子目，而未被列入决定原产地的那些货物的子目。

第七章 海关管理与贸易便利化

第 7.1 条:发布

1. 各缔约方应发布,包括在因特网上发布,各自的海关法律、法规以及一般管理程序。

2. 各缔约方应指定或维持一个或多个咨询点,以便解决利益相关人员关于海关事项的咨询,同时各缔约方也应在因特网上发布关于咨询程序的相关信息。

3. 各缔约方应尽可能提前发布其计划采用的普遍适用的管理海关事务的法规,并且应在采用这些法规之前给予利害相关人员发表意见的机会。

第 7.2 条:货物的放行

1. 为了实现双边贸易的便利化,各缔约方应采用或维持简化的海关程序以进行高效的货物放行。

2. 依据第 1 项,各缔约方应确保其海关当局或其他主管部门采取或维持的程序:

(a) 规定放行货物应不超过各缔约方的海关法规规定的时间,尽可能在货物到达 48 小时内完成;

(b) 规定货物到达之前以电子的形式提交和处理海关资料以便货物能够一到达就被放行;

(c) 允许货物一到达就被放行以避免临时将货物转移到仓库或其他设施;并且

(d) 允许进口商在不损害海关当局对适用的关税和其他税费作出决定的情况下在海关当局对适用的关税和其他税费作出决定之前从海关提货。①

第 7.3 条:自动化

各缔约方应采取加快货物放行程序的信息技术,也应该:

(a) 使海关用户能够使用电子系统;

(b) 尽力使用国际标准;

(c) 尽力开发与另一缔约方电子系统相兼容的电子系统,以促进双方就国际贸易数据进行交流;

(d) 尽力开发一套与世界海关组织的海关数据模型以及世界海关组织的相关建议和指导方针相符合的通用数据元素及流程。

第 7.4 条:风险管理

各缔约方应采用或维持电子或自动的风险管理评估系统以使海关当局的督查活动聚焦

---

① 一缔约方可要求进口商以担保物、保证金,或者其他适当的方式作出担保,而这些担保方式足以支付海关当局最终对进口货物执行的关税和其他税费。

于高风险货物并简化低风险货物的结关与流动。

第7.5条:合作

1. 为了促进本协定的有效运行,各缔约方应尽力预先通知另一缔约方任何可能会深刻影响该协议运行的施政方针的重大变更或其他关于进口产品法规或条例的类似变更。

2. 缔约双方应就遵守各自与以下方面有关的法律和法规进行合作:

(a)本协定与进出口相关条款的执行和运作,包括优惠关税待遇的申请,申请优惠关税待遇的程序以及核实程序;

(b)《海关估价协定》的执行和运作;

(c)对进出口货物的限制或禁止;以及

(d)缔约双方同意的其他海关事项。

3. 如果一缔约方有合理的理由怀疑另一缔约方进行了违反进口法律或法规的活动,该缔约方可要求另一缔约方提供正常渠道收集的与货物进口有关的机密信息。

4. 一缔约方提出的第3款项下的要求应以书面的形式呈现,应具体阐明寻求信息的目的,也应确定要求的信息足够具体以便另一缔约方找到并提供该信息。

5. 被要求提供信息的缔约方应遵循其法律以及其签署的相关国际协议以书面形式提供信息。

6. 在第3款,对违法活动的合理怀疑系指以从公共渠道或私人渠道获得的,包含以下一个或多个方面内容的相关事实信息:

(a)关于进口商或出口商违反进口法律或法规的历史证据;

(b)关于货物从一缔约方辖区内运到另一缔约方辖区内所涉及的制造商、生产商或其他参与者违反进口法律或法规的历史证据;

(c)关于某个具体产品类别的货物从一缔约方辖区内运到另一缔约方辖区内所涉及的一些或所有参与者违反进口法律或法规的历史证据;或

(d)要求提供信息的缔约方以及被要求提供信息的缔约方商定的在某一特定要求的情境下是充分的。

7. 各缔约方应尽力提供另一缔约方任何其他信息,以便协助另一缔约方确定从另一缔约方辖区内进口或向另一缔约方辖区内出口的行为是否符合另一缔约方的进口法律或法规,尤其是涉及违法活动的,包括走私和类似的违法行为。

8. 为了促进双边贸易,各缔约方应尽力给另一缔约方提供技术建议和协助,以便提高风险管理技术水平,推动国际供应链标准的执行,简化以及加强海关以及时及高效的方式结关的程序,提高全体人员的技术水平,并推广应用能够更好地遵守该缔约方的进口法律或法规的先进技术。

9. 缔约双方应努力开展联合培训项目,并加强海关实验室技术方面的交流。

10. 缔约双方应努力提高各自实施进口法规的能力。缔约双方应进一步努力建立及维护能够协助缔约双方及时和安全地交流信息的沟通渠道,包括建立联络点,并就进口事项加强相互协调。

第7.6条:保密

1. 当依据本章规定向另一缔约方提供信息的一缔约方标明该信息为机密信息,另一缔约方应对此类信息予以保密。提供信息的缔约方可以要求另一缔约方提供书面保证以确保对该信息保密,该信息只能用于另一缔约方在要求获得信息时所提的目的,并且只有在得到提供信息的缔约方或当事人允许的情况下,另一缔约方才可以公开信息。

2. 如果一缔约方收到的信息依据第 1 款被标明为机密信息,收到信息的一缔约方还是可以在执法或诉讼的过程中使用或公开这类信息。

3. 若另一缔约方的行为违反第 1 款规定,一缔约方可拒绝提供另一缔约方要求的信息。

4. 各缔约方应采用或维护避免机密信息非法公开的程序。此类机密信息应遵循该缔约方的海关法递交并且包括非法公开后可能会损害信息提供者竞争地位的信息。

5. 各缔约方应采用或维护特定程序,避免根据该缔约方的海关法提供的机密信息,包括公开后可能会损害信息提供者竞争地位的信息,未经许可擅自公开。

第 7.7 条:快运

各缔约方在进行适当的海关监管和挑选的同时也应为快运采用或维护快捷海关程序。这些程序应:

(a)为快运货物提供一个独立并快捷的海关程序;

(b)规定放行快运货物所需的信息应在快运货物到达之前以电子的形式进行提交和处理;

(c)允许递交一份单一货单,包含快运中所有的货物,如果可能的话,以电子版的形式;

(d)尽可能规定某些货物可以以最少的证明文件通关;

(e)一般情况下,规定快运货物应在必要的海关文件提交之后于 4 小时之内通关,前提条件是船只已经到达;

(f)在不考虑快运货物的重量或海关价值的情况下适用;并且

(g)一般情况下,规定对于价值为 200 美元或 200 美元以下的快运货物不征收关税或其他税金,也不要求正式的入境文件。

第 7.8 条:复议与上诉

各缔约方应保证,关于海关事项的决定,在其辖区内的进口商应有以下权利:

(a)进行独立于发布决定的机关或雇员的行政复议;以及

(b)对决定进行司法复议。

更确切地说,各缔约方应允许出口商或生产商直接给开展复议的一缔约方提供信息并且要求该缔约方遵循第 7.6.4 条对提供的信息予以保密。

第 7.9 条:惩罚措施

各缔约方应采用或维护允许施加民事或行政处罚的措施,在适当的时候,对违反海关法律和法规的行为,包括违反本协定的税则归类、海关估值、原产国以及优惠待遇申请等规定的行为处以刑事制裁的措施。

第 7.10 条:预先裁定

1. 各缔约方应通过海关当局,在货物进口至辖区内之前,根据该缔约方辖区内的进口商或另一缔约方辖区内的出口商或生产商的书面要求,就以下方面,核发书面的预先裁定:

(a)税则分类;

(b)根据《海关估值协定》,海关估值标准于特定实例的适用;

(c)退税、延期纳税或其他关税减免的适用;

(d)是否原产货物;

(e)自其辖区内出口到另一缔约方辖区内进行维修或改造之后,再次进入其辖区内的货物是否符合第2.6条(维修或改造后重新入境的货物)规定的免税待遇条件;

(f)原产地标识;

(g)货物是否从属于配额或关税税率配额;以及

(h)缔约双方可能商定的其他事项。

2. 各缔约方应在海关当局收到请求的90天内核发预先裁定,前提条件是,该申请者已经提交了缔约方要求的所有信息,如果该缔约方要求,应包括该申请者要求进行预先裁定的货物样品。核发预先裁定时,该缔约方应考虑申请者提供的事实和情形。更确切地说,如果形成预先裁定基础的事实和情形是行政或司法复议的对象,那么,一缔约方可以拒绝核发预先裁定。依据本段拒绝核发预先裁定的一缔约方应立即以书面的形式通告该申请者促成其作出拒绝决定的相关事实和基础。

3. 各缔约方应规定,预先裁定自核发之日起生效,或者自裁定中具体规定的其他日期起生效,前提条件是,该裁定基于的事实或情形没有改变。

4. 核发预先裁定的缔约方可以在已告知该申请者的情况下变更或撤回一项预先裁定。核发预先裁定的缔约方只有在该预先裁定是基于错误或虚假信息的情况下才可以追溯变更或撤回该项预先裁定。

5. 各缔约方应确保申请者有权对预先裁定进行行政复议。

6. 只要符合其法律规定的保密要求,各缔约方应公布其各自的预先裁定,包括在互联网上公布。

7. 如果预先裁定的申请者提供了虚假信息或隐瞒了与预先裁定相关的事实或情况,或未能依据该裁定的条款和条件行事,该进口方可采取适当的措施,包括民事、刑事和行政行为、罚款或其他制裁措施。

第八章　卫生与植物卫生措施

目标

本章的目标是保护缔约双方辖区内的人类、动物或植物的生命或健康，加强执行《卫生与植物卫生措施协定》，以及提供委员会帮助解决双边卫生与植物卫生相关事宜。

第 8.1 条：适用范围

本章适用于一缔约方可能直接或间接影响缔约双方之间贸易的所有卫生与植物卫生措施。

第 8.2 条：缔约双方的权利与义务

在第 1 条第 2 款（与其他协议的关系）的基础上，缔约双方确认其《卫生与植物卫生措施协定》中各自的现有权利与义务。

第 8.3 条：卫生与植物卫生事务委员会

1. 缔约双方特此同意，设立由各缔约方负责卫生与植物卫生事务的代表组成的卫生与植物卫生事务委员会。

2. 该委员会的目标是加强各缔约方实施《卫生与植物卫生措施协定》的力度，保护人类、动物或植物的生命或健康，加强双方就卫生与植物卫生事务的合作和磋商，以及实现缔约方之间的贸易便利化。

3. 认识到解决卫生与植物卫生事务必须依靠科学和基于风险的评估，而且要通过缔约双方之间的技术合作和磋商才能达到最佳效果，该委员会应尽力强化缔约双方当前的和未来的负责卫生与植物卫生事务机构之间的关系。为此，该委员会应：

（a）认识到各缔约方的相关管理机构应开展科学的风险分析和评估；

（b）加强对各缔约方采取的卫生与植物卫生的措施以及与这些措施有关的管制过程的相互理解；

（c）就与影响或可能影响缔约双方之间贸易的卫生与植物卫生措施的制定或应用相关的事务进行磋商；

（d）就根据《卫生与植物卫生措施协定》成立的世贸组织卫生与植物卫生措施委员会、食品法规委员会、世界动物卫生组织，在《国际植物防疫条约》框架内运行的相关国际性和地区性组织，以及其他关于食品安全和人类、动物或植物的生命或健康的国际性和地区性论坛的会议的议题、立场和议程进行磋商；

（e）协调双方就制定、实施和应用卫生及植物卫生措施等有关方面展开技术合作；

（f）促进对实施《卫生与植物卫生措施协定》时出现的问题的相互理解，包括对各缔约方的管理框架和规则制定程序作出澄清；以及

(g)审议双方负责卫生与植物卫生事务的相关机构在解决此类事务时的进展,包括动物卫生、植物卫生、肉类、家禽以及加工蛋制品技术年会所取得的进展。

4. 缔约双方应在本协定生效之日起的45日内(包括第45日)设立该委员会,通过交换函件的方式确定各缔约方组成该委员会的主要代表并确定该委员会的职权范围。

5. 该委员会一年至少举行一次会议,除非缔约双方另有协议。

6. 各缔约方应确保,来自相关贸易和管理机构或部门负责制定、实施和执行卫生与植物卫生措施的合适代表参加该委员会举行的会议。各缔约方负责此类措施的机构和部门应列入该委员会的职权范围。

第8.4条:争端解决

就本章规定引起的任何事务,任何一方都不可诉诸本协定下的争端解决。

第九章　技术性贸易壁垒

第 9.1 条：对《技术性贸易壁垒协定》的确认

在第 1.2 条（与其他协议的关系）的基础上，缔约双方确认《技术性贸易壁垒协定》规定的相互之间的各自现有的权利与义务。

第 9.2 条：适用范围

1. 本章适用于可能直接或间接影响缔约双方之间货物贸易的所有标准、技术规范和中央政府机构的合格评定程序的制定、采用与应用，除非另有规定，包括修改和增添各缔约方的规则或产品范围，不重要的修改和添加除外。

2. 尽管有第 1 款的规定，本章不适用于：

（a）政府机构为其生产或消费的需要而制定的技术规范；或

（b）卫生或植物卫生措施。

第 9.3 条：国际标准

在确定符合《技术性贸易壁垒协议》第 2 条、第 5 条以及附件 3 的国际标准、指南或建议是否存在时，各缔约方的决定应基于世界贸易组织技术性贸易壁垒委员会颁布的文号为“G/TBT/1/Rev. 2002 年 5 月 8 日，I 节”的《1995 年 1 月 1 日起采纳的决议和建议》（《委员会关于制定与协定第 2 条、第 5 条和附件三有关的国际标准、指导方针和建议的决定》）中所列原则。

第 9.4 条：共同合作

1. 缔约双方应加强标准、技术规范和合格评定程序领域的合作，以便增进对各自系统的相互理解以及加快进入各自的市场。缔约双方尤其应设法确定、制定以及推进适用于特定问题或特定部门的、与标准、技术规范与合格评定程序相关的贸易便利化的方案。这些方案可包含监管方面的合作，例如，透明度、推广良好监管行为、与国际标准接轨以及合格评定机构的资格认证。

2. 应另一缔约方要求，一缔约方应充分考虑提出要求的缔约方就某特定部门提出的进一步合作的提议。

第 9.5 条：合格评定程序

1. 缔约双方认识到，存在各种各样的机制来促使在另一缔约方辖区内开展的合格评定程序的结果被接受。例如：

（a）一缔约方可与另一缔约方达成协议，接受位于另一缔约方辖区内的机构根据特定技术规范实施的合格评定程序得出的结果；

(b)一缔约方可采用资格认证程序使位于另一缔约方辖区内的合格评定机构具有资格；

(c)一缔约方可指定位于另一缔约方辖区内的合格评定机构；

(d)一缔约方可认可在另一缔约方辖区内开展的合格评定程序得出的结果；

(e)位于各缔约方辖区内的合格评定机构可自愿接受各缔约方评定程序得出的结果；以及

(f)进口方可信赖供货商的合格声明。

缔约双方应加强这些机制以及类似机制方面的信息交流，促使合格评定结果得到接受。

2. 若一缔约方不接受在另一缔约方辖区内开展的合格评定程序结果，应另一缔约方的要求，该缔约方应解释作出该决定的理由。

3. 各缔约方应以给予其辖区内的合格评定机构的同样条件确认、批准、许可，或以其他方式认可另一缔约方辖区内的合格评定机构。若一缔约方确认、批准、许可，或以其他方式认可一个以特定的技术规范或标准在其辖区内开展合格评估的机构，而该机构却拒绝确认、批准、许可，或以其他方式认可一个以该技术规范或标准在另一缔约方辖区内开展合格评估的机构，应另一缔约方的要求，该缔约方应解释作出这一决定的理由。

4. 确认、批准、许可，或以其他方式认可合格评定机构的一缔约方应基于该缔约方发布的判定一合格评定机构是否有能力接受认证、批准、许可，或其他认可的标准实施上述行为。

5. 各缔约方应尽快采取措施实施关于另一缔约方的《亚太经合组织电信设备合格评定互认协定》(1998)的第2部分。在本协定生效之日起1年内，韩国应就实施第2部分而提议的立法变更发布通知。

第9.6条：透明度

1. 各缔约方应允许另一缔约方的人员参与制定标准、技术规范，以及合格评定程序。① 各缔约方应以给予己方人员同样的条件允许另一缔约方的人员参与制定这些措施。

2. 各缔约方应建议其辖区内的非政府机构在制定标准与自愿合格评定程序时应遵守第1段的规定。

3. 为了让人们及另一缔约方更好地知道及理解提出的技术规范和合格评定程序，并且能够就这些法规和程序提出有意义的评论意见，根据《技术性贸易壁垒协定》第2.9条、第3.2条、第5.6条或第7.2条的规定发布公告并提供通报的一缔约方应：

(a)包括解释提出的技术规范或合格评定程序要达到的目标以及如何达到这些目标；

(b)以电子的形式向另一缔约方递交提案，当韩国递交提案时，韩国应通过遵循《技术性贸易壁垒协定》第10条规定设立的美国咨询点递交提案，当美国递交提案时，美国应通过遵循附件9-A设立的韩国协调点递交提案，与此同时，应根据《技术性贸易壁垒协定》把该提案通报世贸组织成员；并且

(c)让公众可以了解到人们或另一缔约方对提出的技术规范或合格评定程序作出的评论，最好是以电子形式。

各缔约方也应发布和通报新的技术规范以及根据相关国际标准的技术内容对现有技术

---

① 在第1段第一句话，更确切地说，一缔约方允许另一缔约方的人员参与制定标准、技术规范和合格评定程序，如果该缔约方维持对包括另一缔约方人员在内的公众公开的参与过程。

规范的修改。各缔约方也应采取其可能采取的合理措施以确保新的技术法规以及根据相关国际标准的技术内容对中央政府直接管辖下的地方政府颁布的现有法规的修改通过第(b)项提及的咨询点进行公布和通报。

各缔约方提交第(b)段项下的提案后至少应留出60天时间让人们和另一缔约方以书面的形式对提案作出评论。对人们或另一缔约方提出的延长评论期的要求,一缔约方应同意。

4. 若一缔约方发布《技术性贸易壁垒协定》第2.10条、第3.2条、第5.7条或第7.2条下的通报,该缔约方应同时以电子的形式通过第3(b)款提及的咨询点给另一缔约方传送通报以及提案的文本。各缔约方也应通报新的技术规范以及根据相关国际标准的技术内容对现有技术规范的修改。各缔约方也应采取其可能采取的合理措施以确保新的技术规范以及根据相关国际标准的技术内容对中央政府直接管辖下的地方政府颁布的现有技术规范的修改通过第3(b)款提及的咨询点进行公布和通报。

5. 各缔约方应在单一的官方刊物上,最好以电子的形式,发布和通报《技术性贸易壁垒协定》第2.9条、第2.11条、第5.6条,以及第5.8条规定的技术规范和合格评定程序的提案版本和最终版本,并应鼓励发布信息的政府机构通过其他辅助渠道传播这些内容。依据《技术性贸易壁垒协议》第3.2条和第7.2条规定,对技术规范和合格评定程序的提案版本以及最终版本作出的通告,各缔约方应在切实可行的范围内确保人们可以通过单一的网站或其他信息源了解所有这样的通告。

6. 各缔约方发表在官方刊物中的最终版本的技术规范或合格评定程序通报应包括:

(a)对技术规范或合格评定程序的目标以及如何达到这些目标作出的解释;并且

(b)对在评论期间收到的重要评论作出的回复以及对提出的技术规范或合格评定程序作出的实质性修订进行的解释。

7. 应另一缔约方的要求,各缔约方应向另一缔约方提供关于该方已经采用或正提议采用的标准、技术规范,或合格评定程序的目标与基本原理的可用信息。此类要求还可包括与该技术规范或合格评定程序所要解决问题相关的信息,该缔约方考虑的替代方案,以及该缔约方选择的特定方案的优势。

第9.7条:汽车标准与技术规范

1. 缔约双方应加强包括联合国欧洲经济委员会世界车辆法规协调论坛(WP.29)在内的双边合作,以协调汽车环保性能及安全的标准。

2. 各缔约方应确保与汽车相关的技术规范的制定、采用或应用不会给国际贸易造成不必要的障碍,尽可能符合《技术性贸易壁垒协定》第2.2条的规定。为此,为实现合法目标,与机动车辆相关的技术规范不应包含不必要的限制贸易内容,应考虑到实现不了目标会带来的风险。这些合法目标主要包括维护国家安全,防止欺诈,保护人类、动物或植物的生命或健康,或保护环境。在评估此类风险时,可用的科学技术信息、相关加工技术或产品的预期最终用途应作为特别考虑的相关要素。

第9.8条:技术性贸易壁垒委员会

1. 缔约双方特此设立按附件9－A规定由各缔约方代表组成的技术性贸易壁垒委员会。

2. 委员会的职责应包括:

(a)监督本章的实施和管理;

(b)迅速处理一缔约方提出的与制定、采用、应用或实施标准、技术规范或合格评定程序有关的问题；

(c)加强在标准、技术规范和合格评定程序的制定和改进方面的合作；

(d)考虑一缔约方为加强合格评定机构间的合作，适当的时候还包括缔约双方辖区内政府与非政府性质的合格评定机构间的合作，而提出的任何特定部门的提案；

(e)考虑一缔约方提出的承认在另一缔约方辖区内开展的合格评定程序的结果的要求，包括就另一缔约方指定的部门的协议进行谈判的要求；

(f)交流标准、技术规范和合格评定程序相关活动的地区性非政府多边论坛的发展相关的信息；

(g)应一缔约方的要求，就本章引起的问题进行协商；

(h)根据《技术性贸易壁垒协定》的发展审议本章，并根据那些发展，就本章的修订提出建议；

(i)采取缔约双方认为有助于执行本章规定的措施；

(j)应一缔约方的要求，就缔约双方关于标准、技术规范和合格评定程序的第三方事务的各自观点进行交流，以便寻求通用的方法来解决问题；并且

(k)在适当的情况下，向联合委员会汇报本章的执行情况。

3. 若缔约双方求助于第2(g)款的磋商解决问题，这些磋商，如缔约双方同意，应构成第22.7条(磋商)规定的磋商。

4. 委员会应每年至少召开一次会议，除非缔约双方另有约定。

5. 委员会认为合适，可设立由各缔约方代表组成的工作组，包括特别工作组，并确定工作组的职责范围和授权。取决于该委员会做出的决定和缔约双方的协议，包括特别工作组在内的各工作组可以：

(a)在其认为必要或合适的情况下，包括或咨询非政府机构的专家以及利益相关者；并且

(b)根据相关国际活动，决定其工作计划。

6. 自本协定生效之日起30天之内，各缔约方应向委员会通报各自适用于授权、批准、许可，或以其他方式认可化妆品、家用电器、汽车、噪音与废气排放领域和一缔约方指定的其他领域的合格评定机构的标准。此后，各缔约方也应就另一缔约方要求的其他领域向委员会通报其使用的标准。该委员会应复审这类信息以促进各缔约方相互理解合格评定制度以及讨论出合理的改革方案以促进各缔约方之间的贸易。

第9.9条：信息交流

一缔约方应另一缔约方根据本条提出的要求提交的任何信息或解释应在合理的时间范围内以书面或电子形式提供。一缔约方应尽力在60日内回复任何一个此类的要求。

第9.10条：定义

为本章之目的：

中央政府机构、[1]地方政府机构、合格评定程序、标准和技术规范的意义与《技术性贸易壁垒协定》附件1术语的意义相同；并且

“良好监管行为”系指：(i)服务于明确的政策目标并且能有效实现那些目标的行为；(ii)具有扎实的合乎法律和经验的、基础的行为；(iii)考虑法规在社会上的影响分布，并考虑经济、环境和社会影响的行为；(iv)使成本与市场扭曲最小化的行为；(v)通过市场刺激与目标导向的方法推动创新的行为；(vi)对使用者来说简单、明确以及实用的行为；(vii)与该缔约方其他法规及政策一致的行为；(viii)尽可能与国内及国际竞争、贸易以及投资原则兼容的行为。

① 更确切地说，一缔约方中央政府授权代表中央政府制定、采取或应用标准、技术规范或合格评定程序的非政府机构在本章的此类活动中应被视为中央政府机构。

附件 9 - A　技术性贸易壁垒委员会

技术性贸易壁垒委员会应通过以下机构协调：

(a)就韩国而言，韩国技术及标准局，或其继任者；以及

(b)就美国而言，美国贸易代表办公室，或其继任者。

附件 9 – B　汽车工作组

1. 根据第 9.8.5 条规定，缔约双方特此设立汽车工作组，由各缔约方代表组成。美方的美国贸易代表办公室的代表和韩方的外交和外贸部应充当协调者的角色。工作组可视情况报告或咨询美国运输部国家公路交通安全局、美国环境保护署、韩国信息通信部、韩国商务、工业和能源部、韩国环境部、韩国建设运输部以及其他相关政府监管机构。如缔约双方认为必要并且合适，工作组可报告或咨询其他专家以及利益相关者。

2. 工作组应：

(a)商议解决一缔约方在制定、实施，以及执行相关标准、技术规范和合格评定程序时引起的问题；

(b)加强缔约双方和利益相关方辖区内就制定、实施和执行相关标准、技术规范，以及合格评定程序时引起的问题的合作；

(c)加强缔约双方之间在解决汽车监管问题的多边论坛方面的合作；并且

(d)监控各缔约方相关标准、技术规范和合格评定程序的制定、实施以及执行，以促进制定与汽车监管相关的良好监管行为准则。

3. 工作组应每年至少召开一次会议，除非协调者另有约定。这类会议通常应与双方都参与的致力于解决汽车监管问题的联合国欧洲经济委员会世界车辆法规协调论坛（WP.29）举行的会议或其他双边或多边论坛相结合。工作组也应以工作组认可的电子邮件、视频会议，以及其他诸如此类的交流方式进行工作。

4. (a)除非工作组另有约定，应不晚于一缔约方第一次向非政府专家或利益相关者提供书面信息以征求对以下内容的意见之日：①

(i)正在制定的相关标准、技术规范，或合格评定程序；或

(ii)正在制定的相关标准、技术规范，或合格评定程序的修正案。

该缔约方应向工作组提供此类信息。当一缔约方依据第 9.6.3 条或第 9.6.4 条规定向另一缔约方递交提案时，该缔约方应同时向工作组递交该提案。

(b)一缔约方应尽快向工作组提供该缔约方正在制定的相关标准、技术规范，或合格评定程序的草案。

(c)应另一缔约方的要求，一缔约方应提供关于其正在制定的相关标准、技术规范，或合格评定程序或修正案的其他可获得的信息，例如，与正在考虑的其他监管办法和监管影响分析有关的信息。

---

① 当美国在《联邦公报》发布公告征求对试行规范或修正案意见时，美国首先给非政府专家或利益相关者提供信息并征求意见。

应任何一缔约方的要求，工作组应遵循第 2 款所描述的工作组授权内容评估一缔约方提供的信息，并向该缔约方提供工作组的意见。

5. 如果一缔约方对其采用的相关标准、技术规范，或合格评定程序进行实施后审查：

(a)该缔约方应向工作组提供审查结果的简报；并且

(b)应一缔约方的要求，工作组应分析该审查的结果、审查的方法和设想。

在本段，实施后审查系指在实施一个标准、技术规范或合格评定程序之后对其影响进行的全面而系统的检查，包括对其是否达到已规定的目标，施加的压力，以及与该缔约方采用的其他标准、技术规范，或合格评定程序的兼容度的评估。

6. 为本附件之目的：

“相关标准、技术规范和合格评定程序”系指影响汽车的标准、技术规范或合格评定程序。

2007.6.30
华盛顿特区
美国商务代表
尊敬的苏珊·C.施瓦布

尊敬的施瓦布大使：

我很荣幸地向您确认韩国代表团和美国代表团在协商贵我两国今天签署的《自由贸易协定》第九章（技术性贸易壁垒）的过程中达成的以下谅解：

韩国——超低排放车辆

韩国应规定：

（1）如果该种机车符合《低排放机车标准》（LEV），由在韩国辖区内该机动车销售量低于4500辆的制造商生产的汽油机动车应符合依据《空气质量保护法案》（K-ULEV）采取的《部颁规章制度附件20》的要求；

（2）如果该制造商在韩国辖区内销售的车辆的非甲烷有机气体平均值符合《低排放机车或超低排放车标准》（LEV/ULEV），在韩国辖区内销售该机动车数量为4501~10 000辆的制造商生产的汽油机动车应符合《韩国超低排放车辆标准》中的要求；并且

（3）如果该制造商在韩国辖区内销售的车辆的非甲烷有机气体平均值符合《超低排放车标准》（ULEV），在韩国辖区内销售该机动车数量超过10 000辆的制造商生产的汽油机动车应符合《韩国超低排放车辆标准》中的要求。

韩国应使用加利福尼亚州根据《加利福尼亚州依据加州低排放车辆II型规范》（Cal. Code Regs. tit. 13，§ 1961）及其修正案采用的方法，计算制造商在韩国辖区内售出车辆的数量以及车辆排放非甲烷有机气体的平均值。

为确定制造商生产的汽油机动车是否符合《韩国超低排放车辆标准》，韩国应采用以下LEV、LEV/ULEV和ULEV标准。

	车辆非甲烷有机气体的平均值 （每英里非甲烷有机气体的克数） 50 000英里/5年		
车型年份	2009	2010	2011及以后
低排放车辆	0.075	0.075	Code Regs. Tit. 13，§ 1961（b）（a）（C）规定的相关年份车型的非甲烷有机气体值
低排放车辆/超低排放车辆	0.060	0.060	Code Regs. tit. 13，§ 1961（b）（a）（D）规定的相关年份车型的非甲烷有机气体值
ULEV 超低排放车辆	0.040	≥0.038	相关年份车型的非甲烷有机气体值没有Cal. Code Regs. tit. 13，§ 1961（b）（a）（A）规定的严格

第二代车载自动诊断系统

2008年12月31日之前，韩国不对每年在辖区内销售数量为10 000或低于10 000辆的

汽车制造商生产的机动车适用《空气质量保护法案》采纳的部颁通知中的要求及其修正案。

自行认证：

1. 在此类法规发布后至少 2 年内，韩国不可对进口汽车适用与《韩国机动车辆安全标准》(KMVSS) 自行认证相关的新的或经修订的法规。

2. 韩方应规定：

(a) 此类法规只适用于韩国已下令召回的进口车型；

(b) 在韩国辖区内上一日历年销售额低于 6500 辆的制造商生产的机动车应遵守此类法规，如果该机动车符合《韩国机动车辆安全标准》所含并且在附件中确认的 42 项或者符合相应的《美国联邦机动车安全标准》；并且

(c) 在韩国辖区内上一日历年销售额超过 6500 辆的制造商生产的机动车应遵守此类法规，如果该机动车符合附件中确认的《韩国机动车辆安全标准》42 项条目。

我很荣幸提议，本函及贵方确认贵国政府与我方达成共识的回函能够应成为《自由贸易协定》中不可分割的一部分。

此致，

敬礼

金铉宗

附上

附件

1. 乘员碰撞保护(正面与侧面)
2. 转向控制装置的向后位移
3. 碰撞事故中燃料泄漏
4. 挡风玻璃贴膜
5. 风窗玻璃区侵入
6. 弹性头垫
7. 座位安全带总成固定点
8. 牵引钩
9. 照明信号系统
10. 驾驶员视野
11. 发送机功率
12. 驾驶员视野保障设备
13. 加速器控制
14. 消声器
15. 燃料燃烧效率
16. 客车刹车闸
17. 防抱死刹车系统，不包括挂车
18. 充气压力的快速释放
19. 转向力

20. 速度计
21. 电磁兼容性
22. 喇叭
23. 座椅系统
24. 门锁与门组件
25. 仪表盘碰撞
26. 座椅靠背碰撞
27. 扶手碰撞
28. 遮阳板碰撞
29. 保险杠碰撞
30. 内置后视镜碰撞
31. 驾驶员免受驾驶系统伤害的撞击力保护装置
32. 侧门强度
33. 车顶抗压强度
34. 汽车内饰材料的可燃性
35. 车内隔间门
36. 儿童座椅固定系统
37. 车尾护栏
38. 刹车系统,客车和挂车除外
39. 挂车刹车系统
40. 挂车防抱死刹车系统
41. 牵引拖车转向刹车效率
42. 限速器

2007年6月30日
大韩民国
首尔
贸易部长
尊敬的金铉宗

尊敬的金部长：

我很荣幸地通知您我已收到您标明此日期的来信，信件的原文是这样的：

我很荣幸地向您确认韩国代表团和美国代表团在协商贵我两国今天签署的《自由贸易协定》第九章（技术性贸易壁垒）的过程中达成以下谅解：

韩国——超低排放车辆

韩国应规定：

(a) 如果该种机车符合《低排放机车标准》(LEV)，由在韩国辖区内该机动车销售额低于4500辆的汽油机动车应符合依据《空气质量保护法案》(K-ULEV)采取的《部颁规章制度附件20》的要求；

(b) 如果该制造商在韩国辖区内销售的车辆的非甲烷有机气体平均值符合《低排放车或超低排放车标准》(LEV/ULEV)，在韩国辖区内销售该机动车数量为4501～10 000辆的制造商生产的汽油机动车应符合《韩国超低排放车辆标准》中的要求；并且

(c) 如果该制造商在韩国辖区内销售的车辆的非甲烷有机气体平均值符合《超低排放车标准》(ULEV)，在韩国辖区内销售该机动车数量超过10 000辆的制造商生产的汽油机动车应符合《韩国超低排放车辆标准》中的要求。

韩国应使用加利福尼亚州根据《加利福尼亚州依据加州低排放车辆II型规范》(Cal. Code Regs. tit. 13, § 1961)及其修正案采用的方法，计算制造商在韩国辖区内售出车辆的数量以及车辆排放非甲烷有机气体的平均值。

为确定制造商生产的汽油机动车是否符合《韩国超低排放车辆标准》，韩国应采用以下LEV、LEV/ULEV和ULEV标准。

	车辆非甲烷有机气体的平均值 (每英里非甲烷有机气体的克数) 50 000英里/5年		
车型年份	2009	2010	2011及以后
低排放车辆	0.075	0.075	Code Regs. Tit. 13, § 1961(b)(a)(C) 规定的相关年份车型的非甲烷有机气体值
低排放车辆/超低排放车辆	0.060	0.060	Code Regs. tit. 13, § 1961(b)(a)(D)规定的相关年份车型的非甲烷有机气体值
ULEV 超低排放车辆	0.040	≥0.038	相关年份车型的非甲烷有机气体值没有Cal. Code Regs. tit. 13, § 1961(b)(a)(A)规定的严格

第二代车载自动诊断系统

2008年12月31日之前，韩国不对每年在辖区内销售数量为10 000辆或低于10 000辆的汽车制造商生产的机动车适用《空气质量保护法案》采纳的部颁通知中的要求及其修正案。

自行认证：

1. 在此类法规发布后至少2年内，韩国不可对进口汽车适用与《韩国机动车辆安全标准》(KMVSS)自行认证相关的新的或经修订的法规；并且

2. 韩方应规定：

(a)此类法规只适用于韩国已下令召回的进口车型；

(b)在韩国辖区内上一日历年销售数量低于6500辆的制造商生产的机动车应遵守此类法规，如果该机动车符合《韩国机动车安全标准》所含并且在附件中确认的42项或者符合相应的《美国联邦机动车安全标准》；并且

(c)在韩国辖区内上一日历年销售额超过6500辆的制造商生产的机动车应遵守此类法规，如果该机动车符合附件中确认的《韩国机动车辆安全标准》42项条目。

我非常荣幸地建议，本函及贵方确认贵国政府与我方达成共识的回函能够成为《自由贸易协定》中不可分割的一部分。

同时我也荣幸地确认我国政府同意本函意见，贵方回函与本函一起作为《自由贸易协定》中一个不可分割的组成部分。

真诚的，

苏珊·施瓦布

附上

附件

1. 乘员碰撞保护(正面与侧面)
2. 转向控制装置的向后位移
3. 碰撞事故中燃料泄漏
4. 挡风玻璃贴膜
5. 风窗玻璃区侵入
6. 弹性头垫
7. 座位安全带总成固定点
8. 牵引钩
9. 照明信号系统
10. 驾驶员视野
11. 发送机功率
12. 驾驶员视野保障设备
13. 加速器控制
14. 消声器

15. 燃料燃烧效率
16. 客车刹车闸
17. 防抱死刹车系统,不包括挂车
18. 充气压力的快速释放
19. 转向力
20. 速度计
21. 电磁兼容性
22. 喇叭
23. 座椅系统
24. 门锁与门组件
25. 仪表盘碰撞
26. 座椅靠背碰撞
27. 扶手碰撞
28. 遮阳板碰撞
29. 保险杠碰撞
30. 内置后视镜碰撞
31. 驾驶员免受驾驶系统伤害的撞击力保护装置
32. 侧门强度
33. 车顶抗压强度
34. 汽车内饰材料的可燃性
35. 车内隔间门
36. 儿童座椅固定系统
37. 车尾护栏
38. 刹车系统,客车和挂车除外
39. 挂车刹车系统
40. 挂车防抱死刹车系统
41. 牵引拖车转向刹车效率
42. 限速器

第十章　贸易救济措施

A 节:保障措施

第 10.1 条:保障措施的适用

如果在这一协议规定下,由于关税的减少或降低,另一缔约方数量的原产货物进口到一缔约方辖区内的绝对数量或对于国内生产的相对数量增加,在这样的情形下,从另一缔约方进口的这些原产货物对生产同类或直接竞争货物的本国工业构成了严重损害或严重损害威胁的根本原因。该方可以:

(a)停止对在本协议下提供的货物进一步降低税率;

(b)提高该货物的税率,但不能高于以下的较低税率;

(i)采取行动时有效地对该货物实施最惠国适用税率;

(ii)本协定生效之日前 1 日堆高货物适用的最惠国适用税率;

(c)如果按季度对该货物实行最惠国适用税率,提高税率,但每个季度的税率不能高于以下较低税率:

(i)该保障措施实施当日前一个季度对该货物有效的最惠国适用税率;

(ii)本协定生效当日前一个季度对该货物适用的最惠国适用税率。

第 10.2 条:条件和限制

1. 一缔约方应就启动第 2 款描述的调查书面通知另一缔约方,并采取实际可行的办法尽可能在使用保障措施之前与另一缔约方磋商,以便复审调查汇总得到的信息和就保障措施交换意见。

2. 一缔约方只有在该方主管部门根据《保障措施协定》第 3 条和第 4.2(c)条调查之后才能适用保障措施,为了实现这一目标,《保障措施协定》第 3 条和第 4.2(c)条经适当修改后纳入本协定并作为本协定的一部分。

3. 在第 2 段描述的调查中,该缔约方应遵守《保障措施协定》第 4.2(a)条的规定,为了实现这一目标,《保障措施协定》第 4.2(a)条经适当修改后纳入本协定并成为本协定的一部分。

4. 每一缔约方应保证其主管部门应在发起日起的一年内完成调查。

5. 缔约双方均不得采取保障措施:

(a)除非该措施所涉范围和采取措施的时间对于预防或救济严重损害和促进调整是必要的;

(b)如果时间超过 2 年,除非进口方主管部门决定,根据本条规定的程序,为了预防或救济严重损害和促进调整有必要继续该措施,并且有证据表明该产业正在调整中,前提条件是采取保障措施总的时间,包括首次采取和延期,不应超过 3 年;或者

(c)过渡期期满之后,除非另一缔约方同意。

6. 缔约方在同一货物上运用保障措施次数不能多于一次。

7. 若保障措施预计有效期超过一年,进口方应定期逐渐放宽限制。

8. 当一缔约方终止保障措施时,应根据该缔约方附件 2 - B 一览表(关税减让)的规定,恢复执行因该措施而中止生效的关税税率。

第 10.3 条:临时措施

1. 在延迟会造成难以弥补的损害的紧急情况下,一缔约方可以根据该缔约方主管部门的初裁,即有确凿的证据表明,本协定项下的关税减免已经导致从另一缔约方进口的原产货物增加,并且此类进口货物对国内产业构成了严重损害或严重损害威胁,因此实施临时保障措施。

2. 一缔约方主管部门做出初裁前,该缔约方应在其官方刊物上公布公告,说明利益相关方(包括进口商和出口商)如何获取一份要求采取临时性保障措施的非保密副本;发布公告之后,该缔约方还应给利益相关方至少 20 日的时间来提供与适用一项临时性措施相关的证据和意见。在一缔约方的主管部门启动调查之日起至少 45 日后才可以适用临时措施。

3. 任何临时性保障措施的有效期不应超过 200 日。在此期间,该方应遵守第 10. 2. 2 条和第 10. 2. 3 条的规定。

4. 如果第 10. 2. 2 条描述的调查并未导致符合第 10. 1 条规定的调查结果,该缔约方应迅速退还增加的关税。任何临时性保障措施的期限应作为第 10. 2. 5(b)条描述期限的一部分。

第 10.4 条:补偿

1. 一缔约方适用保障措施后 30 日之内,该缔约方应为另一缔约方提供就合理的贸易自由化补偿进行磋商的机会。这种补偿的形式是产生相等的贸易效应或与该措施预期产生额外关税价值相等的关税减让。采取临时性保障措施的缔约方应提供双方同意的补偿。

2. 如果缔约双方在磋商开始后 30 日之内还无法就补偿达成一致,其原产货物被采取保障措施的缔约方可以中止对采取保障措施的缔约方的原产货物适用贸易效应与该保障措施大致相等的关税减让。

3. 采取措施的缔约方提供第 1 款规定补偿的义务和另一缔约方中止第 2 款规定的关税减让的权利应在保障措施终止之日终止。

第 10.5 条:全球性保障行动

1. 各缔约方都保留《1994 年关贸总协定》第 19 条和《保障措施协定》规定的权利和义务。本协定并未赋予缔约双方另外根据《1994 年关贸总协定》第 19 条和《保障措施协定》规定采取行动相关的权利和义务,以下情况除外:如果另一缔约方的原产货物进口不是严重损害或严重损害威胁的主要原因,采取全球性保障措施的缔约方可以不包括另一缔约方原产货物的进口。

2. 各缔约方不可同时对相同的货物采取：

(a)保障措施；和

(b)《1994年关贸总协定》第19条和《保障措施协定》项下的措施。

第10.6条：定义

在A节：

“国内产业”系指在一缔约方辖区内经营相似或直接竞争性产品的生产商整体，或者其经营相似或直接竞争性产品的产量之和构成了该货物国内总产量的主要部分的生产商。

“保障措施”系指第10.1条所描述的措施；

“严重损害”系指对国内产业造成的明显的全面损害；

“主要原因”系指比其他原因更重要的那个原因；

“严重损害威胁”系指即将临近的严重损害，这是基于事实，而不是仅仅基于断言、猜测和微小的可能性。

“过渡期”系指本协议生效之日后的10年期间，但采取保障措施的缔约方的附件2－B一览表（关税减让）规定该缔约方在超过10年的期限对该货物削减关税的货物除外，“过渡期”系指在该一览表列出的货物的关税削减期。

B节：反倾销税和反补贴税

第10.7条：反倾销税和反补贴税

1. 各缔约方都拥有《世界贸易组织协定》规定的适用反倾销税和反补贴税的权利和义务。

2. 第3款和第4款除外，本协议的任何条款都不得解释为给一缔约方施加关于采取反倾销税和反补贴税措施的权利和义务。缔约双方均不得就本条产生的问题诉诸本协定项下的争端解决机制。①

通知和磋商

3. (a)一缔约方的主管部门收到与从另一缔约方进口的货物有关的举证恰当的反倾销申请后，在启动调查之前，该缔约方应就其收到的申请向另一缔约方发出书面通知，并根据该方的法律安排与该申请有关的会面或其他类似机会。

(b)一缔约方的主管部门收到与从另一缔约方进口的货物有关的举证恰当的反补贴申请后，在启动调查之前，该缔约方应就其收到的申请向另一缔约方发出书面通知，并根据该方的法律安排与该申请有关的会面或其他类似机会。

承诺

4. (a)一缔约方主管部门启动反倾销税或反补贴税调查后，该缔约方应向另一缔约方的使馆或主管部门递交关于该缔约方程序的书面信息，目的是要求其主管部门考虑就价格或在适当的情况下，就数量作出承诺，包括提供和达成承诺的时间框架。

(b)在反倾销调查中，若一缔约方的主管部门已对倾销和由该倾销造成的损害做出肯定

① 即使根据第3款和第4款，不得诉诸争端解决机制，但缔约双方重申这两段生成了的具有约束力的权利和义务。

性初裁,该缔约方应给予适当的考虑,并通过其法律和程序规定的途径向另一缔约方与拟作出的,如果接受,可能导致不征收反倾销税就停止调查的价格承诺有关的出口商提供适当的磋商机会。

(c)在反补贴税调查中,若一缔约方的主管部门已对补贴和由该补贴造成的损害做出肯定性初裁,该缔约方应给予适当的考虑,并通过其法律和程序规定的途径向另一缔约方和与拟作出的,如果接受,可能导致不征收反补贴税就停止调查的价格承诺或在适当的情况下,数量承诺有关的出口商提供适当的磋商机会。

C 节:贸易救济委员会

第 10.8 条:贸易救济委员会

1. 缔约双方特此成立一个由各缔约方负责包括反倾销、补贴和反补贴措施以及保障问题在内的贸易救济事务的相关机构适当层次的代表组成的贸易救济委员会。

2. 委员会的功能如下:

(a)加深一缔约方对另一缔约方的贸易救济法、政策和惯例的了解和理解;

(b)监管本章的实施,包括遵守第 10.7.3 条和第 10.7.4 条;

(c)增强各缔约方负责处理贸易补救事务的机构之间的合作;

(d)为缔约双方提供论坛,就反倾销、补贴、反补贴措施和保障相关问题交流信息;

(e)为缔约双方官员建立和监管与贸易救济法管理相关的教育项目的发展;

(f)为缔约双方提供论坛,就相互利益相关的其他话题进行讨论。相互间的利益包括:

(i)与贸易救济相关的国际问题,包括与 WTO 多哈回合规则谈判相关的问题;

(ii)各缔约方主管部门在反倾销和反补贴税调查中的做法,例如,“可用事实”的适用和核实程序;

(iii)一缔约方可能构成产业补贴的做法。

3. 该委员会每年至少召开一次会议,经缔约双方同意可以多次开会。

第十一章　投　　资

A 节:投资

第 11.1 条:适用范围

1. 本章适用于一缔约方采取或保留的与以下事项相关的措施:

(a)另一缔约方的投资者;

(b)所涵盖的投资;以及

(c)与第 11.8 条和第 11.10 条相关的,该缔约方辖区内的所有投资。

2. 为进一步确认,本章对各缔约方在本协定生效之日前发生的任何行动或事实,或已经终止的任何情形均不具有约束力。

3. 为本章之目的,一缔约方采取或保留的措施系指以下组织采取或保留的措施:

(a)中央、地区或地方政府及有关部门;以及

(b)由中央、地区或地方政府及有关部门授权的非政府机构。

第 11.2 条:与其他章的关系

1. 如果本章内容与其他章存在冲突,则以其他章为准。

2. 一缔约方要求另一缔约方的服务提供者提供保证金或其他形式的财政担保作为跨境提供服务的前提条件的规定,其本身并没有使本章适用于该缔约方采取或维持的与该项服务的跨境提供相关的措施。若此保证金或财政担保在所涵盖的投资范围内,本章适用于该缔约方采取或维持的与所提供的保证金或财政担保相关的措施。

3. 本章不适用于第十三章(金融服务)涵盖的缔约方采取或维持的措施。

第 11.3 条:国民待遇

1. 各缔约方给予另一缔约方投资者的待遇,在同样情况下,应不低于己方投资者对在其辖区内的投资财产进行建立、购置、扩展、管理、操作、运行、销售或以其他方式处置时所能获得的待遇。

2. 各缔约方给予所涵盖的投资待遇,在同样情况下,应不低于己方投资者对在其辖区内的投资财产进行建立、购置、扩展、管理、操作、运行、销售或以其他方式处置时所能获得的待遇。

3. 一缔约方根据第 1 款和第 2 款给予的待遇,就地区层次的政府而言,系指在类似情况下该地区政府给予该缔约方投资者和投资者的投资项目的待遇不低于最优惠待遇。

第 11.4 条:最惠国待遇

1. 各缔约方给予另一缔约方投资者的待遇,在同样情况下,应不低于非缔约方投资者对

在其辖区内的投资财产进行建立、购置、扩展、管理、操作、运行、销售或以其他方式处置时所能获得的待遇。

2. 各缔约方给予所涵盖的投资待遇,在同样情况下,应不低于任何非缔约方对在其辖区内的投资资产进行建立、购置、扩展、管理、操作、运行、销售或以其他方式处置时所能获得的待遇。

第11.5条:待遇最低标准

1. 各缔约方应根据合乎惯例的国际法为所涵盖的投资提供待遇,包括公平公正的待遇及全面的保护和保障。

2. 为进一步确认,第1款规定,提供给所涵盖投资的待遇最低标准为合乎惯例的国际法中别国的最低待遇标准。"公平公正的待遇"及"全面的保护和保障"并不要求缔约方提供附加于该标准或该标准以外的待遇,也不得设立其他附加的实体权利。第1款规定的义务包括:

(a)"公平公正的待遇"包括不否认根据世界主要法律体系中规定程序的原则而进行的刑事、民事或行政审判诉讼的公平性的义务;以及

(b)"全面的保护和保障"要求各缔约方提供合乎惯例的国际法规定的警方保护。

3. 一项已经不履行本协议或其他国际协议其他规定的决定并不表明已经不履行本条款规定。

4. 尽管第11.12.5(b)条已有规定,各缔约方应根据与在其辖区内因战争或其他武装冲突,或叛乱、暴动、暴乱或其他内乱遭受的投资损失相关的该方采取或保留的措施,给予对方投资者及其投资无差别待遇。

5. 尽管第4款已有规定,如果一缔约方的投资者在第4款提及的情况下,在对方辖区内遭受由以下原因造成的损失:

(a)对方军队或政府有关部门征用所涵盖的全部投资或部分投资;或者

(b)对方军队或政府有关部门在非形势所必须的情形下破坏所涵盖的全部投资或部分投资。

后者应适当赔偿、补偿或同时赔偿和补偿投资者的损失。大致依据第11.6条第2款至第4款的规定,所有的补偿应及时、足额、有效。

6. 第4款不适用于那些如果没有第11.12.5(b)条规定就会与第11.3条不符的与补助或津贴相关的现行措施。

第11.6条:没收和补偿

1. 缔约方均不得通过等同于没收或国有化的措施直接或间接将所涵盖的投资没收或国有化,以下情况除外:

(a)为公共目的;

(b)以无差别方式进行;

(c)即时、足额、有效地支付补偿款;以及

(d)按照法律及第11.5.2条至第11.5.3条的规定程序进行。

2. 上述第1(c)款提及的补偿款应:

(a)即时支付;

(b)等同于被没收投资在没收行为发生(没收日)之前的公平市价;

(c)不因提早告知没收行为而影响价值变化;以及

(d)可以完全变现和自由转账。

3. 如果公平市价以可自由使用的货币计值,则第1(c)款中提及的补偿款应不少于没收日当日的公平市价,并加上按该货币的合理汇率计算的从没收日到支付日期间的利息。

4. 如果公平市价以不可自由使用的货币计值,则第1(c)款中提及的补偿款应按支付日的一般市场汇率兑换为支付货币,补偿款应不少于:

(a)没收日的公平市价,按没收当日一般市场汇率将其兑换为可自由使用的货币;加上

(b)按该可自由使用货币的合理汇率计算的从没收日到支付日期间的利息。

5. 本条不适用于对根据《知识产权协定》进行的与知识产权相关的强制许可证的颁发或对知识产权的撤销、限制或设立,只要此类颁发、撤销、限制或设立行为符合第八章(知识产权)的规定。

第11.7条:转账

1. 各缔约方应允许与所涵盖的投资有关的资金自由、即时地转入或转出其辖区内。此类转账包括:

(a)分摊的资金,包括初次出资;

(b)所涵盖的全部或部分投资的销售或所涵盖投资的部分或完全清算所得的盈利、股息、资本收益和实际收益;

(c)利息、特许使用金、管理费、技术协助及其他费用;

(d)根据合同,包括贷款合同应付的款项;

(e)根据第11.5.4条、第11.5.5条和第11.6条规定的应付款项;以及

(f)纠纷引起的应付款项。

2. 各缔约方应允许与所涵盖投资有关的转账按转账发生时间的一般市场汇率以可自由使用的货币进行。

3. 各缔约方应允许与所涵盖投资有关的以实物支付的收益根据该方与另一缔约方所涵盖的投资或投资者之间达成的书面协议授权或指定的方式支付。

4. 尽管第1款至第3款已有规定,一缔约方可以通过公正、无差别、忠实地适用该方以下法律阻止转账:

(a)与破产、倒闭或保护债权人有关的法律;

(b)与证券、期货、期权或衍生产品的发行、交易或买卖有关的法律;

(c)与刑事犯罪有关的法律;

(d)与协助执法机构或金融监管部门所必需的转账财务报表或账目记录有关的法律;或者

(e)与确保执行的司法或行政诉讼的命令或裁决有关的法律。

第11.8条:业绩要求

1. 各缔约方不得因缔约方或非缔约方的投资者建立、购置、扩展、管理、操作、运行、销售或以其他方式处置在其辖区内的投资而强行规定或要求承诺或保证:

(a)出口一定数量或比例的商品或服务;

(b)达到一定数量或比例的本国含量；

(c)购买、使用或优先购买或使用其辖区内生产的商品，或从其辖区内人员处购买商品；

(d)采用任何方式将进口量或进口额与出口量或出口额，或与此类投资相关的外汇流入额挂钩；

(e)通过采用任何方式将销售与出口量或出口额，或与外汇收入量或外汇收入额挂钩来限制其辖区内投资企业生产的货物或提供的服务的销售；

(f)转让特定技术、生产流程或其他专有知识给其辖区内公民；或者

(g)在其辖区内将投资企业生产的货物或提供的服务独家提供给某一特定地区市场或全球市场。

2. 任何缔约方都不能给缔约方或非缔约方的投资者因在其辖区建立、购置、扩展、管理、运作、经营、出售或以其他方式处置投资企业产生的获利或持续获利附加以下条件：

(a)达到一定数量或比例的本国含量；

(b)购买、使用或优先购买或使用其辖区内生产的货物，或从该国公民处购买商品；

(c)以任何方式将进口量或进口额与出口量或出口额，或与此类投资相关的外汇流入量挂钩；

(d)通过以任何方式将销售与出口量或出口额，外汇收入额挂钩来限制其辖区内投资企业生产的货物或提供的服务的销售；

3. (a)第2款的任何内容都不应理解为，阻止缔约方或限制缔约方或非缔约方的投资者在其辖区的投资企业的获利或持续获利附加条件，只要其按规定在其辖区上实施定位生产，提供服务，培训或雇佣员工，建造或扩建特定设施，进行研发；①

(b)第1(f)款不适用以下两种情况：

(i)缔约方根据《与贸易有关的知识产权协定》第31条授权使用知识产权，或者要求披露专利信息的措施符合《与贸易有关的知识产权协定》第39条的规定；

(ii)该规定是法院、行政法庭或者竞争主管机关根据该缔约方的竞争法经过法律或行政程序对裁定为反竞争的某行为进行纠正而实施的；

(c)如果这些措施没有任意或不合理地采用，如果这些措施不构成对国际贸易和投资的变相限制，那么，第1(b)款、第(c)款、第(f)款、第2(a)款和第(b)款，不应解释为阻止缔约方采取或维持包括环保措施在内的措施：

(i)为确保遵守于本协定一致的法律法规所必需的；

(ii)为保护人类、动物和植物的生命或健康所必需的；或者

(iii)与保护有生命或无生命的可耗竭自然资源有关。

(d)第1(a)款、第1(b)款和第(c)款以及第2(a)款、第2(b)款不适用于与促进出口和对外援助计划有关的货物或服务的要求标准；

(e)第1(b)款、第1(c)款、第1(f)款和第1(g)款以及第2(a)款和第2(b)款不适用于政府采购。

---

① 更确切地说，第1款的任何内容都不应理解为，凡涉及缔约方或非缔约方的投资者在其辖区建立、购置、扩展、管理、运作、经营、销售或以其他方式处置其投资企业，可阻止缔约方规定或强行规定或强制该投资者承诺，在其辖区上确定生产位置，提供服务，培训或雇佣员工，建造或扩建特定设施，开展研发，假定这项活动符合第1(f)款的规定。

(f)第2(a)款和第2(b)款不适用于进口缔约方为使货物享有优惠的关税和配额而实施的规定。

4.更确切地说,第1款和第2款不适用于任何未在那些条款规定的义务、承诺或许诺。

5.如果一缔约方没有施加规定或者要求承诺和许诺,本条并不妨碍实施私人集团之间的承诺、许诺或要求。为本条之目的,私人集团包括指明的垄断企业或国有企业,只要这些实体不在行使政府的权力。

第11.9条:高级管理人员及董事会

1.缔约方不能要求该方所涵盖的投资企业任命任何特定国籍的自然人担任高级管理职务。

2.缔约方可以规定,该方所涵盖投资企业的董事会或委员会的大部分成员是某一特定国籍的公民或居住在该缔约方辖区内,但前提是此项规定没有严重损害该投资者对其投资企业的控制力。

第11.10条:投资与环境

本章的任何规定不得解释为阻止缔约方采取、维持或执行缔约方认为有利于确保在其辖区内的投资活动不损害环境并且不违反本章规定的任何措施。

第11.11条:利益的拒绝给予

1.一缔约方可拒绝将本章的利益给予另一缔约方的投资者即该另一缔约方的企业,以及该投资人的投资企业,如果该企业是由非缔约方的人员拥有或控制的,并且拒绝给予利益的缔约方:

(a)与该非缔约方没有保持正常的经济关系;或者

(b)采取或维持与该非缔约方或该非缔约方的人员有关的措施,这些措施禁止与该企业交易,或者如果把本章的利益给予该企业或其投资企业就是违反或规避那些措施。

2.一缔约方可拒绝将本章的利益给予另一缔约方的投资者即该另一缔约方的企业,以及该投资人的投资企业,如果该企业在另一缔约方辖区内未开展真实的商业活动而且该投资企业是被非缔约方的人员或拒绝给予利益的缔约方的人员拥有或控制。在拒绝给予本章利益之前,如果拒绝给予利益的缔约方知道该企业在另一缔约方辖区内没有开展真实的经济活动以及非缔约方的人员或拒绝给予利益的缔约方的人员控制或拥有企业,拒绝给予利益的缔约方应该在切实可行的范围内通知另一方,然后拒绝给予利益。如果拒绝给予利益的缔约方提供该通知,那么,它应该应另一缔约方的要求与另一方进行磋商。

第11.12条:违规措施

1.第11.3条、第11.4条、第11.8条、第11.9条不适用于:

(a)一缔约方在以下层面政府维持的任何现行违规措施:

(i)中央政府,如该缔约方在其《附件一》所附一览表所规定的;

(ii)地区政府,如该缔约方在其《附件一》所附一览表所规定的;或

(iii)地方政府。

(b)任何第(a)项所指的违规措施的附加部分或即时修订部分;或者

(c)任何第(a)项所指违规措施的修正条款,只要与修正之前的该措施相比,该修正条款未降低该措施和第11.3条、第11.4条、第11.8条、第11.9条的符合程度。

2. 第11.3条、第11.4条、第11.8条和第11.9条不适用于一缔约方采取或维持的与《附件二》一览表所列的部分、分部门或经贸活动相关的任何措施。

3. 根据本协定生效之日之后采取的并被《附件二》中所列举的各项措施,任何缔约方但都不得因为国籍原因,要求另一缔约方的投资者出售或以其他方式处置其在上述措施生效之时现有的投资企业。

4. 第11.3条、第11.4条不适用于以下措施,第18.1.6条(总则)明确规定的属于该条义务的例外或者从该义务演变的任何措施。

5. 第11.3条、第11.4条、第11.9条不适用于:

(a)政府采购;或

(b)一缔约方提供的补助或补贴,包括政府支持的贷款、担保和保险。[①]

第11.13条:特别手续和信息要求

1. 第11.3条的任何规定都不得解释为,阻止一缔约方采取或维持规定与所涵盖投资相关联的特别手续的措施,例如,要求所涵盖投资必须根据法律或法规设立的规定,但前提是这些手续对缔约方根据本章规定给予另一缔约方投资者和所涵盖投资的保护不构成严重损害。

2. 尽管第11.3条和第11.4条规定,一缔约方仅出于信息或统计目的,可要求另一缔约方的投资者或其所涵盖投资提供有关投资的信息。该缔约方应防止任何可能损害该投资者或其所涵盖投资竞争地位的机密商业信息的披露。本款的任何规定不得解释为,阻止一缔约方在公平和诚信应用法律的基础上获取或披露信息。

第11.14条:代位权

1. 如果韩国出口保险公司或海外私人投资公司对该缔约方的投资者进行支付,而各公司是依靠其签署的与投资企业相关的担保或保险合同建立的,该公司应被视为该投资者的代位者,并拥有该投资者在没有代位权的情况下,依据本条应该享有的相同权利,此时,该投资者不应行使诸如代位权那类权力。

2. 更确切地说,本条款任何内容都不得解释为不符合1998年7月30日颁布的《美利坚合众国政府和大韩民国政府签署的投资激励协定》所规定的缔约方的权利和义务。

B节:投资者和国家之间的争端解决

第11.15条:磋商和谈判

在发生投资纠纷的情况下,申诉人和被诉人应首先争取通过磋商和谈判解决纠纷,包括利用不具有约束性的第三方诉讼程序。

---

① 更确切地说,附件12-C中"与地区政府维持的违规措施有关的磋商"被纳入本章,成为本章的一部分。在韩国,地方政府是指根据《地方自治法》规定的地方政府。

第 11.16 条:提请索赔仲裁

1. 如果当事方认为投资纠纷无法通过磋商和谈判来解决:

(a) 申诉人可以以个人名义就以下事项提请仲裁:

(i) 被诉人已经违反:

(A) A 节规定的义务,

(B) 投资授权,或者

(C) 投资协议;并且

(ii) 该违反行为已造成或引起了申诉人的损失或损害;以及

(b) 代表作为法人的因素人的企业,以及申诉人直接或间接拥有或控制的企业,申诉人可把以下诉状提请仲裁:

(i) 被诉人已经违反:

(A) A 节规定的义务,

(B) 投资授权,或者

(C) 投资协议;

(ii) 此违反行为已经给企业造成了申诉人的损失或损害。

若申诉人因被诉人违反投资协定,可依照第(a)(i)(C)款或第(b)(i)(C)款的规定提请索赔。但仅在以下情形适用,即索赔的标的物和要求的损害赔偿与所涵盖的投资直接相关,且该投资是依靠相关投资协定建立或获得,或者企图建立或获得的。

2. 按照本部分的规定,申诉人在提请任何索赔仲裁时,至少 90 天前,申诉人应向被诉人递交书面通知,通知内容包括其索赔仲裁的意愿和相关情况。通知应注明以下内容:

(a) 申诉人的姓名和地址,如代表企业提出仲裁请求,该企业的名称、地址以及公司注册地;

(b) 针对各项索赔,应注明被诉方违反本协议的具体条款、投资授权或投资协定,以及其他相关条文;

(c) 各项索赔的法律根据和事实依据;以及

(d) 所寻求的补救措施及主张的大致损害数额。

3. 如果由各类事件引起的索赔事件已过去 6 个月,索赔人可依据第一节中的描述提请仲裁:

(a) 如果被诉人和非争端当事方均为《国际投资争端解决公约》的成员方,可依据《国际投资争端解决公约》和《国际投资争端解决仲裁程序规则》进行处理;

(b) 如果被诉人或非争端当事方有一方是《国际投资争端解决公约》的成员方,可依照《国际投资争端解决附加便利规则》进行处理;

(c) 依据《联合国国际贸易法委员会仲裁规则》进行仲裁;或者

(d) 如果申诉人和被诉人双方同意,可委托其他任何仲裁机构或根据其他任何仲裁规则进行处理。

4. 申诉人的仲裁通知或仲裁请求(仲裁通知)满足以下情形,可视为仲裁申请已成功提交:

(a) 根据《国际投资争端解决公约》第 36.1 条通知或请求被秘书长收到;

（b）根据《国际投资争端解决附加便利规则》清单三第 2 条通知或请求被秘书长收到；

（c）根据《联合国国际贸易法委员会仲裁规则》第 3 条，以及《联合国国际贸易法委员会仲裁规则》第 18 条提及的仲裁申请声明，被诉人收到仲裁通知或请求；

（d）根据第 3（d）款所选择的任何仲裁机构或仲裁规则，被诉人收到通知或请求。

提交该仲裁通知后，根据适用的仲裁规则，申诉人首次提出的仲裁申请被接受之日即被视为已提请本部分所述的仲裁。

5. 适用于第 3 款，并在根据本部分提出仲裁申请之日有效的仲裁规则，应作为仲裁活动的准则，除非本协定对其作出修订。

6. 申诉人应在仲裁通知中提供以下信息：

（a）申诉人所委托的仲裁员姓名；或者

（b）申诉人同意秘书长指定该仲裁员的书面材料。

第 11.17 条：各缔约方同意仲裁

1. 各方同意根据本协定提交本部分所述仲裁申请。

2. 第 1 款所述的同意和提交本节规定的仲裁申请应符合以下规定：

（a）要求争议各方提交书面同意的《国际投资争端解决公约》第 2 章（中心管辖权）和《国际投资争端解决公约附加便利规则》；以及

（b）要求提交"书面同意书"的《纽约公约》第 2 条。

第 11.18 条：各缔约方同意的条件及限制

1. 若申诉人首次获悉或本应获悉涉嫌违反第 11.16.1 条以及申诉人［就根据第 11.16.1（a）条提出的仲裁申请而言］或者企业［就根据第 11.16.1（b）条提出的仲裁申请而言］已经遭受了损失或损害已经超过 3 年，不能提交仲裁申请。

2. 除以下情形，不能提交本部分所述的仲裁申请：

（a）申诉人依照本协定规定的程序，以书面形式提交同意仲裁书；

（b）仲裁通知附有：

（i）对于依照第 11.16.1（a）条提交的申请而言，申诉人放弃；

（ii）对于依照第 11.16.1（b）条提交的申请而言，申诉人和企业放弃。

依据任何一方的法律，在任何行政法庭或法院，或其他争端解决诉讼程序，对涉嫌违反第 11.16 条的任何措施提起或继续任何诉讼权利的书面声明。

3. 尽管第 2（b）款有规定，申诉人［依据第 11.16.1（a）条提出的仲裁申请］以及申诉人或企业［依据第 11.16.1（b）条提出的仲裁申请］可以在被诉人的法院或行政法庭开始或继续一项寻求临时的指令性救济且不涉及货币赔偿金支付的诉讼活动，前提条件是，诉讼的唯一目的是保护申诉人或企业在仲裁未决期间的权益。

第 11.19 条：仲裁员的选择

1. 除非争议双方另有协议，仲裁庭应由 3 名仲裁员组成，争议双方各指定 1 名仲裁员，第 3 名仲裁员应为首席仲裁员，由争议各方协商指定。

2. 在本部分所述的仲裁中，秘书长应行使指定仲裁员的权力。

3. 如果仲裁庭在未在本部分所述的仲裁申请提交后 75 日内建立，应争议当事一方的要求,秘书长应行使酌处权指定仲裁员或尚未指定的仲裁员。除非争端各方另有协议,秘书长不得指定任何一方的国民担任首席仲裁员。

4. 为执行《国际投资争端解决公约》第 39 条及《国际投资争端解决公约附加便利规则》C 表第 7 条的相关规定,不损害对仲裁员国籍以外的事由提出异议的权利:

(a)被诉人同意指定的仲裁庭成员,该仲裁庭依据《国际投资争端解决公约》或《国际投资争端解决附加便利规则》建立;

(b)第 11.16.1(a)条所指的申诉人可依本部分规定提出仲裁申请,或依照《国际投资争端解决公约》和《国际投资争端解决附加便利规则》延续仲裁申请,前提条件是申诉人书面同意指定仲裁庭的各个成员;以及

(c)第 11.16.1(b)条中所指的申诉人可依本部分规定提出仲裁申请,或依照《国际投资争端解决公约》和《国际投资争端解决附加便利规则》延续仲裁申请,前提条件是,申诉人和企业书面同意指定仲裁庭的各个成员。

第 11.20 条:实施仲裁

1. 争议双方可根据第 11.16.3 条可适用的仲裁规则,在仲裁的法定地点方面取得一致性。如果争议双方未能达成协议,仲裁庭应依照适用的仲裁规则确定地点,前提条件是,该地点所在的国家应为《纽约公约》的成员国。

2. 除非争议双方另有协议,应一争议方的要求,经考虑包括争议方和仲裁员的便利、系争物地点以及证据临近程度等相关因素,仲裁庭可决定举办包括磋商和听证在内的各类会议的地点。上句所述并不损害仲裁庭根据第 1 款可以考虑的任何适当因素。陈词、裁断以及判决,使用的官方语言。

3. 除非争议双方另有协议,英语和韩语应是包括听证、提交的文件、讨论和裁决在内的整个仲裁程序的官方语言。

4. 非争议方可就本协定的诠释以口头或书面形式向仲裁庭提交意见。应争议方要求,非争议方应以书面形式重新提交其口头申请。

5. 经与争议双方协商,仲裁庭可以允许一非争议方或非争议实体就争议范围内的问题向仲裁庭提交书面的法律之友文件。在确定是否允许提交法律之友文件时,除其他问题之外,仲裁庭还应考虑如下内容:

(a)提交的法律之友文件,通过提出有别于争议双方的观点、专门知识或洞见,将协助仲裁庭决定同诉讼相关的实际问题或法律问题;

(b)提交的法律之友文件将解决纠纷范围内的问题;

(c)法律之友在该诉讼中具有重大利益。

仲裁庭应该确保,提交的法律之友文件不会扰乱诉讼程序,也不会给任一争议方造成过度的压力或不公正的损害,并且争议双方有机会就法律之友文件提出他们的意见。

6. 在不损害仲裁庭把其他异议作为先决问题解决的权利的情况下,仲裁庭应将被诉人提出的异议作为先决问题进行处理和裁定,从法律上讲,提交的申请并不是根据第 11.26 条可以做出有利于申诉方裁决的申请。

(a)这种异议应在仲裁庭成立后尽快向其提交,无论如何不得迟于仲裁庭所规定的被诉方提交辩诉状之日,或者就仲裁通知变更而言,不得迟于仲裁庭所规定的被诉人对变更内容

提交回应之日。

(b)收到本款所述异议后，仲裁庭应暂停任何实质性的程序，制订同其已经制定的处理任何其他先决问题的计划相一致的处理该异议的计划，然后，作出针对此项异议的决定或裁决，并说明理由。

(c)处理本款所述异议时，仲裁庭应假定申诉方基于事实的指控是符合事实的，即支持仲裁通知(或该仲裁通知的修正案)的任何主张，在根据《联合国国际贸易法委员会仲裁规则》提起的争议中，支持《联合国国际贸易法委员会仲裁规则》第 18 条所指的仲裁声明。仲裁庭也可考虑没有争议的任何相关事实。

(d)不能仅仅因为被诉方提出或不提出本款所述的异议或利用或不利用第 7 款规定的简易程序而认定被诉方放弃对权限或关于是非曲直的理由提出异议。

7. 如果被诉方在仲裁庭组成之日起 45 日内提出此类请求，仲裁庭应以简易程序处理第 6 款项下的异议以及超出仲裁庭能力范围的异议。仲裁庭应在收到申请之日起 150 日内中止任何实质性程序，针对异议作出决定或裁决，并说明做出决定或裁决的理由。但是，如果争议方请求听证，仲裁庭还需要另外的 30 日来作出决定或裁决。不管是否提出听证请求，在公示额外理由的基础上，仲裁庭可以延期作出决定或裁决，但时间不能超过 30 日。

8. 在依据第 6 款或第 7 款对被诉人的异议作出裁决时，如有必要，仲裁庭应判给获胜的争议方在提交或反对异议时产生的合理花费和诉讼费。在决定此类裁决是否有必要时，仲裁庭应考虑申诉方的申请或被诉方的异议是否正当合理，还应为争议各方提供合理的机会来发表意见。

9. 除了第 11.14 条规定的债权外，被诉方不能以申诉方依照保险或担保合同已经或即将接受全部或部分损失的赔偿或其他补偿作为辩护意见、反诉或权利抵销或以其他任何理由。

10. 仲裁庭可要求采取临时保护措施以保护争议方的各项权利，或确保仲裁庭的审判权得到了充分而有效的运用，包括保全争议方拥有或控制的证据的指令或保护仲裁庭审判权的指令。仲裁庭不能下达抵扣财产的指令或采取涉嫌违反第 11.16 条的措施。就本款而言，指令包括建议函。

11. (a)在根据本部分发起的任何仲裁中，依任一争议方请求，仲裁庭应在做出决定或裁决前，将拟做出的决定或裁决发送给争议方和非争议方。在仲裁庭发送拟做出的决定或裁决之日后 60 日内，争议方可以就拟做出的决定或裁决的任一方面向仲裁庭提出书面意见。在为期 60 日的征求意见期期满后，仲裁庭应当考虑这些意见，并在 45 日内做出决定或裁决。

(b)上述第(a)项不适用于依据本部分发起的，已经依据第 12 款或附件 11 – D 提起上诉的仲裁。

12. 如果缔约方之间为审议由依据国际贸易或投资约定组建的仲裁庭做出的裁决而成立上诉机构的独立的多边协定已经生效，缔约方应当尽力达成协议使该上诉机构审议在该多边协定在各缔约方之间生效之后发生的仲裁中依据第 11.26 条做出的裁决。

第 11.21 条：仲裁程序透明度

1. 根据第 2 款、第 3 款、第 4 款规定，被诉方在收到以下文件后应当迅速把这些文件转送至非争议方并公告如下内容：

(a)意向通知书；

(b)仲裁通知书；

(c)由一争议方提交给仲裁庭的诉讼手续、申诉书和摘要，以及所有依据第11.20.4条、第11.20.5条和第11.25条提交的书面呈文；

(d)可获得的仲裁庭听证会的备忘录或记录；及

(e)仲裁庭的所有命令、裁决和决定。

2. 仲裁庭应当举办公开的听证会，并在征询争议各方意见后决定恰当的、合理的安排。然而，任一争议方如要在听证会使用已指定为保护信息的信息时，应当咨询仲裁庭。仲裁庭应当做出合理安排使该保护信息免于泄露。

3. 本部分任何规定不得要求被诉方公开受保护信息，或提供或允许接触依据第23.3条(重大安全)或第23.4条(信息披露)进行保留的信息。

4. 提交给仲裁庭的所有受保护信息应当依据如下程序进行保护免被公开：

(a)依照第(d)项，争议方和仲裁庭都不得向非争议方和社会公众公开任何由提供信息的争议方依据第(b)项明确指定的受保护信息；

(b)所有宣称某信息为受保护信息的争议方应当在向仲裁庭提交这些信息时明确指定受保护的信息；

(c)任一争议方在提交包含所宣称的受保护信息时应当同时提交一份不包含受保护信息的文档修订本。依据第1款规定，只有修订本可以提供给非争议方并公之于众。

(d)仲裁庭应当裁决争议方提出的与指定信息为受保护信息有关的异议。如果仲裁庭认定该信息指定不当，提交该信息的争议方可以：

(i)收回包含该信息的全部或部分呈文，或

(ii)依据仲裁庭的裁决和第(c)项同意重新提交完整的文件和修订文件。无论是发生(i)还是(ii)，如果必要，另一争议方也应重新提交完整的文件和修订文件，这些文件可以删除首次提交信息的争议方依据上述(i)项撤销的信息，也可以重新指定受保护信息，与依据上述(ii)项首次提交信息的争议方指定的信息一致；及

(e)应一争议方请求，联合委员会应考虑做出一个书面决议以认定仲裁庭裁定宣称为受保护的信息指定不当。如果联合委员会在60日内对此请求做出决议，该决议应当对仲裁庭具有约束力，仲裁庭做出的任何决定或裁决必须符合该决议。如果联合委员会未能在60日内做出决议，如在该期限内非争议方向联合委员会提交书面陈述表示同意仲裁庭裁决，仲裁庭的裁决应继续生效。

5. 本部分任何规定都不要求被诉方对其国家法律要求披露的信息进行保密。

第11.22条：管辖法

1. 根据第3款，如果依据第11.16.1(a)(i)(A)条或依据第11.16.1(b)(i)(A)条提交仲裁申请，仲裁庭应根据本协定和可适用的国际法规则对争端作出裁决。

2. 根据第3款和本部分的其他条款，如果依据第11.16.1(a)(i)(B)条或第11.16.1(a)(i)条提交仲裁申请，仲裁庭应适用：

(a)相关投资许可或投资协定指定的法律规则，或争议双方同意的其他法律规则；或

(b)如果没有指定或同意的法律规则：

(i)被诉方的法律，包括关于法律冲突的法规；[①]及

(ii)可适用的相关国际法规则。

3. 联合委员会依据第22.2.3(d)条(联合委员会)对本协定条款进行解释的决议对仲裁庭具有约束力，仲裁庭做出的任何决定或裁决必须符合该决议。

第11.23条：附件解释

1. 如果被诉方辩称所谓的违约措施在附件I或附件II中所列范围之内，应被诉方请求，仲裁庭应要求联合委员会就此问题给予解释。联合委员会应在接到要求之日起60日内向仲裁庭提交其依据第22.2.3(d)条作出解释的书面决议。

2. 联合委员会依据第1款做出的决议应对仲裁庭具有约束力，仲裁庭做出的任何决定或裁决必须与该决议相一致。如果联合委员会未能在60日内作出决议，仲裁庭应对该问题作出裁决。

第11.24条：专家报告

在不损害依据可适用仲裁规则指定其他专家的情况下，应一争议方请求，或除非争议双方不同意，无须任何一方请求，仲裁庭可以任命1名或多名专家就诉讼程序中一争议方提出的有关环境、健康、安全或其他科学问题的真实状况，根据争议双方可能同意的条件和条款，以书面形式向其报告。

第11.25条：调解

1. 如果依据第11.16.1条向仲裁庭分别提出了两个或两个以上仲裁申请，且仲裁申请涉及共同的法律或事实问题，并由同样的事件或状况引起，任一争议方可依据该调解令或第2款至第10款寻求调解的所有争议方之间的协议寻求调解。

2. 依据本条规则寻求调解的一争议方应以书面形式向秘书长和所有寻求本程序保护的争议方告知其请求，并在请求中详述以下内容：

(a)寻求调解程序保护的所有争议方的名称和地址；

(b)寻求的调解程序的性质；以及

(c)寻求调解程序的依据。

3. 除非秘书长在收到第2款项下请求的30日内认为该请求明显缺乏根据，应当依据本条规定组建仲裁庭。

4. 除非寻求调解程序保护的所有争议方另有协议，依据本条规定组建的仲裁庭应当包括3位仲裁员：

(a)其中一位仲裁员由申诉方协商指定；

(b)一位仲裁员由被诉方指定；及

(c)首席仲裁员由秘书长指定，但该首席仲裁员应当是非争议方国民。

5. 如果在秘书长接到根据第2款提出的请求后60日内，被诉方或申诉方未能依据第4款指定仲裁员，应寻求本程序保护的任一争议方请求，秘书长应当指定尚未指定的仲裁员。

---

① 就(i)条款而言，被诉方法律系指其国内正规司法系统的法院或仲裁庭会适用于类似案件的法律。

如果被诉方未能指定仲裁员,秘书长应指定一名争议方国民为仲裁员,如果申诉方未能指定仲裁员,秘书长应指定一名非争议方国民为仲裁员。

6. 如果提供的材料使依据本条组建的仲裁庭相信,依据第 11.16.1 条提交的两条或两条以上的仲裁申请有着共同的法律或事实问题,都起因于同样的事件或状况,为了公平有效地解决该仲裁案,听取各争议方意见后,仲裁庭应依次作出如下行为:

(a)对全部或部分仲裁申请行使管辖权、听证并作出裁决;

(b)对一个或者一个以上的仲裁申请行使管辖权、听证并作出裁决,仲裁庭认为该裁决将有助于其他案件的解决;或

(c)只要满足以下条件,指令此前依据第 11.19 条组建的仲裁庭对全部或部分仲裁申请行使管辖权、听证并作出裁决:

(i)为非争议方的任一申诉告方请求,该仲裁庭应当由原成员重新组建,但申诉方的仲裁员应当依据第 4(a)款和第 5 款指定;及

(ii)该仲裁庭应当裁决此前的听证是否应当重新举行。

7. 如果仲裁庭已经依据本条规定组建,依据第 11.16.1 条已提交仲裁申请,但未在依据第 2 款提交的请求书署名的申诉方可以向仲裁庭提交书面请求,该书面请求符合第 6 款的顺序,并应明确如下内容:

(a)申诉方的名称和地址;

(b)寻求本程序的性质;及

(c)寻求该程序的依据。

申诉方应当向秘书长呈交该请求的副本。

8. 按本条规定组建的仲裁庭应当依据《联合国国际贸易法委员会仲裁规则》实施其仲裁程序,本部分对该规则做出修订的除外。

9. 如果已有依据本节规定组建的仲裁庭对索赔或部分索赔行使司法权,在第 11.19 条规定下组建的仲裁庭无权裁决索赔,或部分索赔。

10. 收到一争端方的请求,依据本条规定组建的仲裁庭根据第 6 款中止其裁决后,可指令依第 11.19 条款组建的仲裁庭的仲裁程序搁置,除非后者已经终止其仲裁程序。

第 11.26 条:裁决

1. 仲裁庭对被诉方做出最终裁决时,仲裁庭仅可对下列事项分别或整体作出裁决:

(a)货币损失和任何可适用利息;及

(b)财产补偿,在此情况下,裁决应当规定被诉方可以支付货币损失和可适用利息代替财产补偿。

2. 仲裁庭也可依据本部分规定和适用的规则裁决成本和律师费用。

3. 根据第 1 款,若依据第 11.16.1(b)条递交仲裁申请:

(a)财产补偿裁决应规定该补偿去向为涉案企业;

(b)货币损失和任何可适用利息裁决应规定全部额度支付给涉案企业;及

(c)裁决应规定作出裁决时不损害适用国内法律接受救济的任何个人可能拥有的任何权利。

4. 仲裁庭不得作出惩罚性损害赔偿的裁决。

5. 仲裁庭作出的裁决只应对争议各方和特别案件具有约束力。

6. 依据第7款和可适用的临时裁决复审程序，一争议方应当立即遵守裁决。

7. 任一争端方不得寻求强制执行最终裁决，除非：

(a)若最终裁决依照《国际投资争端解决公约》作出：

(i)做出裁决之日起120日后，且没有争议方要求复审或废除该裁决；或

(ii)复审或废除程序已经完成；

(b)若最终裁决依照《国际投资争端解决公约附加便利条件》、《联合国国际贸易法委员会仲裁规则》或依据第11.16.3(d)条的特定规则作出：

(i)作出裁决之日起90日后，且没有争议方启动复审、取消或废除该裁决的程序；或

(ii)一法院已经拒绝或允许复审、取消或废除该裁决，且没有进一步的申诉。

8. 各方都应在其辖区内执行裁定。

9. 如果被诉方未能遵守或履行最终裁决，如非争议方提出请求，应根据第22.9条建立专门小组(专家组的建立)。请求方可以寻求这样的诉讼程序：

(a)作出不遵守或不履行最终裁决不符合本协定义务的决定；以及

(b)根据第22.11条(专家组报告)，发出敦促被诉方遵守或履行最终裁决的建议书。

10. 无论是否已进入根据第9款的诉讼程序，一争议方都可以根据《国际投资争端解决公约》或《纽约公约》的规定要求强制执行仲裁裁决。

11. 根据本部分提交的仲裁申请应被认为是由于《纽约公约》第1条的商业关系或交易引起的。

第11.27条：文件服务

缔约方的通知或文件应交付到附件11－C中为该缔约指定的地点。

C节：定义

第11.28条：定义

为本章之目的：

“中心”系指根据《国际投资争端解决中心公约》建立的国际投资争端解决中心；

“申诉方”系指与另一缔约方产生了投资争端的一缔约方的投资方；

“争议各方”系指申诉方和被诉方；

“争议方”系指申诉方或被诉方；

“企业”系指第1.4条(定义)定义的企业，以及企业的分支；

“一缔约方的企业”系指根据一缔约方的法律组建的企业和设在一缔约方辖区范围内并开展业务的企业分支机构；

“《ICSID额外设施规则》”系指《国际投资争端解决中心秘书处附加简便诉讼程序管理规则》；

“《ICSID公约》”系指1965年3月18日在华盛顿达成的《解决国家和其他国家公民之间投资争端公约》。

“投资物”系指投资者直接或间接拥有或控制，具有包括投入资本或其他资源、期望获得

收益或承担风险等投资特征的资产。投资物可能呈现的形式包括：

(a)企业；

(b)股份、股票和投入到企业的其他形式的股权；

(c)债券、公司债券、其他债务工具和贷款；[①]

(d)期货、期权和其他衍生品；

(e)总承包、建设、管理、生产、特许权、收入共享，和其他类似的合同；

(f)知识产权；

(g)许可证、授权、许可、和根据国内法律赋予的类似的权利；[②]

(h)其他有形的或无形的、可移动的或不可移动的财产和相关的产权，如租赁、抵押借款、留置权和抵押。[③]

"投资协议"系指一缔约方的国家权力机构和另一缔约方所涵盖的投资或投资者之间签订的，其中，所涵盖的投资或者投资者致力于建立或收购所涵盖的投资物而非书面协议本身，赋予所涵盖投资或者投资者权利的书面协议：

(a)对由国家权力机构控制的天然资源有关的，例如，对自然资源的勘探、提取、提炼、运输、分发或出售；

(b)代表该缔约方为公众提供服务，例如，发电或配电、水处理或分配或电讯；或者

(c)承担非政府独用或受益的基础设施项目，如建设公路、桥梁、运河、水坝、或管道等；

"投资授权"系指一缔约方的外国投资主管部门对于另一缔约方所涵盖投资或投资者的授权；[④]

"非缔约方投资者"系指相对于一缔约方而言，准备在该缔约方的辖区投资或正在投资或已经投资，但不属于任何一缔约方的投资者；

"一缔约方投资者"系指准备在另一缔约方的辖区投资或正在投资或已经投资的缔约方，或该缔约方的国有企业，或一缔约方的公民或企业；然而，假设一个具有双重国籍的自然人应被视为是他或她主要有效国籍的公民。

"《纽约公约》"系指 1958 年 6 月 10 日在纽约达成的《关于承认和执行外国仲裁裁决的联合国公约》；

"非争议方"系指不是投资争议当事方的缔约方；

"受保护的信息"系指商业机密信息或根据一缔约方的法律享有特权或受到保护不被披

---

① 特定类型的执照、授权、许可或类似的工具(包括减让，在某种程度上具有这种工具的性质)是否具有投资的特征取决于根据该缔约方的法律，该持有人拥有权利的性质和程度等因素。不具备投资特征的执照、授权、许可和类似的工具是指那些不产生受到国内法律保护的权利的类型。更确切地说，上述规定并不妨碍与执照、授权、许可或类似的工具相关联的任何资产是否具有投资的特点。

② "投资物"一词不包括司法或行政诉讼中的法令或判决。

③ 更确切地说，市场份额、市场准入、预期收益和盈利机会本身不是投资物。为本协定之目的，对纯粹由货物和服务销售产生的支付拥有的权利不是投资物，除非它是一种具有投资特征的贷款。某些债务形式，如债券、公司债券和长期债券，更加具有投资特点，而有些债务形式的投资特征较弱。

④ 更确切地说，一缔约方为实施普遍适用的法律，例如，竞争法，而采取的行动不在此定义的范围内。缔约双方认识到，截至本协议签署之日，任何一方都没有给予投资授权的对外投资主管部门。

露的信息；

“被诉方”系指投资争议中的一方；

“秘书长”系指国际投资争端解决中心的秘书长；和

“《联合国国际贸易法委员会仲裁规则》”系指由联合国国际贸易法委员会制定的仲裁规则。[1][2]

---

① “书面协议”系指由双方共同执行，无论是在单一的文书中或多个文书中，产生权利和义务，根据第 11.22.2 条适用的法律规定对双方具有约束力的文字协议。更确切地说，(a)行政或司法部门的单方面行为，如一缔约方在其权力范围颁发的许可证、执照或授权，或法令，指令，或判决；以及(b)行政或司法同意令或指令，不得视为书面协议。

② 为本定义之目的，国家主管机关是指中央政府的主管部门。

附件 11 – A　习惯国际法

缔约双方共同认为,一般意义上,第 11.5 条和附件 11 – B 特指的"习惯国际法"来源于履行法律义务的意义上两国普遍和一致的做法。关于第 11.5 条,习惯国际法外国人待遇最低标准系指保护外国人经济权益的所有习惯国际法原则。

附件 11 - B　征　　收

双方确认他们共同认为：

一缔约方的一个行为或一系列行为不能构成征收，除非它干预了一笔投资的有形或无形的产权。

第 11.6.1 条涉及两种情况。一种是直接征收，即一笔投资被国有化或者通过正式的所有权转移或直接没收的方式直接征收。

第 11.6.1 条所涉及的第二种情况是间接征收，其中，一缔约方的一个行为或一系列行为并没有正式的所有权转移或直接没收，但具有相当于征收的效果。

(a) 在具体事实的情况下，要决定一缔约方的一个行为或一系列行为是否构成间接征收，需要具体案例具体分析和基于事实调查，需要考虑与该投资相关的所有因素，包括：

(i) 政府诉讼的经济影响，尽管一缔约方的一个行为或一系列行为对投资的经济价值产生不利影响，但这一事实并不能确定间接征收已发生；

(ii) 政府行为对显著的、合理的投资预期的影响程度[①]；和

(iii) 政府行为的性质，包括其目标和背景。需要考虑的相关因素有，政府的举措是否将某种超出他们为公众利益应该忍受程度的特殊牺牲强加给了特定投资者或投资。

(b) 除非在罕见的情况下，例如，如果一个行为或一系列行为的目的或效果极其严重或极不相称，一缔约方实施的旨在保护公共利益的非歧视性监管行为，如公共卫生、安全、环境、房地产价格稳定（例如，通过一些措施改善低收入家庭的住房条件），不构成间接征用。[②]

---

① 更确切地说，投资者的投资预期是否合理，部分取决于政府在相关部门的管制性质和程度。例如，严格管制部门的投资者关于规则不变的预期，相较于管制不太严格的部门，其合理性就会低一些。

② 更确切地说，第(b)款有关"合法的公共福利目的"的列表并不详尽。

附件 11 – C

B 节　一缔约方的文件服务

韩国

B 节的争端通知和其他文件应送至韩国：

韩国果川政府大楼大韩民国司法部国际法律事务办公室

美国

B 节的争端通知和其他文件应送达美国：

美利坚合众国

华盛顿哥伦比亚特区 20520

国务院

法律顾问办公室

执行主任(L / EX)

附件 11 – D　双边上诉机制的可能性

本协议生效后之日起 3 年内,缔约双方应考虑是否建立一个双边上诉机构或类似机制以审查在他们建立该上诉机构或类似机制之后开始的仲裁中根据第 11.26 条作出的裁决。

附件 11 – E　仲裁申请的提交

韩国

1. 尽管有第 11.18.2 条规定，但美国的投资者也不能把韩国已违反 A 节义务的仲裁申请提交至 B 节的仲裁：

(a)根据第 11.16.1(a)条代表自己；或

(b)根据第 11.16.1(b)条代表该投资者直接或间接拥有或控制的作为法人的韩国企业。

如果在任何诉讼程序中投资者或企业分别在韩国的法庭或行政法庭指控违背了 A 节的义务。

2. 更确切地说，若美国的投资者或投资者直接或间接拥有或控制的作为法人的韩国企业在韩国的法院或行政法庭指控韩国已经违反 A 节的义务，该选择是最终的，并且此后在 B 节规定的仲裁中，该投资者不得以自己的名义或代表该企业再指控该违反义务的行为。

附件 11 - F 征税和征用

在一个具体的事实情况下，要确定征税措施是否构成征用需要具体案例具体分析和基于事实调查，需要考虑与该投资有关的所有因素，包括列在附件 11 - B 上的因素及下列事项：

(a) 征税一般不构成征用。在一个以上的管辖区域仅仅引进一个与投资有关的新的税收措施或征税措施一般其本身并不构成征用；

(b) 符合国际公认的税收政策、原则和实践的税收措施不构成征用。特别是旨在防止规避税收措施的税收措施一般不构成征收；

(c) 相对于针对一特定国籍的投资者或特定的纳税人的税收措施，在非歧视的基础上的税收措施更不可能构成征用；以及

(d) 如果做出该投资时一项税收措施已生效并且该措施是公众可以获得的信息，那么，它一般不构成征用。

附件 11 - G　转　　账

1. 第 12 章(跨境服务贸易),或第 13 章(金融服务)中的任何内容都不应解释为阻止韩国实施《外汇交易法》第 6 条相关的措施,假如这些措施:[①]

(a)生效的时间不超过 1 年;然而,如果出现极其特殊的情况,韩国试图推进此类措施,韩国将事先与美国协调推进此措施相关事宜;

(b)不是没收性质的;

(c)不构成双重或多重汇率做法。

2. 不以其他方式干扰投资者在韩国辖区内赚取受限制资产的市场回报率;[②]

(a)避免对美国的商业、经济或金融利益造成不必要的损失;

(b)是临时性的,并且当致使采取此类措施的形势得到改善时分阶段逐步退出;

(c)根据附件一、附件二和附件三的韩国清单以符合第 11.3 条、第 12.2 条和第 13.2 条(国民待遇)和第 11.4 条、第 12.3 条和第 13.3 条(最惠国待遇)的方式实施的;以及

(d)由韩国财政和经济部或韩国银行及时公布的。

3. 第 1 款不适用限制以下内容的措施:

(a)当前交易的支付和转账,除非:

(i)此类措施的实施符合《国际货币基金协定条文》规定的程序[③];和

(ii)韩国提前与美国协调此类措施;或者

(b)与外商直接投资相关的支付和转移。

---

① 韩国应努力规定,此类措施以价格为基础。

② 更确切地说,第(d)项的"受限制资产"一词仅指美国投资者在韩国辖区内被限制转出韩国辖区的资产。

③ 当前交易的含义应为《国际货币基金组织协定条例》第 30(d)条规定的含义,更确切地说,其含义应包含贷款或受限制分期偿付款项支付在对资本交易实施控制期间产生的利息。

2007 年 6 月 30 日
华盛顿特区
美国贸易代表
尊敬的苏珊 · C. 施瓦布

尊敬的施瓦布大使：

我很荣幸来证实由中韩两国达成的以下共识。此项共识是由中韩两国代表团在协商期间就两国签订自由贸易协定的当天对于第十一章（投资）附件 11 – B（征用）的认识：

为达成协定，附件 11 – B（征用）第 1 款中的术语"有形或无形财产权"包括合同规定的权利及投资中享有的所有其他权利，这一术语在第 11.28 条中有定义（定义）。

在此，我很荣幸地提议这封信件与您回复关于贵方政府认可遵守共识的信件将成为自由贸易协定的重要组成部分。

此致

韩国贸易部长
金铉宗

2007 年 6 月 30 日
大韩民国
首尔
贸易部长
尊敬的金铉宗

尊敬的金部长：

我很荣幸在今天收到您的来信，信件内容如下：

我很荣幸来证实由中韩两国达成的以下共识。此项共识是由中韩两国代表团在协商期间就两国签订自由贸易协定的当天对于第十一章（投资）附件 11 – B（征用）的认识：

为达成协定，附件 11 – B（征用）第 1 段中的术语“有形或无形财产权”包括合同规定的权利及投资中享有的所有其他权利，这一术语在第 11.28 条中有定义（定义）。

在此，我很荣幸地提议这封信件与您回复关于贵方政府认可遵守共识的信件将成为自由贸易协定的重要组成部分。

我进一步郑重宣布证实我方政府认可遵守共识，贵方信件与这封回复信件成为自由贸易协定的重要组织部分。

此致

苏珊 · 施瓦布

2007 年 6 月 30 日
华盛顿特区
尊敬的贸易代表
苏珊·施瓦布

尊敬的施瓦布大使：

韩美两国政府于今日在关于自由贸易协定第十一章(投资)和第十二章(跨境服务贸易)的谈判中签字,我很荣幸为两国代表团确认以下共识：

在谈判过程中,缔约双方讨论了有关资源回收和鼓励低排量汽车分销的一些措施。这些措施涉及：

义务进行产品和包装材料的可回收利用；

提交回收绩效计划和结果；

支付适用的回收税费；

义务分配一定量的小排量汽车；

提交并审批与第 11.8 条(经营要求)不同的小排量汽车分配计划。

在谈判过程中,缔约双方讨论了禁止企业同时持有两个或以上营业执照,以提供不同服务的条例。双方达成共识,就协议的目的而言,此项限制与第 12.4 条(市场准入)不符。

在谈判过程中,缔约双方讨论了《首尔都市圈整治规划法》(法发〔2004〕7308 号 2004 年 12 月 31 日)现存规定中适用于教育机构建立、扩张,或在一定地域内转移的条例。双方达成共识,此项限制与第 12.4 条(市场准入)不符。

在谈判过程中,缔约双方讨论了一项措施,该措施规定,韩国当地的高等教育机构只能与法定的高等教育机构,或得到外国政府委派、外国鉴定机构授权的国外高等教育机构共同制定课程。双方达成共识,此项措施与第 11.3 条和第 12.2 条(国民待遇)不符。

在谈判过程中,双方讨论了一项措施,即在《烈酒法案》及其附属条款下,可根据酿酒原料种类和原料数量调整需求。双方达成共识,除非该措施在某种程度上应用于《与贸易有关的投资措施协议》的世界贸易组织协定中,否则,此项措施与第 11.8 条(性能要求)不符。

在谈判过程中,缔约双方讨论了关于轨道交通控制公司能力的条例,即停止为其服务供应的能力,包括关闭或清算公司的能力。双方达成共识,此项限制与第 12.4 条(市场准入)不符。

在谈判过程中,缔约双方讨论了区划法和土地使用法规。双方达成共识,关于区划法和土地使用法规的措施与第 12.4 条(市场准入)不符。

我非常荣幸地建议将本函和贵方确认贵国政府同意本函意见的来函一起作为《自由贸易协定》中一个不可分割的组成部分。

同时,我也荣幸地确认我国政府同意本函意见,贵方回函与本函一起作为《自由贸易协定》中一个不可分割的组成部分。

真诚的,
金铉宗

2007 年 6 月 30 日
大韩民国
首尔
贸易部长
尊敬的金铉宗

尊敬的金铉宗先生：

韩美两国政府于今日在关于自由贸易协定第十一章（投资）和第十二章（跨境服务贸易）的谈判中签字，我很荣幸为两国代表团确认以下共识：

在谈判过程中，缔约双方讨论了有关资源回收和鼓励低排量汽车分销的一些措施。这些措施涉及：

义务进行产品和包装材料的可回收利用；

提交回收绩效计划和结果；

支付适用的回收税费；

义务分配一定量的小排量汽车；

提交并审批与第 11.8 条（经营要求）不同的小排量汽车分配计划。

在谈判过程中，缔约双方讨论了禁止企业同时持有两个或以上营业执照，以提供不同服务的条例。双方达成共识，就协议的目的而言，此项限制与第 12.4 条（市场准入）不符。

在谈判过程中，缔约双方讨论了《首尔都市圈整治规划法》（法发〔2004〕7308 号　2004 年 12 月 31 日）现存规定中适用于教育机构建立、扩张，或在一定地域内转移的条例。双方达成共识，此项限制与第 12.4 条（市场准入）不符。

在谈判过程中，缔约双方讨论了一项措施，该措施规定，韩国当地的高等教育机构只能与法定的高等教育机构，或得到外国政府委派、外国鉴定机构授权的国外高等教育机构共同制定课程。双方达成共识，此项措施与第 11.3 条和第 12.2 条（国民待遇）不符。

在谈判过程中，双方讨论了一项措施，即在《烈酒法案》及其附属条款下，可根据酿酒原料种类和原料数量调整需求。双方达成共识，除非该措施在某种程度上应用于《与贸易有关的投资措施协议》的世界贸易组织协定中，否则，此项措施与第 11.8 条（性能要求）不符。

在谈判过程中，缔约双方讨论了关于轨道交通控制公司能力的条例，即停止为其服务供应的能力，包括关闭或清算公司的能力。双方达成共识，此项限制与第 12.4 条（市场准入）不符。

在谈判过程中，缔约双方讨论了区划法和土地使用法规。双方达成共识，关于区划法和土地使用法规的措施与第 12.4 条（市场准入）不符。

我非常荣幸地建议将本函和贵方确认贵国政府同意本函意见的来函一起作为《自由贸易协定》中一个不可分割的组成部分。

真诚的，
苏珊 · 施瓦布

2007 年 6 月 30 日
华盛顿特区
美国贸易代表
尊敬的苏珊·施瓦布

尊敬的施瓦布大使：

我很荣幸来证实由中韩两国达成的以下共识。此项共识是由中韩两国代表团在协商期间就两国签订自由贸易协定的当天对于第十一章（投资）与第十二章（跨境服务贸易）的认识：

尽管第 11.1 条（范围）或第 12.1 条（范围）有描述，但是跨边境的赌博和投注业务不属于第十二章（跨境服务贸易），同时，有关赌博与投注服务的投资不属于第十一章（投资）。

更明确的是，各方有权利采取或维持措施来处理与投注、赌博服务的关系，依据各自的法律法规。

在此，我很荣幸地提议这封信件与您回复关于贵方政府认可遵守共识的信件将成为自由贸易协定的重要组成部分。

此致

韩国贸易部长
金铉宗

2007 年 6 月 30 日
大韩民国
首尔
贸易部长
尊敬的金铉宗

尊敬的金部长：

我很荣幸在今天收到您的来信，信件内容如下：

我很荣幸来证实由中韩两国达成的以下共识。此项共识是由中韩两国代表团在协商期间就两国签订自由贸易协定的当天对于第十一章（投资）与第十二章（跨境服务贸易）的认识：

尽管第 11.1 条（范围）或第 12.1 条（范围）有描述，但是跨边境的赌博和投注业务不属于第十二章（跨境服务贸易），同时，有关赌博与投注服务的投资不属于第十一章（投资）。

更明确的是，各方有权利采取或维持措施来处理与投注、赌博服务的关系，依据各自的法律法规。

在此，我很荣幸地提议这封信件与您回复关于贵方政府认可遵守共识的信件将成为自由贸易协定的重要组成部分。

我进一步郑重宣布证实我方政府认可遵守共识，贵方信件与这封回复信件成为自由贸易协定的重要组织部分。

此致

苏珊 · 施瓦布

2007年6月30日
华盛顿特区
美国贸易代表
尊敬的苏珊·施瓦布

尊敬的施瓦布大使：

在美韩两国政府签订自由贸易协定的当天就第十二章（跨境贸易服务）的协商过程中，美韩两国代表团讨论了它们各自政府正在考虑或目前正在从事的关于邮政业的监管改革进程，这些改革过程会怎样影响竞争激烈的快递服务。

在这些讨论中，韩国表示其邮政改革计划的以下方面：

对于韩国邮政局的垄断，韩国计划逐渐扩大例外情况，允许增加民营快递服务范围并建立体系；确保韩国邮政管理系统的独立。这会通过修改邮政服务法案，相关法或它们的从属法规来实施。

在这些修改被通过后，民营快递服务供应商处理的事物将被分类，以重量、价格或两者的累积为基础。在决定这些改革的性质和范围的过程中，韩国会考虑多种因素，包括国内市场条件，其他国家邮政自由化的经历，已经确保全面的服务。韩国计划在接下来的5年中实施这些修改。

随着时间的推移，韩国也会处理其邮政和快递服务监管体系的独立问题。在改革后，快递服务监管者与任何邮政或其他快递服务的供应商分开，不对其负责。监管者的决定及采取的措施对于所有市场参与者来说应该不偏不倚，客观透明。

运用这些改革标准和监管体系，韩国对于国内的所有邮政和快递服务供应商提供无歧视的机会。

此致

韩国贸易部长
金铉宗

2007 年 6 月 30 日
华盛顿特区
美国贸易代表
尊敬的苏珊·施瓦布

尊敬的施瓦布大使：

我很荣幸来证实由中韩两国达成的以下共识。此项共识是由中韩两国代表团在协商期间就两国签订自由贸易协定的当天对于各方附件 I 关于开展电信服务的认识：

如果一方有权决定是否同意授予许可证给此方某个人提供公共电信服务，而其中另一方的某个人拥有股权并发现提供这类服务可以满足公共利益，那么，该方应该确保：(i) 任何发现及在发现过程中的步骤应建立在客观透明的标准基础上；(ii) 提出假设，赞成此类发现，即授予该方某人的许可证并确保是为公众利益服务的，而在其中另一方的某人拥有股权的情况下；(iii) 制定规章的过程中应与第 14.20 条（透明度）相一致。

在此，我很荣幸地提议这封信件与您回复关于贵方政府认可遵守共识的信件将成为自由贸易协定的重要组成部分。

此致

韩国贸易部长
金铉宗

2007 年 6 月 30 日
大韩民国
首尔
贸易部长
尊敬的金铉宗

尊敬的金部长：

我很荣幸在今天收到您的来信，信件内容如下：

我很荣幸来证实由中韩两国达成的以下共识。此项共识是由中韩两国代表团在协商期间就两国签订自由贸易协定的当天对于各方附件 I 关于开展电信服务的认识：

如果一方有权决定是否同意授予许可证给此方某个人提供公共电信服务，而其中另一方的某个人拥有股权并发现提供这类服务可以满足公共利益，那么，该方应该确保：(i)任何发现及在发现过程中的步骤应建立在客观透明的标准基础上；(ii)提出假设，赞成此类发现，即授予该方某人的许可证并确保是为公众利益服务的，而在其中另一方的某人拥有股权的情况下；(iii)制定规章的过程中应与第 14.20 条(透明度)相一致。

在此，我很荣幸地提议这封信件与您回复关于贵方政府认可遵守共识的信件将成为自由贸易协定的重要组成部分。

我进一步郑重宣布证实我方政府认可遵守共识，贵方信件与这封回复信件成为自由贸易协定的重要组织部分。

此致

苏珊·施瓦布

第十二章　跨境服务贸易

第 12.1 条：适用范围

1. 本章适用于一缔约方采取或维护的对另一缔约方的服务供应商提供的跨境服务贸易产生影响的措施。这些措施包括对如下产生影响的措施：

(a)服务的生产、分销、营销、销售和交付；

(b)服务的购买、使用或支付；

(c)采用与服务提供相关的分销、运输、电信网络和服务；

(d)另一缔约方的服务供应商在其辖区的存在；以及

(e)作为服务提供先决条件的保证金或其他形式的金融抵押品的提供。

2. 为本章之目的，一缔约方采取或维持的措施是指由以下主体采取和维持的措施：

(a)中央、地区，或者地方政府或主管部门；

(b)和行使中央、地区或者地方政府或主管部门所授权力的非政府机构。

3. 尽管有第 1 款规定：

(a)第 12.4 条、第 12.7 条和第 12.8 条也应适用于一缔约方所采取或维持的对所涵盖投资在其辖区的服务供应产生影响的措施；①以及

(b)附件 12 – B 应适用于一缔约方所采取或维持的所涵盖投资的对快递服务供应产生影响的措施。②

4. 尽管有第 1 款规定：

(a)本章不适用于：第 13.20 条(定义)所定义的金融服务，如果该金融服务是由所涵盖投资所提供，而该所涵盖投资并不是在该缔约方的辖区内的金融机构中的所涵盖投资，第 3 款应适用；

(b)政府采购；

(c)航空服务，包括定期的和不定期的国内和国际航空运输服务，以及与航空服务辅助服务相关的服务，但以下服务项目除外：

(i)航空器退出服务期间的航空器维修和保养服务；和

(ii)特殊航空服务；或者

(d)一缔约方提供的补贴或补助金，包括政府支持的贷款、担保和保险。

---

① 更确切地说，第 12.4 条、第 12.7 条和第 12.8 条对于一缔约方采取或维持的，影响所涵盖投资企业在其辖区内服务提供的措施的适用范围限于本章第 12.1 条所述的范围，取决于任何可适用的不符措施和例外。

② 更确切地说，本章任何条款，包括第 3 款和附件 12 – B，都不受第十一章(投资)B 节(投资者与国家间的争端解决)所述的投资者与国家间的争端解决的约束。

5. 对于试图进入其就业市场，或在其辖区内永久受雇的另一缔约方的国民，本章未对缔约方强加任何义务，也没有赋予该国民任何与准入或雇佣相关的任何权力。

6. 本章不适用于在一缔约方辖区内行使政府职权时所提供的服务。在行使政府职权时所提供的服务是指任何既不基于商业，又不与一个或多个服务提供者竞争的服务。

7. 本章或本协定的其他条文都不得解释为对一缔约方的移民措施（包括入境许可或临时入境许可条件）强加了任何义务。[①]

第 12.2 条：国民待遇

1. 各缔约方给予另一缔约方服务供应商的待遇应不低于在类似情况下给予本国服务供应商的待遇。

2. 一缔约方根据第 1 款给予的待遇，就地区政府而言，系指，不低于该地区政府，在类似情况下，给予该缔约方服务供应商的最优惠待遇。

第 12.3 条：最惠国待遇[②]

各缔约方给予另一缔约方的待遇应不低于其在类似情况下给予一非缔约方的服务供应商的待遇。

第 12.4 条：市场准入

任何一方不得基于地区局部或基于辖区全部采取或维持以下措施：

(a) 对以下内容施加限制的措施：

(i) 无论是以数量配额、垄断、专营服务提供者的形式，还是通过经济需求测试要求，对服务提供者的数量加以限制；

(ii) 以数量配额的形式或经济需求测试的要求对服务交易或资产的总值加以限制；

(iii) 以配额或经济需求测试要求的形式，以指定的数量单位表达的对服务业务总数或服务产出总量加以限制；[③]或者

(iv) 以配额或经济需求测试要求的形式，对某一具体服务部门所能雇佣的自然人总数或某一服务供应商可以雇佣的自然人总数和哪一家提供商对于某一特殊服务提供是必不可少和直接相关的加以限制；或者

(b) 对服务供应商可以提供服务的法律实体或合资公司的具体类型加以限制或规定。

第 12.5 条：当地存在

任一缔约方都不得要求另一缔约方的服务供应商建立或维持一个代表机构或者任何形式的企业，或者成为在其辖区内的居民作为跨境提供服务的条件。

第 12.6 条：不符合规定的措施

1. 第 12.2 条至第 12.5 条不适用于：

(a) 在以下政府层面，一缔约方维持的不符合规定的措施：

---

① 更确切地说，第 7 款不限制本协定适用移民措施以外的，影响一缔约方的国民在另一缔约方辖区上提供服务的措施。除非双方另有商定，缔约双方应在本协定生效之日起 2 年之内和之后每隔 2 年就第 7 款展开磋商。

② 更确切地说，第 12.3 条中任何内容不可以被理解为对本章范围的延伸。

③ 第(iii)项不包括一缔约方限制为提供服务的投入措施。

(i)在该缔约方在其《附件一清单》中陈述的中央政府;

(ii)在该缔约方在其《附件一清单》中陈述的地区政府;或

(iii)在当地政府。①

(b)第(a)款所述的不符措施的补编或及时更新;或

(c)第(a)款所述的不符措施的修正条款,如果修正条款没有降低该措施在其修正之前与第12.2条、第12.3条、第12.4条或第12.5条的符合程度。

2. 第12.2条至第12.5条不适用于由缔约一方采取或维持与《附件二清单》列明的部门、分部门或各项活动有关的措施。

第12.7条:国内法规

1. 如一缔约方规定提供服务需要得到批准,则该缔约方有法定资格的主管机关应在被其国内的法律和法规视为完整的申请提交之后的一段合理时间内,将有关该申请的决定通知申请人。在申请人的请求下,该缔约方具有法定资格的主管机关应提供该申请进展情况的信息,不得无故延迟。这种义务不适用于由一缔约方采取并维持的与《附件二清单》列明的部门,分部门或各项活动相关的批准规定。

2. 为了保证有关资格要求和程序、技术标准和许可要求的各项措施不致构成不必要的服务贸易壁垒,尽管有权对服务提供进行规范制定新规以达到国家政策的目标,缔约双方都要努力确保,根据各部门的不同情况,此类措施:

(a)依据客观和透明的标准,例如,提供该服务的能力和资格;以及

(b)如为许可程序,则这些程序本身不成为对服务提供的限制。

3. 如果与《服务贸易总协定》第4.4条有关的谈判结果(或者在缔约双方都参加的多边论坛的任何类似谈判的结果)生效,在缔约双方磋商后本条应做适当修订,以使那些谈判结果可以在本协定下生效。②

第12.8条:制定和适用法规的透明度③

对第二十一章(透明度)的补充:

(a)缔约双方应建立适当的机制,以便答复利益相关人员就本章事项相关的各自法规的咨询。

(b)如果,在符合第21.1条(公布)第2款和第3款条件下,一缔约方不提供对其拟采取的与本章主题相关的法规评论的提前通知和机会,那么,就应该尽可能详尽地书面说明不这样做的原因。

(c)每一缔约方在公布和最终实施与本章内容有关的最终法规时,应尽可能留出一段合理的间隔时间。

第12.9条:承认

1. 为了全面或部分实施其对服务供应商的批准、许可和认证的标准,根据第5款的规定,一缔约方可以承认在一特定国家所受的教育和获得的经验、所满足的要求,或者所获得

---

① 对于韩国而言,地方政府系指《地方自治法案》中定义的当地政府。

② 更确切地说,第12.7条的任何内容并不损害任何一方在与第12.7条所涉事务有关的其他论坛的立场。

③ 更确切地说,"法规"包括在中央政府、地区政府和当地政府层面制定或适用许可授权或标准的法规。

的许可证或执照。这种可以通过协调或其他方式获得的承认可以建立在与相关国家的协议或安排的基础之上,也可以自动给予。

2. 若一缔约方自动或通过协议或安排承认在一非缔约方辖区内所受的教育和所获得的经验、满足的要求、获得的许可证和执照,第12.3条中的任何内容都不能解释为要求该缔约方承认在另一缔约方辖区内接受的教育、获得的经验、满足的要求、所获得的许可证或执照。

3. 经另一缔约方的请求,一缔约方应当及时提供信息,包括与该缔约方或在其辖区内的相关机构已达成的承认协议或安排有关的适当描述。

4. 若一缔约方是第1款所指承认协议或安排的成员方,无论是现在还是未来,如果另一缔约方有兴趣,该缔约方应该为另一缔约方提供充分的机会,以谈判加入该协议或安排,或者与其谈判达成一项类似的协议或安排。若一缔约方自动给予承认,该缔约方应给另一缔约方提供充分的机会去证明在另一缔约方所取得的教育、经验、许可证执照或满足的要求应该得到承认。

5. 任何一缔约方不得以对各国之间服务供应商的批准、许可和颁发执照的标准适用区别对待,或对服务贸易变相限制的方式给予承认。

6. 附件12-A适用于一缔约方采取或维持的与该附件列明的专业服务供应商的许可证或执照有关的措施。

第12.10条:支付和转账[①]

1. 各缔约方都应允许自由进行与服务的跨境提供有关的进出其辖区的转账和支付,并且不得出现任何拖延。

2. 各缔约方应允许与服务的跨境提供有关的转账和支付用自由可兑换货币按转账时通行的市场汇率进行。

3. 尽管有第1款和第2款的规定,一缔约方可以通过公平的,非歧视的和诚信的适用以下事项相关的法律拒绝或延迟转账或支付:

(a)破产,无偿付能力,或者享受债权人权利的保护;

(b)证券、期货、期权,或衍生性金融商品的发行、交易或经营;

(c)为协助执法机构和金融监管当局所必需的财务报告和转账记录;

(d)刑事或涉及刑罚的罪行;

(e)确保符合司法或行政程序中的命令和判决。

第12.11条:利益的放弃

1. 一缔约方可以拒绝把本章的利益给予另一缔约方的服务供应商,如果该服务供应商是一家由非缔约方的人员拥有或控制的企业,并且拒绝给予利益的缔约方:

(a)与该非缔约方之间未保持正常的经济关系;或者

(b)采取或维持与该非缔约方或该缔约方的人员有关,禁止与该企业交易或如果把本章的利益给予该企业就会违反或规避该措施的措施。

2. 一缔约方可以拒绝把本章的利益给予另一缔约方的服务供应商,如果该服务供应商

---

① 更确切地说,附件11-G(转账)适用于第12.10条。

是一非缔约方的人员拥有或控制的企业,或在另一缔约方的辖区内没有实质性经营活动的拒绝给予利益的缔约方的企业。如果,在拒绝给予本章的利益之前,拒绝给予利益的缔约方知道该企业在另一缔约方辖区内没有实质性的经营活动,或者该非缔约方或拒绝给予利益的缔约方的人员拥有或控制该企业,拒绝给予利益的缔约方应该在切实可行的范围内,在拒绝给予利益之前,告知另一缔约方。如果拒绝给予利益的缔约方提供了这样的通知,在另一缔约方的要求下,该缔约方应与对方磋商。

第 12.12 条:特别承诺

1. 附件 12 – B 阐明了关于快递服务提供的具体承诺。

2. 附件 12 – C 阐明了就有关地区政府采取或维持的不符措施进行磋商的具体承诺。

第 12.13 条:定义

为本章之目的:

“境服务贸易或跨境服务供应”系指以下情况下的服务提供:

(a)从一缔约方辖区向另一缔约方辖区提供;

(b)在一缔约方的辖区由该缔约方的人员向另一缔约方的人员提供;或者

(c)由一缔约方的国民在另一缔约方的辖区内提供;

但不包括由所涵盖的投资企业在一缔约方的辖区内的服务提供;

“企业”系指第 1.4 条(定义)定义的“企业”和企业的分支;

“一缔约方的企业”系指根据一缔约方的法律组建的企业,和位于一缔约方的辖区内并在那开展经营活动的分支;

“专业服务”系指服务的提供需要大专以上学历专业教育,或同等学历培训或经验或考试,且其执业的权利由一缔约方授予或限制,但不包括技工或船只和飞机机组成员提供的服务;

“一缔约方的服务供应商”系指寻求提供服务或提供服务的该缔约方人员;[①]

“专业航空服务”系指非运输航空服务,如空中灭火、观光、喷撒、测量、绘图、摄影、跳伞、滑翔机牵引和为了伐木和建设的直升机飞行,以及其他空中农业、工业和视察服务。

---

① 为第 12.2 条和第 12.3 条之目的,“服务供应商”与《服务贸易总协定》第 2 条和第 17 条使用“服务供应商”的意思是相同的。

附件12 – A　专 业 服 务

1. 应另一缔约方要求,缔约方应提供与专业服务供应商的许可和认证标准有关的信息,包括与相应的监管有关的信息或可以咨询这些标准和规范的信息的其他机构的信息。这些标准和规范包括有关教育、考试、经验、操守和职业道德、专业发展和重新认证、执业范围、地方知识和消费者保护有关的规定。

2. 若缔约双方同意,各缔约方应鼓励在其辖区内的有关机构制定双方接受的许可和认证标准和规范,向联合委员会就相互承认提出建议,并制定与缔约双方同意的专业服务部门和分部门有关的另一缔约方的专业服务供应商的临时许可安排的程序。这些部门或分部门可能包括附录12-A-1所列的那些部门和分部门。

3. 双方特此建立由缔约双方的代表组成的专业服务工作组,以促进第1款和第2款的活动。除非缔约双方另有约定,工作组应在本协定生效之日起1年内会晤。

4. 为了总体上的专业服务,更合适地说,是为了个别的专业服务,工作组应考虑下列事项:

(a)促进制定缔约双方的有关专业机构之间互相承认安排的程序;

(b)制定专业服务供应商的许可和认证的示范性程序的可行性;

(c)地区政府维持的,与第12.2条或第12.4条不符,可能阻止制定互相承认协议,或者阻止一缔约方的服务供应商从此类协议获得利益的措施,和

(d)与专业服务提供相关的共同感兴趣的问题。

5. 工作组应考虑,更具体地说,与专业的服务有关的双边,诸边和多边协定。

6. 工作组应在本协定生效之日起2年内向联合委员会报告其进展情况,包括推动相互承认标准和规范和临时许可的建议,并报告其工作的进一步方向。

7. 在收到第2款和第6款所述的建议后,联合委员会应在合理时间内审查建议,以确定它是否符合本协议。根据该审查的结果和其他适当依据,各缔约方应与各自的相关机构合作并鼓励相关机构在双方商定的时间内落实这项建议。

8. 联合委员会应至少每3年审查一次本附件的实施。

附录 12－A－1　相互承认和临时许可的部门

工程服务
建筑服务
兽医服务

附件12－B　快递服务

1. 就本协定而言，快递服务是指在快速的基础上对文件、印刷品、包裹、货物或其他物品的收集、运输和送达，在本服务提供的全过程对这些物品实施跟踪和掌控。①

2. 缔约双方确认，他们愿意把快递服务市场的开放程度至少维持在本协定签订之日的水平。如果一缔约方认为另一缔约方未能维持这一准入水平，可以要求磋商。另一缔约方应给予适当的磋商机会，并在可能的情况下，应当提供信息以回应关于市场准入水平和其他相关问题的质询。

3. 各缔约方应确保，若一缔约方的邮政服务垄断供应商在其垄断权范围之外的快递服务供应进行竞争，无论是直接竞争还是通过附属公司竞争，该提供者不滥用其垄断地位，不违反第11.3条（国民待遇）、第11.4条（最惠国待遇）、第12.2条、第12.3条或第12.4条，或第16.2条（指定垄断）项下该缔约方的义务在该缔约方的辖区内行动。作为对第1.2条（与其他协议的关系）的补充，缔约双方还重申了《服务贸易总协定》第8条项下与快递服务有关的权利和义务。②

4. 各缔约方确认，不把来自垄断性邮政服务的收入被定向注入以构成其本身或任何其他竞争性供应商的快递服务的优势。③

5. 更确切地说，本附件不限制一缔约方采取或维持超出本章范围以外的措施或在一缔约方的附件一清单或附件二清单列明的与运输服务有关的措施的权利。

---

① 更确切地说，“快递服务”是：

（a）对美国而言，不包括《民营快递法》（18 USC1693及以下，39 USC601及以下）管辖的信件寄送，但在那些法规的例外或宣布暂缓执行的情况下，包括寄递信件，那些法规允许私营部门投递极端紧急的信件；以及

（b）对韩国而言，不包括根据《邮政服务法》保留给韩国邮政局（KPA）的收集、处理和传递信件，但根据《邮政服务法的执行令》第33条包括收集、处理和投递商业单据。

② 第3款和第16.2.1（d）条（指定垄断）都不应解释为要求一缔约方给予私营快递服务供应商准入其邮政服务垄断供应商的邮政网络的的权利。

③ 更确切地说，第4款不得解释为要求一缔约方修改现行法律和法规或阻止韩国邮政局和美国邮政局提供服务。

附件 12 - C　关于地区政府维持的不符措施的磋商

如果一缔约方认为,另一缔约方的地区政府适用的附件一不符措施对该缔约方的服务供应商、该缔约方的投资商,或所涵盖的投资造成了重大阻碍,该缔约方可以要求对这一措施进行磋商。各缔约方应进行磋商,以交换有关措施的执行信息,并考虑是否有必要和是否合适采取进一步行动。

第十三章　金融服务

第 13.1 条：适用范围

1. 本章适用于一缔约方采取或维持的与以下事项相关的措施：

(a)另一缔约方的金融机构；

(b)该缔约方辖区内金融机构的另一缔约方的投资者及其投资；以及

(c)跨境金融服务贸易。

2. 第十一章（投资）和第十二章（跨境服务贸易）适用于第 1 款所述措施，仅限于纳入本章的这两章或这两章的条款。

(a)第 11.6 条（征用与补偿）、第 11.7 条（转移）、第 11.10 条（投资与环境）、第 11.11 条（利益的拒绝给予）、第 11.13 条（特殊手续与信息要求）和第 12.11 条（利益的拒绝给予）特此纳入本章并成为本章的一部分。

(b)第十一章（投资）B 节（投资者与国家之间的争端解决）特此纳入本章并成为本章的一部分，但是，仅仅适用一缔约方违反已纳入本章的第 11.6 条、第 11.7 条 、第 11.11 条或第 11.13 条。

(c)第 12.10 条（支付和转移）纳入本章，并成为本章的一部分，仅限于跨境金融服务贸易符合第 13.5 条规定的义务。

3. 本章不适用于一缔约方采取或维持的与以下事项相关的措施：

(a)作为公共退休计划或社会保障法定制度组成部分的活动或服务；或者

(b)为了该缔约方利益的，或者由该缔约方担保的，或者使用该缔约方财政资源的活动或服务，包括其公共实体；

除非本章仅适用于缔约一方允许其与一公共实体或金融机构处于竞争关系的金融机构实施第(a)项或第(b)项所指的任何活动或服务。

4. 本章不适用于管理政府机构金融服务采购的法律、法规和规定，政府购买该金融服务是为了施政，不是为了商业转售，也不是为了提供该金融服务时盈利。

第 13.2 条：国民待遇

1. 在其辖区内金融机构的设立、收购、扩大、管理、经营、运作以及销售或其他处置和金融机构投资方面，各缔约方给予另一缔约方投资者的待遇，应不低于该缔约方在相似条件下给予本国投资者的待遇。

2. 在金融机构和投资的设立、收购、扩大、管理、经营、运作以及销售或其他处置方面，各缔约方给予另一缔约方投资者的金融机构投资待遇，应不低于该缔约方在相似条件下给予本国金融机构与本国投资者的金融机构投资的待遇。

3. 为了达到第13.5.1条国民待遇的目的，一缔约方给予另一缔约方跨境金融服务供应商的待遇应不低于该缔约方在相似条件下给予提供此类服务的本国金融服务供应商的待遇。

第13.3条：最惠国待遇

各缔约方给予另一缔约方投资者、另一缔约方金融机构、另一缔约方金融机构投资者的投资和跨境金融服务供应商的待遇，应不低于该缔约方在相似情况下给予任何其他缔约方或非缔约方投资者、金融机构、金融机构投资者的投资和跨境金融服务供应商的待遇。

第13.4条：金融机构的市场准入

对于另一缔约方金融机构或寻求在其地区或整个辖区内建立此类金融机构的另一缔约方的投资商，一缔约方不应采取或维持以下措施：

(a) 限制：

(i) 金融机构数量，以数值配额、垄断、独家服务供应商或经济需求测试要求等形式；

(ii) 金融服务交易或资产的总价值，以数值配额或经济需求测试要求等形式；

(iii) 金融服务业务总量或金融服务总产出，以配额或经济需求测试要求等形式，指定数值单位；[1]或者

(iv) 特定金融服务业或金融机构可能雇佣的，提供特定金融服务必要并直接相关的自然人总数，以数值配额或经济需求测试要求等形式；或者

(b) 限制或要求金融机构以特定类型的法律实体或合资企业提供服务。

第13.5条：跨境贸易

1. 各缔约方应根据与国民待遇相符的条款和条件允许另一缔约方的跨境金融服务供应商提供附件13－A规定的服务。

2. 各缔约方应允许位于其辖区内的人士以及不论位于何处的国民购买位于另一缔约方辖区内的另一缔约方跨境金融服务供应商提供的金融服务。此项义务并不要求一缔约方允许此类供应商在其辖区内从事商业活动或推销业务。在符合第1款的条件下，各缔约方可自行定义与此义务相关的“商业活动”和“推销业务”。

3. 在不损害跨境金融服务贸易的其他审慎监管手段的前提下，一缔约方可要求对另一缔约方跨境金融服务供应商和金融工具进行注册。

第13.6条：新型金融服务[2]

各缔约方应允许另一缔约方的金融机构提供该缔约方在相似条件下允许本国金融机构在不附加额外立法的前提下提供的任何新型金融服务。尽管第13.4(b)条有关规定的限制，一缔约方仍可确定提供新型金融服务的机构和法律形式，也可要求授权提供服务。如果一缔约方要求金融机构获得提供此类新型金融服务的授权，该缔约方应在合理的时间内作出是否授权的决定，并且只能出于审慎的原因拒绝授权。

---

① 第(iii)项不涵盖一缔约方限制提供金融服务的投入措施。

② 缔约双方认识到，第13.6条的任何内容不妨碍一缔约方的金融机构向另一缔约方提交申请要求批准提供一项在缔约双方辖区都不提供的金融服务。此类提供应受到被提供该服务的缔约方法律的约束，更确切地说，不应受到第13.6条规定的各项义务的约束。

第 13.7 条:特定信息的处理

本章无任何规定要求缔约一方提供:

(a)金融机构或跨境金融服务供应商个体客户的金融事务与账户的相关信息;或者

(b)任何一经公开将会妨碍执法、损害公众利益或特定企业的合法商业利益的机密信息。

第 13.8 条:高级管理层和董事会

1. 任何缔约方不得要求另一缔约方金融机构任命任何特定国籍的个人作为高级管理人员或其他必要人员。

2. 任何缔约方不得要求另一缔约方的金融机构董事会多数董事由该缔约方国民、该缔约方辖区内的居民或以上两类人组成。

第 13.9 条:不一致措施

1. 第 13.2 条至第 13.5 条和第 13.8 条不适用:

(a)一缔约方在以下层面维持的现行的不一致措施:

(i)各缔约方在附件三清单 A 节所列的中央政府;

(ii)各缔约方在附件三清单 A 节所列的地区政府;或者

(iii)地方政府;①

(b)对第(a)项所指任何不一致措施的延续或及时更新;或者

(c)对第(a)项所指任何不一致措施的修改,只要该修正不降低该措施在修正之前与第 13.2 条、第 13.4 条或第 13.8 条②的相符度;

2. 第 13.2 条至第 13.5 条和第 13.8 条不适用一缔约方针对该缔约方在附件三清单 B 节规定的部门、分部门或活动采取或维持的相关措施。

3. 在一缔约方附件一和附件二清单列明的不受第 11.3 条(国民待遇)、第 11.4 条(最惠国待遇)、第 12.2 条(国民待遇)或第 12.3 条(最惠国待遇)制约的不一致措施应被视为不受第 13 条第 2 款或 13 条第 3 款制约的不一致措施。鉴于此,本章将涵盖条款中列明的措施、部门、分部门或活动。

第 13.10 条:例外

1. 本章的其他条款或第十一章(投资)、第十四章(电信),尤其是第 14.23 条(与其他各章的关系),或第十五章(电子商务),以及第 12.1.3 条(适用范围)对在一缔约方辖区提供金融服务做出了相关规定,但是不应阻止一缔约方出于包括保护投资者、存款者、保单持有者,或金融机构或跨境金融服务供应商应付信托责任的对象在内的审慎原因或为了确保金融体系的完整和稳定而采取或维持的措施,③如果这些措施与本段所指的本协定规定不相符,不可用这些措施来规避该缔约方对这些条款所做的承诺或应承担的义务。

---

① 对于韩国而言,当地政府系指《地方自治法案》定义的地方政府。

② 更确切地说,第 13.5 条适用于对第(a)项所指的任何不符措施所做的修正,如果与本协定生效之日相比,该修正降低了该措施与第 13.5 条的相符程度。

③ 双方认识到,"审慎原因"这一术语包括维持个体金融机构或跨境金融服务提供商的安全、稳健、完整,或财务责任。

2. 本章或第十一章(投资)、第十四章(电信),尤其是第 14.23 条(与其他各章的关系),或第十五章(电子商务),以及第 12.1.3 条(适用范围)对在一缔约方辖区内涵盖投资的金融服务提供的任何规定都不适用任何公共实体在追求货币和相关信贷政策或汇率政策时采取的普遍适用的非歧视性措施。本段不影响一缔约方与第十一章涵盖的措施有关的第 11.8 条(业绩要求)、第 11.7 条(转账)或第 12.10 条(支付和转账)规定的义务。

3. 虽有纳入本章的第 11.7 条(转账)和第 12.10 条(支付和转账)的规定,一缔约方可通过公正、非歧视和善意适用有关维持金融机构或跨境金融服务供应商的安全性、健全性、完整性或金融责任的措施,阻止或限制金融机构或跨境金融服务供应商转移给该机构或供应商的附属公司或关联人并以其为受益人,或为该机构或供应商的附属公司或关联人转移。本款不影响本协定允许一缔约方限制转移的任何其他规定。

4. 更确切地说,根据这些措施的适用方式不成为对条件相同的国家任意地或不公平地区别对待或对投资金融机构或跨境金融服务贸易变相限制的手段的规定,本章任何规定不得解释为阻止一缔约方采取或实施必要措施以确保遵守与本章一致的法律或法规,包括那些与防止欺骗和欺诈行为有关的措施或与消除不履行金融服务合同的影响有关措施。

第 13.11 条:透明度

1. 缔约双方认识到,监管金融机构和跨境金融服务供应商活动的法规和政策的透明度对于促进外国金融机构和外国跨境金融服务供应商进入各缔约方市场和在对方的市场运行具有重要意义。各缔约方承诺提高金融服务监管的透明度。

2. 各缔约方应确保本章适用的普遍适用的所有措施得到合理、客观和公正的实行。

3. 作为对第 21.1 条(发布)第 2 款至第 4 款的代替,各缔约方在可行范围内:

(a)应提前发布该缔约方拟采取的普遍适用的与此章主题相关的任何法规和其目的;

(b)应向利益相关者和另一缔约方适当时机对拟采用法规①发表意见②;以及

(c)应在采用最终法规时,以书面形式对利益相关者就拟实施法规提出的实质性意见作出回应。

4. 在可行范围内,各缔约方应在普遍适用的最终法规发布日和其生效日之间留有合理的期间。

5. 各缔约方应确保,该缔约方的自律监督组织采用或维持的普遍适用的规则应及时发布或以其他可行方式让利益相关者了解相关信息。

6. 各缔约方应维持或建立适当的机制,回应利益相关者对于本章所涵盖的普遍适用的措施提出的问题。

7. 各缔约方的监管机构应公开完成提供金融服务申请的各项规定,包括所需的任何档案材料。

8. 应申请人请求,一缔约方的监管机构应把该申请所处状态通知申请人。如果该机构

① 更确切地说,如果一缔约方按照第(a)项规定提前公布法规,该缔约方应提供电子的或其他的地址,以便利益相关人员和另一缔约方可以发送或寄达其意见。

② 另外,金融监督院保持现在的做法,提供一段时间供利益相关人员和另一缔约方对其普遍适用的包括《实施细则》在内的拟采用措施发表意见,时间要充裕,以便可以对拟颁布的法规根据《韩国行政程序法案》和其他相关法规提出意见。

要求申请人提供补充信息,该机构不得延误应立即通知申请人。

9. 一缔约方的监管机构应在 120 日内,对另一缔约方的金融机构投资者、金融机构或跨境金融服务供应商已经完成的提供金融服务的申请作出行政决定并及时把该决定通知申请人。只有在召开所有相关听证会和收到所有必要信息之后,申请才被视为完成。如监管机构无法在 120 日内作出决定,该监管机构应立即通知申请人,并且应设法在随后的合理期限内作出决定。

10. 应未申请成功申请人的要求,未批准该申请的监管机构应在可行范围内,告知申请人未批准该申请的理由。

第 13.12 条:自律监管组织①

如果一缔约方要求另一缔约方的金融机构或跨境金融服务供应商成为一个自律监管组织的会员,或参与或加入该组织,方可在该缔约方辖区内或进入该辖区内提供金融服务,该缔约方应保证该自律监管组织履行第 13.2 条和第 13.3 条的义务。

第 13.13 条:支付和清算系统

根据给予国民待遇的条款和条件,各缔约方应允许另一缔约方建立在其辖区内的金融机构准入公共实体经营的支付和结算系统,和普通业务过程中可获得的官方融资和再融资渠道。本条目的并不是准入该缔约方的最终渠道的资金贷出商。

第 13.14 条:承认

1. 一缔约方在适用本章所涵盖的措施时可承认非缔约方的审慎措施。这种承认可:

(a)自动给予;或者

(b)通过协调或其他手段达成;或者

(c)给予与非缔约方的协定或安排。

2. 根据第 1 款对审慎措施予以承认的一缔约方应给另一缔约方提供充分的机会,以证明存在或将会存在等效法规、监督、法规的实施,以及适当时,各缔约方信息共享有关的程序。

3. 如果一缔约方根据第 1(c)款对审慎措施予以承认,并且第 2 款所述情况存在,该缔约方应提供另一缔约方充分的机会,以谈判加入该协定或安排,或者谈判达成类似协定或安排。

第 13.15 条:具体承诺

附件 13－B 列出了各缔约方的某些具体承诺。

第 13.16 条:金融服务委员会

1. 各缔约方特此设立金融服务委员会。各缔约方首席代表应为附件 13－C 所列负责该缔约方负责金融服务主管部门的官员。

2. 委员会应该:

(a)监督本章及本章细则的实施;

---

① 更确切地说,如果一组织的成员或加入或参加该组织必须提供金融服务,该组织受第 13.12 条约束。

(b)考虑一缔约方提交的与金融服务有关的问题;以及

(c)根据第13.19条参与争端解决程序。

3. 委员会应每年或双方商定的其他时间召开会议,以评估本协定在金融服务领域的运作情况。委员会应向联合委员会汇报每次会议的结果。

第13.17条:磋商

1. 一缔约方可请求另一缔约方就本协定范围发生的影响金融服务的任何问题进行磋商。另一缔约方应对该要求给予善意的考虑。各缔约方应向金融服务委员会汇报磋商结果。

2. 参加本条项下磋商的人员应包括附件13-C所列主管部门的官员。

第13.18条:争端解决

1. 第二十二章(机构安排与争端解决)B节(争端解决程序)经本章修改后,适用于本章引起的争端解决。

2. 如果一缔约方声称,争端是由本章产生,则第22.9条(专家组的成立)应予适用,但是以下情况除外:

(a)如果各缔约方同意,专家组应完全由符合第3款所列资格的成员构成;以及

(b)在任何其他情况下:

(i)各争端缔约方可根据第3款或第22.9.4条所列资格选择专家组成员,以及

(ii)如果申诉缔约方援引第13.10条,专家组主席应符合第3款所列资格,除非各缔约方另有商定。

3. 金融服务专家组成员应:

(a)具有金融服务法律专业知识或实践经验,这可能包括金融机构的监督;

(b)在客观、可靠、合理判断的基础上,严格挑选;

(c)独立行使职权,不隶属于或听从于任一争端缔约方;以及

(d)遵守联合委员会制定的行为守则。

4. 尽管有第22.13条(不实施)的规定,如果专家组判定一项措施与本协定不一致,并且该措施影响:

(a)仅限于金融服务部门,申诉缔约方仅可在金融服务部门中止给予利益;

(b)涉及金融服务部门和其他任何部门,申诉缔约方可在金融服务部门中止给予利益,其效果相当于该措施对该缔约方金融服务产业的影响;或者

(c)仅限于金融服务部门以外的一个部门,申诉缔约方不得在金融服务部门中止给予利益。

第13.19条:金融服务投资争端

1. 如果一缔约方的投资者根据第十一章(投资)B节(投资者与国家之间的争端解决)提交了仲裁申请,并且被诉人援引第13.10条辩护,以下条款将适用:

(a)被诉人应在提交第十一章(投资)B节项下仲裁申请之日起120日内,以书面形式向金融服务委员会提交请求,共同裁决第13.10条是否以及在什么范围内对仲裁申请构成有力抗辩。如果仲裁庭已经成立,被诉人应及时向仲裁庭提交请求副本。只有该仲裁申请符

合第4项规定,仲裁庭才可以继续审理。

(b)根据第1项,金融服务委员会应善意地作出裁决。任何裁决都应及时转交给争端各方,如仲裁庭已经成立,也应递交给仲裁庭。该裁决对仲裁庭具有约束力。

(c)如果金融服务委员会接到应诉方第(a)项下的裁决书面请求之后60日内,未能以该款规定方式作出裁决,仲裁庭应就该委员会未能解决的问题作出决定。第11章B节的条款应适用,本项修改的情况除外。

(i)在给仲裁庭指定尚未指定的仲裁员时,争端各方应采取适当措施确保仲裁庭具有第13.18.3(a)条所描述的专业知识或实践经验。在任命首席仲裁员时,应尽力考虑某些仲裁候选人金融服务的专业知识和实践经验。

(ii)如果在提交符合第(a)项的裁决请求之前,首席仲裁员已经根据第11.19.3条(仲裁员的挑选)任命,经争端一方要求替换,则应根据本项第(i)目替换该首席仲裁员,仲裁庭也应重组。如仲裁程序根据第(d)款恢复之日起30天内,各争端方未就任命新首席仲裁员达成一致意见,应争端一方要求,秘书长应任命符合第(i)目条件的首席仲裁员。

(iii)提出申诉的缔约方可向仲裁庭就第13.10条是否以及在什么范围内构成对仲裁申请有力抗辩的问题提交口头和书面请求。除非该缔约方提交此请求,否则其将被推定为在本仲裁中就第13.10条而言,与应诉方立场一致。

(d)第(a)项所指仲裁可进行此项仲裁申请:

(i)各争端方和仲裁庭,如仲裁庭已成立,接到金融服务委员会的裁决之日起10日之后;或者

(ii)根据第(c)项,给金融服务委员会的60日延期期满10日之后。

2. 第11.28条(定义)所列以下术语的定义经适当修改后纳入本条:申诉方、争端各方、争端方、应诉方和秘书长。

第13.20条:定义

为本章之目的:

"一缔约方的跨境金融服务供应商"系指在一缔约方辖区内从事金融服务供应业务,并且通过金融服务跨境供应寻求提供或提供金融服务的该缔约方人士;

"跨境金融服务贸易或金融服务跨境供应"系指以下列方式提供金融服务:

(a)自一缔约方辖区内提供至另一缔约方辖区内;

(b)在一缔约方辖区内由该缔约方人士提供给另一缔约方人士;或者

(c)在另一缔约方辖区内的一缔约方国民提供,但是不包括由一缔约方辖区内的投资企业在该缔约方辖区内提供的金融服务;

"金融机构"系指根据所处缔约方辖区内的一缔约方法律,作为一家金融机构获得批准从事业务,并且予以管理或监管的任何金融中介或其他企业;

"另一缔约方的金融机构"系指位于一缔约方辖区内由另一缔约方人士控制的金融机构,包括分支机构;

"金融服务"系指具有金融性质的任何服务,包括所有保险及保险相关的服务、所有银行及其他金融服务(保险除外),以及具有金融性质服务的附带或辅助服务。金融服务包括以下活动:

保险及保险相关的服务

(a)直接保险(包括共同保险):

(i)人寿保险,

(ii)非人寿保险;

(b)再保险和转分保;

(c)保险中介,如经纪与代理;以及

(d)保险附属服务,如咨询、精算、风险评估和理赔服务。

银行及其他金融服务(保险除外)

(e)接受公众存款和其他可偿还债券;

(f)所有类型的贷款,包括消费信贷、抵押信贷、保理和商业交易融资;

(g)金融租赁;

(h)所有支付和货币转移服务,包括信用卡、赊账卡、借记卡、旅行支票和银行汇票;

(i)担保和承诺;

(j)用自己的账户或客户的账户,无论是在交易所,或在柜台交易市场,或其他地方从事以下交易:

(i)货币市场工具(包括支票、票据、存款单);

(ii)外汇;

(iii)衍生产品,包括但不仅限于期货和期权;

(iv)汇率和利率工具,包括利率互换、远期利率协议等产品;

(v)可转让证券;

(vi)其他可转让票据和金融资产,包括黄金。

(k)参与各类证券的发行,包括承销和募集代理(无论公开或私下)以及提供与证券发行相关的服务;

(l)货币经纪;

(m)资产管理,如现金或投资组合管理,各种形式的集体投资管理,养老基金的管理、监督、保存和信托服务;

(n)金融资产的结算和清算服务,金融资产包括证券、衍生产品和其他可转让票据;

(o)金融信息的提供和传送、金融数据处理和其他金融服务供应商的相关软件;和

(p)如第(e)项至第(o)项所列活动的咨询、中介和其他金融附属服务,包括资信调查与分析、投资与有价证券研究和咨询、对收购及公司重组与战略咨询等;

“一缔约方的金融服务供应商”系指在一缔约方辖区内从事金融服务供应业务的该缔约方人士;

“FSS”系指根据韩国的《成立金融监督管理机构法案》建立的金融监督院。①

“投资”系指第11.28条(定义)定义的投资,除此之外,与该条所指“贷款”和“债券”有关:

(a)金融机构发行的贷款或的债券仅在该金融机构所处辖区内的缔约方视其为受控资

① 更确切地说,韩国应确保金融监督院履行本协定下的韩国义务。

本时方构成投资；以及

(b)金融机构发放的贷款或持有的债券，第(a)项所指金融机构发放的贷款或债券除外，不构成投资；

更确切地说，跨境金融服务供应商发放的贷款或持有的债券，金融机构发放的贷款或债券除外，若符合第11.28条(定义)所列的投资标准，根据第十一章(投资)构成投资。

"一缔约方的投资者"系指试图、正在或已在另一缔约方辖区内作出投资的一缔约方、一缔约方的国有企业或一缔约方的人士，一个双重国籍的自然人，应只视其为他/她主要和有效国籍的国民。

"新型金融服务"系指一缔约方辖区内不提供但在另一缔约方辖区内提供的金融服务，包括提供金融服务的新形式或该缔约方辖区内不销售的金融产品的销售；

"一缔约方人士"系指第1.4条(定义)定义的"一缔约方人士"，更确切地说，不包括非缔约方企业的分支机构；

"公共实体"系指一缔约方的中央银行或货币主管部门，或一缔约方拥有或控制的金融机构；在第16章(与竞争有关的事务)，一缔约方的中央银行或货币主管部门，或者行使金融监管职能并由一缔约方拥有或控制的任何金融机构不应被视为指定的垄断者或国营企业；[①]以及

"自律监管组织"系指根据法规或代表中央、地区或地方政府或主管部门对金融服务供应商或金融机构行使监管或主管权力的非政府机构，包括证券交易所或证券市场、期货交易所或期货市场、清算机构、其他组织或协会；在第十六章(与竞争有关的事务)，自律监管组织不应被视为指定的垄断者。

---

① 韩国的"韩国存款保险公司"和美国的"联邦存款保险公司"根据第十六章(竞争相关事务)应被视为在公共实体的定义范围内。

附件 13 – A 跨境贸易

美国

保险及保险相关服务

1. 第 13.5.1 条适用于第 13.20 条金融服务跨境提供定义中第(a)项定义的与以下有关的金融服务的跨境提供或金融服务贸易:

(a)与以下事项有关的风险保险:

(i)海运、商业航空与航天发射和货运(包括卫星),对以下任何一项或全部货物的保险:运输途中的货物、运输该货物的车辆,以及由此产生的责任;以及

(ii)国际中转货物;再保险和转分保,第 13.20 条金融服务定义第(d)项所指的保险附属服务和第 13.20 条金融服务定义的第(c)项所指的保险中介,如经纪和代理。

2. 第 13.5.1 条适用于第 13.20 条中金融服务跨境提供的第(c)项所定义的金融服务的跨境提供或金融服务贸易。

银行和其他金融服务(保险除外)

3. 第 13.5.1 条仅适用于以下事务:

(a)第 13.20 条中金融服务定义第(q)项所指的金融信息的提供和转送、金融数据处理和相关的软件;以及

(b)第 13.20 条金融服务定义第(r)项所指的咨询和其他辅助服务,不包括中介与银行及其他金融服务有关的服务。

韩国

保险及保险相关服务

4. 第 13.5.1 条适用于第 13.20 条金融服务跨境提供的第(a)项所定义的金融服务跨境供应或金融服务贸易:

(a)与以下事务有关的风险保险:

(i)海运、商业航空和航天发射和货运(包括卫星),对以下任何一项或全部保险:运输中的货物、运输货物的车辆,以及由此产生的责任;以及

(ii)国际中转的货物;

(b)再保险和转分保:

(i)保险附属服务,如咨询[①]、风险评估[②]、精算和理赔服务;以及

(ii)第 13.20 条金融服务的定义第(c)项所指的保险中介,如经纪及代理,与本款第(a)

---

① 咨询系指对企业的战略制定、营销策略,或产品开发战略提供咨询意见等活动。

② 风险评估系指风险分析、风险防范,就难以防范或不同寻常的风险提出专家意见等活动。

项所列的服务相关风险保险。

5. 第 13.5.1 条适用于第 13.20 条金融服务跨境提供定义中所定义的与保险附属服务，如咨询、精算、风险评估和理赔服务有关的金融服务的跨境提供或金融服务贸易。

银行和其他金融服务(保险除外)

6. 第 13.5.1 条仅适用于与以下相关事务：

(a)金融信息的提供和传送；①

(b)第 13.20 条金融服务定义的第(q)项所指的金融信息的提供和传送、金融数据处理和相关软件，不迟于本协定生效之日起 2 年之内；以及

(c)第 13.20 条金融服务的定义中第(p)项所指的与银行及其他金融服务相关的咨询及其他附属服务，但不包括中介。该承诺适用于提供信用评级、资信参考与资信调查、一般的基金管理、间接投资工具评估以及和韩国发行的证券有关的债券评估，②范围仅限于韩国允许提供与该资产有关的服务。该承诺不适用于：

(i)在韩企业的信用评级；

(ii)有关在韩个人或公司的为了贷款和其他金融交易而进行的资信参考与资信调查 。一旦韩国允许提供此类服务的某些服务，随后韩国就不会禁止或限制提供此类服务。

---

① 更确切地说，第 6(a)款所指的“金融信息”不包括公开发行或给普通读者阅读的出版物所包含的一般财务或业务信息 。

② 截至 2007 年 3 月，在韩国辖区内发行的证券，除特殊情况外，只以韩元计价。韩国境外发行的债券由在金融监督管理委员会注册的韩国集体投资计划所有，该债券必须由在韩国辖区内的债券评估公司进行评估。

附件 13 – B　特 别 承 诺

A 节:投资组合管理

美国

1. 美国应允许在其境外建立的金融机构向设在其辖区内的集体投资计划提供以下服务:

(a)投资建议;以及

(b)投资组合管理服务,不包括以下服务:

(i)信托服务;以及

(ii)不涉及管理集体投资计划的托管服务①和执行服务。

2. 更确切地说,第 1 款受第 13.1 条和第 13.5.3 条约束。

3. 第 1 款所指的"集体投资计划"系指根据《1940 年投资公司法》在证券和交易委员会注册的投资公司。

韩国

4. 韩国应允许在其境外建立的金融机构向设在其辖区内的集体投资计划提供投资建议和投资组合管理服务,前提条件是以下服务范围除外:

(a)信托服务;

(b)托管服务;以及

(c)不涉及管理集体投资计划的执行服务。

这一款适用于提供以韩元计价资产有关的投资建议或投资组合管理服务,范围仅限于韩国允许提供与此类资产有关的这些服务。一旦韩国允许提供此类以韩元计价资产相关的服务,随后韩国不会禁止或限制提供此类服务。韩国将在本协定生效之日起 2 年内与美国就这些服务的自由化问题进行磋商。

5. 更确切地说,第 4 款受第 13.1 条和第 13.5.4 条约束。

6. 第 4 款所指"集体投资计划"系指:

(a)根据《间接投资资产管理业务法》报告给金融监督管理委员会的投资信托公司;以及

(b)根据《间接投资资产管理业务法》在金融监督管理委员会注册的投资公司。

---

① 第 1 款包括托管服务,仅与主要市场在美国辖区外的投资有关。

B 节:信息传递

各缔约方应允许另一缔约方的金融机构以电子或其他形式传递该机构日常业务中数据处理所需的信息进出其辖区。本协定生效之日起 2 年内韩国应兑现该承诺。

C 节:行使职能

1. 各缔约方承认允许一缔约方辖区内的金融机构在其辖区内外的总部或分支机构行使某些职能的益处。在可行范围内,各缔约方应允许此类办事处或分支机构行使这些职能。

这些职能一般包括,但不仅限于:

(a)贸易和交易处理职能,包括确认和报表制作;

(b)与技术相关的职能,如数据处理、[①]编程和系统开发;

(c)行政服务,包括采购、旅行安排、邮寄服务、物理安全、办公场所管理和秘书服务;

(d)人力资源活动,包括培训和教育;

(e)会计职能,包括银行对账、预算、薪酬、税务、账目核对,以及客户与公司决算;以及

(f)法律职能,包括提供咨询和诉讼策略。

2. 第 1 款无任何规定阻止一缔约方要求在其辖区内的金融机构保留某些职能。

3. 更确切地说,在一缔约方辖区内的金融机构保留遵守适用于其总部或分支机构所履行职能规定的最终责任。

D 节:透明度

注意到韩国金融监督院特别通过了《行政指导操作规则》,并采用不采取行动的信件机制,美国对韩国正在进行的提高透明度的举措表示欢迎。韩国应在可行范围内继续其现行做法,向金融机构或跨境金融服务供应商发出书面的行政指导。应受影响缔约方请求,韩国应将提供的口头行政指导形成书面指导并张贴在公共互联网网站上。对先前发出的行政指导审核期间,韩国应给予利益相关方对该指导发表意见的机会。

E 节:保险投诉途径和程序

各缔约方应保证其向公众公开有关保险供应商备案的投诉数据的制度会公平地考虑此类供应商的相对规模大小。各缔约方应保证以透明的方式提供总的投诉信息,如使用投诉指数比方式、严重程度方式,或其他合理的方式,包括对计算方法有详尽的定义和解释。公开披露有关保险供应商备案的投诉数量时也应披露主管部门认为有效投诉的数量。

---

① 根据附件 13 - BB 节,一缔约方有义务允许在其境外的信息传递,该缔约方也应允许对传递后的该信息进行数据处理。

F节:销售保险的部门合作社

1. 对部门合作社提供的保险服务进行监管的规则不应使该合作社对提供相同保险服务的私人供应商构成竞争优势。在可行范围内,一缔约方应对合作社提供的服务和私人保险公司提供的相同服务适用同样的规则。

2. 金融监督管理委员会应对部门合作社提供的服务进行监管。至少,韩国应规定在本协定生效之日起3年之内,全国农业合作社联盟、韩国水产合作社联盟、韩国社区信用合作社联盟和韩国国家信用联合会所提供与保险销售有关的偿付事务应接受金融监督管理委员的监管。

3. 附件13－C设立的保险工作组应满足实现第1款和第2款规定目标采取额外步骤的需要。

G节:监管合作

各缔约方支持其金融监管机构向另一缔约方的监管机构提供援助,以提高消费者保护水平和监管机构预防、侦查和起诉不公平和欺诈行为的能力。各缔约方确认,其金融监管机构具有为支持那些援助交换信息的法定权力。各缔约方鼓励金融监管机构继续不断努力通过双边磋商或谅解备忘录或特别承诺等双边或多边国际合作机制加强这种合作。

H节:政府采购

1. 尽管有第13.1.4条规定,各缔约方对于以下服务的收购或采购,应适用第13.2条和第13.3条,仅限于本章适用于一缔约方采取或维持的与第13.1.3条第1项和第2项所述活动或服务相关的措施:

(a)与中央政府债务的销售、赎回和分销有关的服务;

(b)与中央政府的财政和存款账户持有有关的服务;以及

(c)与以下资产的管理有关的服务:

(i)对于美国,由联邦退休储蓄投资委员会作为受信人持有的联邦政府雇员的资产;以及

(ii)对于韩国,韩国投资公司的资产。

2. 对于第1(c)(ii)项所述服务,韩国应适用第13.5.1条,仅限于韩国投资公司选择跨境收购或采购这些服务。

I节:保险的加急可用性

缔约双方认识到,维持和发展监管程序以加快特许供应商提供保险服务的重要性。

韩国

1. 对于韩国计划在本协定生效之日起 1 年之内以负面清单的方式①采取政策和制定程序对产品备案,美国表示欢迎。在引进新型保险产品前,韩国要求产品事先备案,但符合金融监督管理委员在《保险业监管条例》中所设标准的产品除外。② 本规定第 8 部分设定金融监督管理委员备案产品的审查期限。韩国要求对所有的银行保险产品备案。

美国

2. 认识到《美国宪法》的联邦制原则、美国国家对保险的监管历史和《麦克卡兰—费古森法》,对于美国保险监督官协会在“意向声明:保险监管的未来”所述的保险服务的有效性,包括该意向声明 B 节提出的加速上市意图和监管重组举措,美国表示欢迎。

---

① 在第 1 款中,采用负面清单的方式是指制定需要产品备案的具体程序或产品清单。更确切地说,不在清单上的程序或产品不要求事先产品备案。

② 第 1 款所指的标准包括但不限于:是采用已报告的风险率,还是仅仅对预定利率或成本作出微调;保险费率是否已发生变化;是否因为缺乏国内的统计数据采用了再保险公司的保险费率;保险是否采用了预定利率,是否采用未作改变或仅仅作出微调的已报告风险率;保险单或保险申请表是否正在修订,作出微调。

附件 13 – C　金融服务委员会

—负责金融服务的主管部门

1. 负责金融服务的主管部门:

(a)对于韩国,是财政与经济部;以及

(b)对于美国,负责银行和其他金融服务的是财政部,负责保险服务的是美国贸易代表办公室,协同商务部和其他机构。

金融服务委员会的议程拟定

2. 缔约各方预计在金融服务委员会讨论一系列相关问题,包括中央和地区政府采取或维持的,影响各缔约方的金融机构或金融服务供应商金融服务提供的措施。在该委员会的任何会议之前,第 1 款规定的主管部门将会给他们的同行提供一份金融服务问题清单,供委员会审议,包括一缔约方提出的金融机构或金融服务供应商的任何关切。

保险工作组

3. 缔约各方认识到,各自的保险监管机构之间讨论进一步合作、协调和相互理解在其辖区内提供保险服务问题的重要性。为此,缔约各方设立由各缔约方的金融服务监管架构相关官员组成的保险工作组。工作组应处理以下问题:透明度问题,为确保韩国邮政、销售保险的部门合作社和私人保险公司之间的公平竞争必须采取的行动问题,包括中央和地区政府管理、政策的制定、采用与政策变更的审查在内的金融监管问题,缔约各方不同的监管架构问题,以及共同关心的其他问题。除非缔约各方另有商定,该工作组应在本协定生效之日起每年召开一次会议,各缔约方应每隔 1 年选择一次举办会议的地点。根据第 13.16 条,工作组应将每次会议的结果告知联合委员会,除非缔约双方另有约定。

附件 13 – D　邮政服务向公众提供保险服务

1. 对韩国邮政向公众提供的保险服务进行管理不应使韩国邮政对在韩国辖区内提供同类保险服务的私人服务供应商形成竞争优势。

2. 为此,韩国应在可行范围内规定,金融监督管理委员会对韩国邮政向公众提供的保险服务行使监管权,并规定那些服务受到适用于在韩国辖区内提供相同保险服务的私人供应商相同规则的约束。

3. 与这些服务有关的信件往来阐明了与韩国邮政向公众提供的保险服务有关的承诺。

第十四章　电　　信

第 14.1 条：适用范围

1. 本章适用于影响电信服务贸易的措施，包括：

(a) 有关获得和使用公共电信服务的措施；

(b) 有关公共电信服务供应商义务的措施；

(c) 有关公共电信网络或服务的其他相关措施；以及

(d) 有关提供增值服务的措施。

2. 除了为保证运营广播电台和电缆系统的企业继续获得和使用公共电信服务，本章（第 14.20 条除外）不适用于有关电台和电视节目的广播传送和电缆分配的任何措施。

3. 本章中任何规定不得解释为：

(a) 要求一缔约方，或要求缔约方强制任何企业建立、建设、购买、租赁、运营或提供不对公共大众普遍提供的电信网络或服务；或者

(b) 要求一缔约方强制专门从事电台或电视节目的广播传送或电缆分配的任何企业将其广播或电缆设施作为公共电信网络。

A 节：公共电信网络和服务的获得和使用

第 14.2 条：接入和使用

1. 各缔约方应保证，另一缔约方的服务供应商可以按照合理和非歧视的条款或条件，包括第 2 款至第 6 款所列者，获得和使用其辖区内或跨境提供的任何公共电信网络或服务，包括租用的电路。

2. 各个缔约方应保证允许另一缔约方的服务提供商：

(a) 购买或租赁和连接与公共电信网络连接的终端或其他设备；

(b) 通过租用电路向单个或多个终端用户提供服务；①

(c) 使用拥有或租用的电路与公共电信网络或服务相连，或与其他企业租用或拥有的电路相连；

(d) 实施交换、信号、处理和转换功能；以及

(e) 在提供任何服务时使用自己选择的操作协议。

3. 各缔约方应保证，另一缔约方的服务提供商可以使用公共电信服务，以用于辖区内或

---

① 更确切地说，第（b）项不得解释为禁止缔约方要求服务供应商获得提供特定服务的许可证。

跨境的信息传送,包括公司内部通信,以及用于获取各缔约方辖区内数据库中或其他以机读形式储存的信息。

4. 虽有第3款的规定,缔约方应采取必要措施确保信息的安全性和机密性,前提条件是不能以随意或构成不正当歧视,或变相限制服务贸易的方式实施。

5. 各缔约方应确保对获得或使用公共电信网络或服务不附加任何条件,但是为以下目的所必须的条件除外:

(a)保障公共电信网络或服务供应商的公共服务职责,特别是可使公众普遍获得其网络或服务的能力;或者

(b)保护公共电信网络或服务的技术完整性。

6. 只要获得或使用公共电信网络或服务的条件满足第5款所列标准,此类条件可以包括:

(a)要求使用特定的技术接口,包括接口协议,以便与此类网络或服务互联;

(b)必要时要求此类网络和服务具有互操作性;以及

(c)终端或其他与网络连接设备的定型和与此类网络相连接的设备的技术要求。

B节:公共电信服务供应商

第14.3条:与公共电信服务供应商相关的义务[①]

互联

1. (a)各缔约方应确保其辖区内的公共电信服务供应商在同一辖区内以合理费率直接或间接地与另一缔约方的公共电信供应商提供互联。

(b)在履行第(a)项时,各缔约方应确保其辖区内的公共电信服务供应商采取合理措施确保因签订互联协议而获得的公共电信服务供应商或终端用户的或与公共电信服务供应商或终端用户有关的敏感商业信息的保密性,并确保此类信息仅用于提供这类服务。

携号转网

2. 各缔约方应保证其辖区内的公共电信服务供应商以技术上可行的方式和合理的条件和条款尽可能地提供携号转网业务。[②]

拨号均等性和接入电话号码

3. 各缔约方应保证:

(a)辖区内公共电信服务供应商在同类型的服务上向另一缔约方的公共电信服务供应商提供拨号均等性;以及

(b)另一缔约方的公共电信服务供应商在该缔约方辖区内接入电话号码时应享受无差别对待。

---

① 第14.3条受附件14-A约束。

② 第2款不适用于互联网协议语音服务供应商。

C 节:与主要供应商相关的附加义务[①]

第 14.4 条:主要供应商的待遇

各缔约方应确保其辖区内的主要供应商给予另一缔约方的公共电信服务供应商和该主要供应商给予自己、其下属公司、联营公司和非联营服务供应商与以下方面有关的同等待遇:

(a)同类公共电信服务的获取、开通、费率以及质量;和

(b)互联必需的技术接口的获取。

第 14.5 条:竞争性保障措施

1. 各缔约方应维持适当措施,以防止公共电信服务供应商,单独或伙同其他供应商,成为其辖区内从事或继续进行反竞争实践的主要供应商。

2. 第 1 款中提到的反竞争实践,主要包括:

(a)从事反竞争的交叉补贴;

(b)使用从竞争对手处获得的信息带来反竞争的结果;以及

(c)不及时向公共电信服务的供应商提供关于重要设备的技术信息,以及与提供服务相关的商业信息。

第 14.6 条:零售

各缔约方应保证辖区内的主要供应商不对公共电信服务的零售业务强加任何不合理或歧视性条件或限制。

第 14.7 条:网络单元的分类计价

各缔约方应授权电信监管部门要求辖区内主要供应商根据公共电信服务的提供分类计价,按成本咨费和合理的、非歧视性和透明的条款和条件提供网络接入。

第 14.8 条:互联

一般条款和条件

1. 各缔约方应保证辖区内的主要供应商为另一缔约方的公共电信服务供应商的机器设备在以下情况下提供互联:

(a)在技术可行的任何节点连接主要供应商的网络;

(b)不得附加歧视性条款、条件(包括技术标准和规格)和费率;

(c)提供不差于主要供应商为单位内部提供的同类服务,为非联营服务供应商提供的同类服务,或为其下属单位和其他联营企业所提供服务的质量;

(d)要及时,并根据透明、合理、经济上可行和供应商不必为他们不需要的网络组件或设备付费的分类计价的条款及条件(包括技术标准和规格),和以成本为基准定费率;以及

(e)根据要求,在支付反映建设额外设施所需成本的情况下,在提供给绝大部分用户的

---

① C 节受附件 14 – B 约束。

网络终端之外的节点接入。

选择与主要供应商互联

2. 各缔约方应确保辖区内的主要供应商为另一缔约方的公共电信服务供应商提供机会，使他们的机器和设备能够通过以下方式和主要供应商的机器和设备互连：

(a)谈判新互连协议；和

(b)以下选项之一：

(i)提供包括主要供应商通常会提供给公共电信服务供应商的费率、条款和条件的参考性互连要约；以及

(ii)已经生效的互连协议中的条款和条件。

互联要约和协议的公共可用性

3. 若一缔约方辖区内的主要供应商提供参考性互连要约，该缔约方应要求此互连要约可以公开获得。

4. 各缔约方应公布与其辖区内的主要供应商互连谈判适用的程序。

5. 各缔约方应要求其辖区内的主要供应商把其签署的互联协议提交在电信监管部门备案。①

6. 各缔约方应公开其辖区内的主要供应商和其辖区内的其他公共电信服务供应商之间生效的互连协议。

第 14.9 条：租用线路服务的提供和定价②

1. 各缔约方应确保辖区内的主要供应商根据合理和非歧视性的条款、条件及费率，为另一缔约方的服务供应商提供作为公共电信服务的租用电路服务。

2. 在执行第 1 款规定时，各缔约方应授权其电信监管机构要求其辖区内的主要供应商，基于容量和按成本定价，为另一缔约方的电信服务供应商提供作为公共电信服务的租用电路服务。

第 14.10 条：共置

1. 根据第 2 款和第 3 款，各缔约方应确保其辖区内的主要供应商根据合理、非歧视和透明的条款和条件，并按成本咨费，提供其辖区内另一缔约方的公共电信服务供应商互联或接入分类计费的网络单元必需的设备的实体共置。

2. 若因为技术原因或空间限制，实体共置不能实现，各缔约方应保证其辖区内的主要供应商根据合理、非歧视和透明的条款及条件，按成本咨费，提供替代方案。③

3. 一缔约方可以限制第 1 款和第 2 款管辖的范围，但前提条件是，该缔约方在其法律或法规中明确规定了此类限制。

第 14.11 条：杆、管、导管和通行权的获得

各缔约方应确保其辖区内的主要供应商根据合理、非歧视和透明的条款、条件和费率向

---

① 美国可以要求在州监管机构备案实施第 5 款。

② 第 14.9 条不得解释为要求一缔约方确保其主要供应商提供作为非捆绑网元的租用电路。

③ 美国可以通过确保其供应商提供虚拟共置履行第 14.10.2 条规定的其辖区内的主要供应商提供替代方案的义务。

其辖区内另一缔约方的公共电信服务供应商提供其拥有或控制的杆、管、导管和通行权。

D 节:其他措施

第 14.12 条:海底电缆系统

1. 若在一缔约方辖区内的电信服务供应商经营海底电缆系统提供公共电信服务,该缔约方应确保该供应商给予另一缔约方公共电信服务供应商合理和非歧视的待遇接入该海底电缆系统,包括登陆设施。①

2. 若在一缔约方辖区内的国际公共电信服务的主要供应商控制没有经济上或技术上可行替代品的电缆登陆设施和服务,该缔约方应保证该主要供应商:②

(a)允许另一缔约方的公共电信服务供应商:

(i)使用该主要供应商在海底电缆登陆站的交叉连接链路接通他们的设备到回程链路和任何电信供应商的海底电缆容量;以及

(ii)根据合理、透明和非歧视的条款、条件和基于成本的费率,共置在海底电缆登陆站接入任何电信供应商的海底电缆容量和回程链路的传输和路由设备;以及

(b)根据合理、透明和非歧视的条款、条件和费率,向另一缔约方的电信供应商提供海底电缆登陆站里的国际租用电路、回程链路和交叉连接链路。③

第 14.13 条:提供增值服务的条件

1. 缔约双方均不可要求其辖区内被归类为增值服务供应商,并通过该企业并不拥有的设施来提供此类服务的企业:

(a)向公众提供那些服务;

(b)为那些服务制定基于成本的费率;

(c)提交那些服务的价目表;

(d)将其网络与任何特定的客户互连来提供此类服务;或

(e)符合电信监管机构连接公共电信网络之外的任何其他网络的特定标准或技术规格。

2. 虽有第 1 款的规定,如一缔约方发现根据本国法律法规,增值服务供应商的做法是反竞争的,该缔约方可采取本条第 1 款所述的行动来补救增值服务供应商的做法,或以其他方式促进竞争或维护消费者利益。

第 14.14 条:独立监管机构

各缔约方应确保其电信监管机构是独立于,或不对公共电信服务的任何供应商负责。为确保电信监管机构的独立性和公正性,各缔约方应确保其电信监管机构在此类供应商不

---

① 对不拥有海底电缆登陆系统所在地的缔约方辖区内的设施的另一缔约方的供应商,该方可通过确保另一缔约方的供应商从该缔约方辖区内获得批准的公共电信服务供应商处租赁的设施接入海底电缆系统的方式履行第 1 款规定的义务。

② 第 2 款受附件 14 - B 约束。

③ 虽有第 2 款的规定,站内容量不足时,一缔约方可以允许其辖区内的主要供应商限制接入或使用其海底电缆登陆站。

拥有股权,[①]也不维持任何经营或管理角色。各缔约方应确保其监管决策和程序,包括与许可、与公共电信网络和服务互联、定价,以及非政府公共电信服务频谱的分派或分配有关的决策和程序,对于所有市场参与者都是不偏不倚的。

第 14.15 条:常规服务

各缔约方应以透明、非歧视和竞争性中立的方式履行其维持的常规服务义务,并应确保其常规服务义务不超过已界定的常规服务义务。

第 14.16 条:许可程序

1. 如果一缔约方要求公共电信服务供应商必须有许可证,该缔约方应公开提供:

(a)所有适用的许可标准和申请程序;

(b)决定许可证申请通常所需的期限;以及

(c)所有生效的许可证条款和条件。

2. 经要求,各缔约方应确保申请人收到不授予许可证的理由。

第 14.17 条:稀缺资源的分配和使用

1. 各缔约方应以客观、及时、透明、非歧视的方式管理其分配和使用稀缺电信资源的程序,包括频率、数字和通行权。

2. 各缔约方应公布分配频段的当前状态,但保留不公布分配给特定政府用途频率详细情况的权利。

3. 一缔约方采取的分配频谱和管理频率的措施不是不符合第 12.4 条(市场准入)适用于跨境服务贸易的措施,或通过第 12.1.3 条(适用范围)另一缔约方的投资商或所涵盖投资。因此,倘若这种做法与本协议相一致,各缔约方可以保留权利以制定和应用可能会限制公共电信服务供应商数量的频谱和频率管理措施。这包括分配频率的能力,同时考虑到当前和未来的需求和频谱可用性。

4. 认识到一缔约方可以通过各种手段鼓励这种行为,包括通过行政激励定价、拍卖,或未经授权的使用,各缔约方应通过鼓励经济有效地利用频谱和电信服务供应商之间的竞争,努力为非政府电信服务分配和指配频谱。

第 14.18 条:执行

各缔约方应授权其主管机关执行与第 14.2 条至第 14.12 条规定的义务有关的措施。这种权力应包括强制执行有效的制裁,其中,可能包括罚款、禁令救济(中期或后期)、纠正令,或修改、暂停或撤销许可证的能力。

第 14.19 条:电信争端的解决[②]

继第 21.3 条(行政诉讼)和第 21.4 条(审查及上诉),各缔约方应确保:

求助对象

(a)(i)企业可求助电信监管机构或缔约方的其他相关机构解决与第 14.2 条至第 14.12

---

① 更确切地说,第 14.14 条不得解释为禁止电信监管机构以外的一缔约方的政府实体在公共电信服务供应商中拥有股权。

② 对韩国而言,为第 14.19 条之目的,企业系指自然人或根据韩国法律组建的法人。

条所列事务有关的缔约方措施相关的争端；以及

(ii)已经寻求与该缔约方辖区的主要供应商互联的另一缔约方的公共电信服务供应商可以在该供应商请求互联后的合理的和公开规定的时期内寻求复审，通过其电信监管机构[1]解决同该主要供应商互联的条款、条件和费率有关的争议。

复审

(b)任何企业，若其合法利益因缔约方电信监管机构的裁定或决定受到不利影响，可提请该机构复审该裁定或决定。任何一方不得以此类申请为理由，不遵守电信监管机构的裁定或决定，除非有关主管部门延缓执行该裁定或决定[2]；以及

司法审查

(c)任何企业，若其合法利益因为该缔约方的电信监管机构的裁定或决定受到不利影响，可以由该缔约方司法主管部门公正和独立地审查该裁定或决定。任何一方不得允许以进行司法复核申请为理由，不遵守该电信监管机构的裁定或决定，除非有关司法主管部门延缓执行该裁定或决定。

第 14.20 条：透明度

在第 21.1 条(发布)的基础上，各缔约方应确保：

(a)电信监管机构的规则制定，包括规则制定的基础，及在电信监管机构备案的收费表及时发布或以其他方式公布；

(b)利害攸关者适当提前获得电信监管机构拟发布的规则制定的公开通知，并给予他们发表评论的合理机会；

(c)在可行的范围，公布在电信监管机构备案的有关规则制定的所有意见；

(d)其电信监管机构在规则制定过程中对所有提交给电信监管机构的意见提出的重要和相关意见都应予以回应；

(e)与公共电信服务相关的措施公之于众，包括：

(i)与以下事项相关的措施：

(A)服务价目表以及其他条款和条件；

(B)技术接口的规格；

(C)公共电信网络连入终端或其他设备的条件；和

(D)如有，则包括通报、准许、注册或许可要求；以及

(ii)与司法及其他裁决程序有关的程序。

第 14.21 条：与技术和标准有关的措施[3]

1. 各缔约方认识到，与技术和标准有关的措施可能有利于合法的公共政策目标，且赋予公共电信服务和增值服务供应商选择使用用于提供服务的技术的灵活性有利于信息通信技术的创新和发展。

---

① 美国可以通过交由州监管主管部门审查执行第(a)(ii)项。

② 对韩国而言，第(b)项并不适用于电信监管机构关于服务供应商之间或服务供应商和用户之间争端的裁定或决定。

③ 除第 1 款和第 5(b)款，第 14.21 条不适用于本协议生效之日之前所采取的措施。

2. 缔约方可适用限制公共电信或增值服务供应商用来提供其服务的技术或标准的措施，只要该措施的目的是实现一个合法的公共政策目标，并且制定、采纳或适用的方式不会造成不必要的贸易障碍。除了第3款所指的技术要求，认识到为国内电信或增值服务或设备的供应商提供保护不是一个合法的公共政策目标，各缔约方保留定义其合法公共政策目标的权利。

3. 缔约方可适用限制公共电信或增值服务供应商可能在特定的频谱频段内用于提供其服务的技术[①]或标准的技术要求，只要该要求是为确保有效或高效地利用频谱（包括防止有害干扰），保障消费者持续获取国内或国际网络或服务，[②]促进执法，或保护人类健康或安全。

4. 各缔约方应尽可能努力把与电信或增值服务提供有关的技术要求建立在性能的基础之上，而非设计或描述特性的基础之上。

5. 如果一缔约方采取了强制使用特定的技术或标准的措施，或以其他方式限制供应商选择所使用技术，来提供电信或增值服务，该缔约方应：

(a) 基于以下规则制定的基础：

(i) 该缔约方确定市场力量未能实现或不能合理预期实现其合法的公共政策目标；以及

(ii) 提供电信或增值服务或设备供应商机会，以展示替代技术或标准可以实现该缔约方合法的公共政策目标；以及

(b) 采取这项措施后，为电信或增值服务或设备供应商提供机会，要求该缔约方制定规则也允许采用能有效和合理实现该缔约方合法的公共政策目标的替代技术或标准。该缔约方应以书面形式回应此类请求，说明接受或拒绝该请求的理由，包括修改或不采取该措施可能如何影响消费者，并尽可能公开该请求和回应。

第 14.22 条：暂缓执行

1. 各缔约方认识到，依靠竞争性市场力量提供多种可供选择的电信服务供应的重要性。为此，各缔约方应在其法律规定的范围内尽量暂缓适用法规于该缔约方归类为公共电信服务的服务，若该电信监管机构裁定：

(a) 该法规的执行并不是防止不合理或歧视性行为所必需的；

(b) 该法规的执行并不是保护消费者所必需的；以及

(c) 暂缓执行与公众利益相一致，包括促进和提高公共电信服务供应商之间的竞争。

2. 更确切地说，各缔约方应根据第 14.19(c) 条规定，将其监管机构暂缓执行的决定提交司法审查。

第 14.23 条：与其他各章的关系

本章与另一章如有任何不一致，不一致之处应以本章为准。

第 14.24 条：定义

为本章之目的：

---

① 各缔约方认识到，基于国际标准制定与公共电信服务或增值服务提供相关的技术要求是恰当的。

② 更确切地说，"保障消费者继续获得国内或国际网络或服务"包括帮助消费者提高访问全球性移动网络的能力。

"回程链路"系指从海底电缆登陆站至任何公共电信网络另一接点的端对端传输链路;

"商用移动服务"系指通过移动无线装置提供的公共电讯服务;

"以成本为导向"系指基于成本并包括合理的利润,不同的设施或服务可能涉及不同的成本方法;

"交叉连接链路"系指海底电缆登陆站里用于连接海底电缆容量和共置于该海底电缆登陆站的公共电讯服务供应商的传输、交换或常规设备的链路。即在该海缆登陆站的链路。

"拨号均等性"系指一终端用户使用一均等的数码接入特定公共电信服务的能力,无论该终端用户选择哪一个公共电信服务供应商;

"终端用户"系指公共电讯服务的最终消费者或最终用户,包括服务供应商,但不包括公共电信服务供应商;

"企业"系指第1.4条(定义)定义的企业,包括企业的分支机构;

"基础设施"系指公共电信网络或服务的设施:

(a)仅仅或主要由一个或几个供应商提供;和

(b)为了提供一项服务在经济上或技术上不能替代的;

"互联"系指为了使某供应商的用户和另一供应商的用户进行交流,和接入另一供应商提供的服务与提供公共电信服务的供应商连接;

"租用电路"系指预留给用户专用的两个或多个特定节点之间的电信设施;

"主要供应商"系指由于以下原因具有实质性影响相关公共电信服务市场的参与条款(关于价格和供应)能力的公共电信服务供应商:

(a)控制基础设施;或者

(b)利用其市场地位。

"网元"系指在提供公共电信服务中所使用的设施或设备,包括该设施或设备所具备的特性、功能以及性能。

"非歧视性"系指在同类情况下,和同类公共电信网络或服务的其他用户同等的待遇。

"携号转网"系指公共电信服务的终端用户,在同一类型的公共电信服务供应商之间转换时,同一地点,保留同一电话号码而不降低服务质量、可靠性和便利性的能力。

"公共电信网络"系指用于提供公共电信服务的电信基础设施。

"公共电讯服务"系指一缔约方明文规定或实质上要求提供给普通大众的任何电讯服务。这些服务可能主要包括在两点或多点之间,在客户信息在形式或内容上不变的情况下电话和数据的传输,不包括增值服务。

"物理共置"系指在供应商为提供公共电信服务而拥有或控制或使用的场所,为安装、维护或维修设备而物理接入空间。

"参考性互连报价"系指由主要供应商提出,经电信监管机构[①]备案或批准,详述了条款、费率,以及互联条件,愿意接受的公共电信服务供应商可以在此基础上与主要供应商互联的互联报价。

"另一缔约方的服务供应商"系指对于缔约方而言,在该缔约方辖区内所涵盖投资的人

① 对美国而言,这个机构可以是州监管机构。

或另一缔约方的人，以及在或到该缔约方辖区内寻求提供或提供服务的人，包括公共电信服务供应商。

“电信”系指以任何电磁方式传送和接受信号。

“电信监管机构”系指负责电信监管的中央政府机构。

“用户”系指服务消费者或服务提供者。

“增值服务”系指通过增强功能性给电信服务增值的服务，特别：

(a)对于美国，系指在《美国法律典》第47 § 153(20)条规定的服务；以及

(b)对于韩国，系指《电信商业法》第4.4条规定的服务。

附件 14 – A　公共电信服务供应商

韩国

1. 第 14.3.3 条关于国际公共电信服务供应商的内容不适用于韩国。

美国

2. 美国的州监管当局可以免除经修订的《1934 年通信法》第 251(f)(b) 节定义的农村当地电话局第 14.3 条第 2 款和第 3 款规定的义务。

3. 第 14.3.3(a)条关于商用移动服务供应商的内容不适用于美国。

附件 14 – B　主要供应商的附加义务

韩国

1. 第 14.7 条,第 14.8 条第 1(a)款、第 1(e)款和第 2(a)款,第 14.10 条和第 14.11 条不适用于韩国公共电信服务不是基于设施的供应商。

2. 关于第 14.8.1 条第(b)项到第(d)项,韩国可允许主要供应商为非基于设施的公共电信服务供应商以优惠程度不如给予基于设施的公共电信服务供应商的标准提供费率、条款和条件。更确切地说,韩国应确保非基于设施的公共电信服务供应商对于电信监管机构拥有第 14.19 条规定的关于费率、条款和条件等争端的暂缓执行。

3. 关于非基于设施的公共电信服务供应商,第 14.8.2(b)条仅在以下两个方面适用于韩国:(i)主要供应商和非基于设施的公共电信服务供应商之间生效的互连协议或(ii)主要供应商通常会提供给非基于设施的公共电信服务供应商的参考性互连报价。

4. 第 14.12.2 条仅适用于韩国已经根据《电信业务法》第 4 条授权为非基于设施的公共电信服务供应商的公共电信服务供应商。

5. 根据《电信业务法》第 4.3 条,"非基于设施的供应商"系指不拥有有线或无线线路或其他传输设备,但可以拥有交换机、路由器或多路转换,并通过有执照的基于设施的供应商的传输设施,提供公共电信服务的获得批准的公共电信服务供应商。

6. 第 14.4 条、第 14.6 条、第 14.7 条和第 14.9 条至第 14.11 条不适用于韩国的商用移动服务供应商。

美国

7. 经修订的《1934 年通信法》第 3(37)节规定,第 14.4 条至第 14.11 条不适用于美国的农村电话公司,除非州监管机构下令那些条款所述的规定适用于该公司。此外,经修订的《1934 年通信法》第 251(分)(b)节规定,州监管机构可以免除农村当地电话局第 14.4 条至第 14.11 条规定的义务。

8. 第 14.4 条和第 14.6 至第 14.11 条并不适用于美国的商业移动服务供应商。

第十五章　电子商务

第15.1条：总则

各缔约方认识到，电子商务提供的经济增长和机遇、避免对电子商务的使用和发展设置障碍的重要性，以及《世界贸易组织总协定》对影响电子商务的相关措施的适用性。

第15.2条：服务的电子提供

各缔约方确认，影响以电子方式传递或提供服务的措施应遵守第十一章到第十三章（投资、跨境服务贸易和金融服务）相关条款的义务，这些义务取决于受适用于上述义务的本协定所列例外措施和不符措施。

第15.3条：数字产品

1. 任何一缔约方都不得对以下产品的进口或出口征收关税、服务费用和其他费用：①

（a）如为原创货物，附属于传输媒介的数字产品；或者

（b）以电子方式传输的数字产品。②

2. 任何缔约方都不得基于以下原因给予某些数字产品③低于其给予其他同类产品的待遇：

（a）在以下基础上：

（i）获得低于同类产品待遇的数字产品是在另一缔约方辖区内制作、生产、发布、储存、传输、承包、委托或首次以商业条款形式可以获得的；或者

（ii）此类数字产品的创作者、表演者、生产者、研发者、销售者或所有者属另一缔约方；或者

（b）对在其辖区内制作、生产、发布、储存、传输、承包、委托或首次以商业条款的形式可以获得的数字产品提供保护。

3. 任何一缔约方都不得对数字产品给予更少优惠待遇：

（a）给予在另一缔约方辖区内制作、生产、发布、储存、传输、承包、委托或首次以商业条款形式可以获得的数字产品的待遇不能低于在非缔约方辖区内制作、生产、发布、储存、传输、承包、委托或首次以商业条款形式可以获得的数字产品的待遇；或者

---

① 更确切地说，第1款不排除一缔约方对数字产品征收国内税或其他国内费用，前提是这些税费的征收方式符合本协定。

② 按照第2.14.4条（货物贸易委员会），货物贸易委员会须协商并尽全力解决缔约双方间因适用第1款规定可能产生的分类分歧。

③ 认识到缔约双方促进双边贸易的目标，第2款中的"某些数字产品"仅指在另一缔约方辖区内制作、生产、发布、承包或委托的数字产品，或创作者、表演者、生产者、研发者或所有者属另一缔约方的数字产品。

(b)其创作者、表演者、生产者、研发者、销售者或所有者属另一缔约方的数字产品不能低于其创作者、表演者、生产者、研发者、销售者或所有者是非缔约国的数字产品的待遇。

4. 第2款和第3款不适用于按照第11.12条(不符措施)、第12.6条(不符措施)或第13.9条(不符措施)所采取和维持的措施。

5. 第2款不适用于:

(a)一缔约方为一项服务或服务供应商提供的补贴或资助,包括政府支持的贷款、担保和保险;或者

(b)行使政府职能所提供的服务,如第12.1.6条(适用范围)定义的。

6. 本条款不适用于影响一系列文本、视频、图片、录音和其他由内容供应商固定时间播送,内容消费者对播送时间安排无从选择的音频和/或视频接收产品电子传输的措施。

第15.4条:电子身份确认和电子签名

1. 任何缔约方都不得采取或维持产生下述情况的电子身份确认立法:

(a)禁止电子交易各方相互决定对该交易合适的身份确认方法;

(b)禁止各方向司法或行政主管部门证明其电子交易遵从了关于身份确认的法律规定;或者

(c)仅以签名为电子形式为由否定签名的法律有效性。

2. 尽管有第1款规定,一缔约方可以规定,针对某一特定种类的交易,身份确认方法必须满足特定的性能标准或由根据该缔约方的法律得到认证的主管部门的担保,如果该规定:

(a)用于实现法定的政府目标;以及

(b)与实现上述目标密切相关。

第15.5条:网络消费者保护

1. 各缔约方认识到,维持和采取透明有效措施保护消费者在进行电子商务时不遭受虚假和欺骗性商业行为的重要性。

2. 各缔约方认识到,各自国家的消费者保护组织之间为增加消费者福利在与跨境电子商务有关的活动中进行合作的重要性。

3. 缔约方各自国家的消费者保护执行机构应努力与另一缔约方的相应机构在共同关心的案例和在电子商务中抵制虚假和欺骗行为的执法行动中合作。

第15.6条:无纸贸易

1. 各缔约方应努力使公众获得电子形式的贸易管理文件。

2. 各缔约方应努力将以电子形式提交的贸易管理文件视为与纸质文件具有相同的法律效力。

第15.7条:电子商务用途的接入和使用互联网原则

为促进电子商务的发展和增长,各缔约方认识到本辖区内消费者应该能够:

(a)自主选择获得和使用各种服务和数字产品,该缔约方法律禁止的除外;

(b)自主经营应用和服务,符合执法需求;

(c)将自主选择的设备连接到互联网,前提是这些设备不危害网络并且不属于该缔约方法律禁止的范围;并且

(d)有利于网络提供商、应用和服务提供商以及内容提供商之间的竞争。

第15.8条:跨境信息流动

认识到信息自由流动对促进贸易的重要性,及承认保护个人信息的重要性,缔约双方应努力避免给跨境电子信息流动设置或维持不必要的障碍。

第15.9条:定义

为本章之目的:

"传输媒介"系指主要用于以现在已知或未来开发的方式存储数字产品、并可以直接或间接从其读取、复制或传播数字产品的实物,包括但不仅限于光学媒介,软(磁)盘或磁带;

"数字产品"系指经数字编码并为了商业销售而生产的计算机程序、文本、视频、图片、录音和其他产品,无论是安装在传输媒介上的还是电子传输的;[①]

"电子身份确认"系指证明在电子传播或交易中一方身份,或确保电子传播完整性的过程或行为;

"电子签名"系指存在于、附属于或逻辑上与电子文件有关并可用来识别与电子文件有关的签名和用户对电子文件所含信息表示同意的电子形式的数据;

"电子传输或以电子方式传输"系指使用任何电磁或光子方式传输数字产品;

"贸易管理文件"系指一缔约方颁发或控制,须由与货物的进口或出口有关的进口商或出口商填写或为其所用的表格。

---

① 数字产品的定义不应理解为反映一缔约方对通过电子传输方式进行数字产品贸易是否应归类为服务贸易或货物贸易的观点。

2007 年 6 月 30 日
大韩民国
首尔
美韩自由贸易协定首席谈判代表
金勇宏先生

尊敬的金大使：

在今天签署的有关两国政府间《自由贸易协定》第十五章（电子商务）的谈判过程中，大韩民国代表团和美利坚合众国代表团就电子商务和通过开放的互联网进行电子商务相关活动的重要性有关的一系列问题进行了讨论。

双方代表团认识到，第 15.7 条（接入和使用互联网进行电子商务的原则）包含的接入和使用互联网的原则支持缔约双方为开展电子商务相关活动维持一个开放和竞争性环境的共同目标。双方代表团还认识到网络供应商、应用和服务提供商、内容提供商和网络使用者之间的依法签署的契约性安排可与这些原则相一致，前提是缔约方的相关主管部门裁定该安排没有排外性。

双方代表团进一步认识到，美国与韩国之间就网络供应商、应用和服务提供商、内容提供商和网络使用者合理和适当的成本分摊进行的争论，以及这一争论的结果会影响双方接入和使用互联网以及网络投资的积极性。缔约双方认识到，按照 2005 年经济合作和发展组织（Organization for Economic Co-operation and Development，OECD）的报告，相互竞争的供应商之间的商业协议已经有效解决了国际成本分摊这方面的问题。

最后，韩国代表团指出，在韩国被称为“因特网连接供应商”的服务供应商即第 15.7（d）条中的“网络供应商”。

如贵方能够确认，贵国政府与我方就有关电子商务和接入、使用互联网的原则进行的讨论达成共识，我将不胜感激。

温迪·卡特勒
谨上
美韩自由贸易协定首席谈判代表[1]

---

① 经合组织，互联网通信交换：市场发展和增长措施，DSTI/ICCP/TISP（2005）11/最终文本。

2007年6月30日
华盛顿特区
美国贸易代表办公室
美韩自由贸易协定首席谈判代表
温迪·卡特勒

尊敬的卡特勒女士：

本函确认收到贵方今天的来函，内容如下：

在今天签署的有关两国政府间《自由贸易协定》第十五章（电子商务）的谈判过程中，大韩民国代表团和美利坚合众国代表团就电子商务和通过开放的互联网进行电子商务相关活动的重要性有关的一系列问题进行了讨论。

在有关两国政府今天签署的自由贸易协定第十五章（电子商务）谈判过程中，韩国代表团和美国代表团就电子商务和通过互联网进行电子商务相关活动的重要性进行了一系列问题的讨论。

双方代表团认识到，第15.7条（接入和使用互联网进行电子商务的原则）包含的接入和使用互联网的原则支持缔约双方为开展电子商务相关活动维持一个开放和竞争性环境的共同目标。双方代表团还认识到网络供应商、应用和服务提供商、内容提供商和网络使用者之间的依法签署的契约性安排可与这些原则相一致，前提是缔约方的相关主管部门裁定该安排没有排外性。

双方代表团进一步认识到，美国与韩国之间就网络供应商、应用和服务提供商、内容提供商和网络使用者合理和适当的成本分摊进行的争论，以及这一争论的结果会影响双方接入和使用互联网以及网络投资的积极性。缔约双方认识到，按照2005年OECD的报告，相互竞争的供应商之间的商业协议已经有效解决了国际成本分摊这方面的问题。

最后，韩国代表团指出，在韩国被称为“因特网连接供应商”的服务供应商即第15.7（d）条中的“网络供应商”。如贵方能够确认，贵国政府与我方就有关电子商务、接入和使用互联网的原则进行的讨论达成共识，我将不胜感激。

我确认，我国政府同意有关电子商务和接入、使用互联网的原则进行的讨论达成上述共识。

谨上
金勇宏
美韩自由贸易协定首席谈判代表[①]

---

① 经合组织，互联网通信交换：市场发展和增长措施，DSTI/ICCP/TISP（2005）11/最终文本。

第十六章　与竞争相关事宜

第 16.1 条：竞争法和反竞争商业行为

1. 各缔约方应维持或采取竞争法，通过禁止反竞争的商业行为来促进和保护本市场的竞争过程。各缔约方应以提高经济效率和消费者福利为目标对反竞争商业行为采取适当措施。

2. 各缔约方应维持一个或数个主管部门负责国家竞争法的实施。各缔约方负责实施此法律的主管部门的实施政策是给予非该缔约方人员的待遇不低于在同等情况下给予此缔约方人员的待遇，各缔约方的主管部门准备维持此政策。

3. 各缔约方应确保，在为了裁决行为是否违反了其竞争法或针对该违法行为应采取何种行政制裁或补救措施而举行的行政听证中，被诉方有机会在其辩护中出示证据和在听证会中有发言权。特别是各缔约方应确保，被告人有合理机会盘问任何目击者或其他在听证会中的作证者，并有权回顾、反驳证据和收集到的作为裁决基础的其他信息。

4. 各缔约方应为因违反其竞争法而受到制裁或补救措施的人员在该缔约方的法庭上寻求对该制裁或补救措施进行复审提供机会。

5. 各缔约方应赋予其负责实施国家竞争法的主管部门通过与实施行为的对象达成协议来解决行政或民事执法诉讼的权力。一缔约方可将此协议提交司法认定。

6. 各缔约方应发布用以裁决行为是否违反竞争法或针对该违法应采取何种行政制裁或补救措施而举行的行政听证的程序规则。此规则应包括平等适用于诉讼各方的在此类诉讼中举证的程序。

7. 各缔约方认识到，为有效促进竞争法的实施在各自的主管部门之间合作与协调的重要性。因此，各缔约方应在涉及实施政策和实施各自的竞争法方面合作，包括通过互相援助、通告、咨询和信息交换。

第 16.2 条：指定的垄断企业

1. 各缔约方应确保，任何本协定生效之日后指定的私人拥有的垄断企业和其指定或已指定的政府的垄断企业：

（a）以与该缔约方在此协定项下义务相一致的方式行动，不管此垄断企业行使何种该缔约方已经授予的与垄断货物或服务有关的管理、行政或其他政府权力，例如，授予进口或出口许可证，批准商业交易或下达配额和征收费用或其他收费的权力。

（b）在相关市场[①]采购或销售垄断货物或服务时仅依照商业考虑行动，包括购销的价

---

① 更确切地说，第 16.2 条"在相关市场采购或销售垄断货物或服务"系指指定垄断供应商销售指定垄断货物或服务和指定垄断购买商采购指定垄断货物或服务。

格、质量、有效性、适销性、运输和其他条款和条件，除了遵守与第(c)款和第(d)款相符的任何指定条款。①②

(c)在相关市场采购或销售垄断货物或服务时对所涵盖的投资、另一缔约方的货物和另一缔约方的服务供应商提供非歧视待遇；以及

(d)利用其垄断地位，直接或间接地，包括通过与其母公司、子公司或有共同所有权的其他企业在其辖区内的非垄断市场参与不利于所涵盖投资的反竞争活动。

2. 本章任何内容均不得解释为阻止一缔约方指定垄断企业或维持指定垄断。

3. 本条不适用于政府采购。

第16.3条：国有企业

1. 各缔约方应确保其建立或维持的任何国有企业：

(a)以与该缔约方在本协定项下义务相符的方式行动，不管此垄断企业行使何种该缔约方已经授予的管理、行政或其他政府权力，例如，没收，授予许可证，批准商业交易或下达配额和征收费用或其他收费的权力；和

(b)在货物或服务的销售方面给予所涵盖投资非歧视性待遇。

2. 本章任何内容不得解释为阻止一缔约方建立或维持国有企业。

第16.4条：定价差异

第16.2条和第16.3条不得解释为阻止垄断或国有企业在不同市场或在同一市场按不同的价格收费，若此类差异基于正常的商业考虑，例如，考虑到供应和需求状况。

第16.5条：透明度

1. 各缔约方认识到各自竞争法实施政策透明度的价值。

2. 应一缔约方要求，各缔约方应使另一缔约方获得有关以下内容的公开信息：

(a)竞争法实施活动；

(b)国有企业和指定垄断企业，不管是公有的还是私有的，不管是哪一级政府的，假如该要求表明所涉及的实体明确指定有关的特定产品或服务和相关市场，包括这些实体可能参与可能阻碍缔约方之间贸易或投资的征兆；以及

(c)其竞争法的义务免除和豁免，假如该要求明确指定特别的货物或服务和相关市场，包括该义务免除或豁免可能会阻碍缔约方之间的贸易或投资的征兆。

3. 各缔约方应确保，裁定违反竞争法的所有最终行政裁决呈以书面形式并阐述作为裁决基础的相关认定的事实、推理和法理分析。各缔约方应进一步确保，该裁决和执行裁决的法令应公布，如果公布不可行，以一种使相关人员和另一缔约方能够知晓的方式明告公众。该缔约方公开发布的裁决版本可以略去受到法律保护不向公众泄露的机密信息或其他信息。

第16.6条：跨境消费者保护

1. 各缔约方认识到，为了提高消费者的利益就消费者保护法相关事宜进行合作的重要

---

① 更确切地说，本章任何内容不得解释为阻止一缔约方修订垄断企业指定的条款。

② 第(b)项不得解释为阻止指定垄断商按照一缔约方的监管机构批准的特别费率或制定的其他条款或条件供应货物或服务，假如这些费率或其他条款或条件与第(c)项或第(d)项相符。

性。因此,各缔约方应在共同关心的适当情况下就实施他们的消费者保护法进行合作。

2. 各缔约方应在与各自的消费者保护法有关的共同关心的领域,竭力增强美国联邦贸易委员会和韩国财经部和韩国公平贸易委员会之间的合作,包括通过:

(a)商议消费者保护政策和交换与制定和执行消费者保护法有关的信息;

(b)在发现和制止对消费者进行商业欺诈方面增强合作;

(c)商议减少有重大跨境因素的违反消费者保护法行为的方法;和

(d)支持推行经济合作和发展组织《保护消费者免遭跨境商业欺诈的指导方针》(2003年)。

3. 本条任何内容都不应限制第2款所提到的代理机构决定是否采取行动回应另一缔约方相应代理机构要求的自由裁量权,也不应阻止代理机构针对特定情况采取行动。

4. 每一缔约方应在共同关心的领域和根据己方的重大利益尽力明确说明与另一缔约方在执行消费者保护法方面进行有效合作的障碍,并应考虑修改其国内的法律框架来减少此类障碍。

第16.7条:磋商

1. 为促进各缔约方之间的理解,或解决本章项下产生的具体问题,应另一缔约方要求,各缔约方应就另一缔约方提出的问题进行磋商。在要求中,如关系重大,该缔约方应说明此事是如何影响缔约方之间的贸易或投资的。

2. 磋商要求已被接受的缔约方应充分和真诚地考虑另一缔约方提出的关切。

3. 为便利讨论磋商主题,各缔约方应竭力为另一缔约方提供相关的非保密信息。

第16.8条:争端解决

各缔约方不可以把第16.1条、第16.6条或第16.7条产生的任何事宜诉诸本协定项下的争端解决。

第16.9条:定义

为本章之目的:

"消费者保护法"系指:

(a)就韩国而言,《消费者框架法案》第3章、第4章、第9章和第10章,和《公平标签和广告法案》及其实施条例;以及

(b)就美国而言,禁止"不公平或欺骗行为或行径"的法律法规参照《联邦贸易委员会法案》E节的意义;

"委托"包括根据法律执行的授予,把政府权力转移到垄断企业或国有企业,或授权垄断企业或国有企业行使政府权力的政府令、指示或其他法案;

"指定"系指无论是正式地还是在实质上,建立、指定或授权一个垄断企业或扩展垄断企业的经营范围以涵盖额外的产品或服务;

"政府垄断企业"系指由一缔约方的中央政府通过所有权权益拥有或控制的垄断企业;①

① 更确切地说,拥有或通过所有权权益控制可以是直接的也可以是间接的。

“与商业考虑相一致”系指符合相关行业私营企业正常的商业行为；

“市场”系指某一产品或服务的地区性和商业性市场；

“垄断企业”系指在一缔约方辖区内被指定作为某一种产品或服务唯一供应商或购买商的实体，包括财团或政府代理机构，但不包含仅由于此授权被独家授予知识产权的实体；

“非歧视待遇”系指本协定相关条款，阐述的国民待遇和最惠国待遇，包括相关附录里阐述的条款和条件。

第十七章　政 府 采 购

第 17.1 条:总则

1. 缔约双方重申《政府采购协定》赋予他们的权利和义务,以及他们在各缔约国政府采购市场进一步扩展双边贸易机会的兴趣。

2. 缔约双方承认,在基于规则的国际贸易体系背景下促进国际政府采购市场自由化的共同兴趣。缔约双方应继续根据《政府采购协定》第 24.7 条进行复审和在亚太经合组织和其他适当的国际论坛就采购事宜进行合作。

3. 本章任何内容都不得解释为损害任何缔约方与另一缔约方《政府采购协定》规定的权利或义务。

4. 缔约双方确认其在适当条件下将亚太经合组织关于政府采购的非约束原则适用于所有在《政府采购协定》和本章范围之外的政府采购的意愿和决心。

第 17.2 条:适用范围

1. 本章适用于任何与所涵盖采购有关的措施。

2. 为本章之目的,涵盖采购系指政府用途的采购:

(a)货物、服务或货物和服务的结合:

(i)附件 17－A 缔约双方一览表明确的;

(ii)采购的目的不是为了商业销售或转售,或为了用于以商业销售或转售货物或服务为目的的生产或供应;

(b)通过任何合同方式,包括购买、租赁、租用或雇买,有或无购买的选择权,建设－经营－转让合同;公共工程特许权合约;

(c)其价值等于或超过附件 17－A 规定的有关价值门槛;

(d)通过采购实体完成的;以及

(e)不属于第 3 款或附件 17－A 所列范围的。

3. 本章不适用于:

(a)非合同性协议或一缔约方提供的任何形式的援助,包括合作协议、财产转让、贷款、股权注入、担保和财政刺激措施;

(b)对财务中介或储蓄服务、为受监管金融机构的清算及管理服务,或与包括贷款及政府债券、票据及其他证券在内的公债销售、赎回和推销有关的服务的采购或获得;或

(c)为提供包括发展援助在内的国际援助等具体目的而进行的采购。

4. 更确切地说,根据第 15.9 条(定义)定义的数码产品的采购:

(a)涵盖的采购包括数码产品的采购;以及

(b)第十五章(电子商务)的任何条款不应解释为对一缔约方的数码产品采购增加义务。

5. 本章的条款不影响第二章(国民待遇和产品市场准入)、第十一章(投资)、第十二章(跨境服务贸易)和第十三章(金融服务)规定的权利和义务。

第17.3条:《政府采购协定》条款的吸收

1. 对于所有涵盖的采购,缔约双方应在细节上作适当修改后适用《政府采购协定》附录II到附录IV,以及《政府采购协定》的以下条款:

第1:3条　适用于非上市实体

第2条　合约的估值

第3条　国民待遇和非歧视

第4:1条　原产地规则

第6条　技术规格

第7条　投标程序

第8条　供应商资质

第9条　参与预定采购的邀请

第10条　筛选程序

第11:4条　提交时限

第12条　招标文件

第13条　标书的提交、接收和开启以及得标

第14条　谈判

第15条　有限招标

第16:1条　抵偿

第18条　与实体的义务有关的信息和审查

第19:1条至第19:4条　与缔约双方的义务有关的信息和审查

第20条　质疑程序

第23条　本协定的例外

为该目的,《政府采购协定》各条和附录经适当修改纳入本章并成为本章的一部分。

2. 为了根据第1款把《政府采购协定》纳入本章:

(a)《政府采购协定》中的"协定"系指"章","非本协定缔约方的国家"系指"非缔约方"以及《政府采购协定》第3:2(b)条中的"本协定的缔约方"系指"缔约方";

(b)《政府采购协定》中的"附录I"系指"附件17-A";

(c)《政府采购协定》中的"附件1"系指"附件17-A的A节";

(d)《政府采购协定》中的"附件4"系指"附件17-A的C节";

(e)《政府采购协定》中的"附件5"系指"附件17-A的D节";

(f)《政府采购协定》第3:1(b)条中的"任何其他缔约方"系指"非缔约方";

(g)《政府采购协定》中的"其他缔约方"系指"另一缔约方";

(h)《政府采购协定》中的"产品"系指"货物";以及

(i)《政府采购协定》第8条中的"其他缔约方的供应商之间或"不应纳入。

3. 缔约双方认识到,2006年12月8日世界贸易组织的政府采购委员会暂时批准了经过修订的《政府采购协定》的文本。至于第24.3条(《世界贸易组织协定修订案》),在经过修

订的《政府采购协定》对缔约双方开始生效之时起，缔约双方应立即纳入经过修订的《政府采购协定》的有关条款以取代第1款罗列的条款。

4. 如果《政府采购协定》被进一步修订或者被另一个协定所取代，缔约双方应协商并根据第24.2条(修正)适当修订本章。

第17.4条：一般原则

电子工具的使用

1. 如果通过电子工具开展所涵盖的采购，采购实体应：

(a)保证该采购是使用普通人都可以获得并可以和其他普通人可以获得的信息技术系统和软件互操作的信息技术系统和软件进行的，包括那些与信息的授权和加密有关的信息技术系统和软件；并且

(b)维持能保证包括确定标书接收的时间并避免不适当进入在内的参与投标规定的完整性机制。

评价

2. 为了更加确定《政府采购协定》第2条，在评估采购的价值以确定所涉采购是否协定所涵盖的政府采购时，采购实体应包括估算的该项采购整个存续期间的最大总价值，不管是一个供应商中标还是多个供应商中标，把包括酬金、服务费、佣金、利息以及在该项采购中可能产生的其他收入在内的酬金的所有形式都考虑在内。

第17.5条：参与条件

1. 采购实体应对参与采购的主要人员限制参与的条件以确保每一个供应商具有法定和财务资格以及商务和技术能力来承担相关的采购。

2. 在评估一个供应商是否满足参与条件时，采购实体：

(a)应评估该供应商的财务资格和财务和技术能力，评估应基于该供应商在该采购实体辖区之外开展的商务活动，如果该供应商在该采购实体辖区之内开展商务活动，则应基于其在该采购实体辖区之内开展的商务活动；

(b)不应为了使某一供应商参与采购或中标施加供应商必须从该缔约方的采购实体已经中标一次或多次的条件，也不应该施加供应商具有在该缔约方辖区开展业务的经历的条件；以及

(c)应仅仅根据采购实体在通知或招标文件中事先已经规定的条件来判断某供应商是否已经符合参与投标的条件。

3. 采购实体可以根据以下情况排除某供应商：

(a)破产；

(b)虚假公告；

(c)对先前的一个或数个合同中的重要规定或义务的履行情况存在严重的或持续性的缺陷；

(d)与严重罪行和其他严重违法行为的最终判决；和

(e)未能纳税。

第 17.6 条:通知的公布

拟采购通知

1. 对于每一项所涵盖的采购而言,采购实体应根据《政府采购协定》第 9 条通过适当的电子途径公布拟采购通知,《政府采购协定》第 15 条所述的情况除外。

2. 各缔约方应鼓励其采购实体在每一个财政年度尽早公布与其采购计划有关的通知。该通知应包括采购的标的和拟采购通知的公布日期,并应尽可能根据各缔约方的《政府采购协定》附录 II 罗列的电子途径公布。

第 17.7 条:技术规格

更确切地说,一缔约方,包括其采购实体可以,根据《政府采购协定》第 6 条制定、采纳或适用技术规格:

(a)以推进自然资源的保护或保护环境;或者

(b)要求供应商必须遵循与以下事项有关的普遍适用的法律:

(i)在起作用的基本原则和权利;和

(ii)在生产货物和提供服务的辖区内,与最低工资、工作时间、职业保障和健康有关的可以接受的工作条件。

第 17.8 条:时间段

总体

1. 一采购实体应根据其自身的合理需求在考虑以下因素的情况下:

(a)采购的性质和复杂程度;

(b)预期的分包范围;和

(c)从国外和国内不使用电子通信的各地点递交投标书所需的时间。

为供应商榀供足够的时间来准备或提交参与请求和相应的投标。

此类时间段,包括时间段的任何延展,应该对所有有兴趣的或参与的供应商是相同的。

截止日期

2. 使用选择性招标的采购实体应确定参与请求的最后提交日期原则上应不少于拟采购通知公布之日起 25 日。如果采购实体能证明,理由充分的紧急情况表明 25 日的时间段不切实际,该时间段最少可以减少至 10 天以上。

3. 除了第 4 款和第 5 款规定的情况,采购实体应确定投标的最后提交日期应不少于从以下之日起 40 日:

(a)在公开招标的情况下,拟采购通知公布之日;或

(b)在选择性招标的情况下,采购实体通知供应商他们被邀请参加投标,不管其是否使用了多用途清单。

4. 在以下情况下,采购实体可把第 3 款规定的投标时间缩短至 10 日之内:

(a)采购实体根据《政府采购协定》第 9:7 条公布了预定采购通知至少 40 日,在拟采购通知公布之前不到 12 个月,预定采购通知包含:

(i)该采购的描述;

(ii)投标书或参与请求的提交的大致截止日期;

(iii)有兴趣的供应商应该向采购实体表达他们有兴趣参与采购意愿的说明;

(iv)可以获得该采购相关文件的地址;以及

(v)在可获得的情况下,尽可能多的获得《政府采购协定》第9:6条为拟采购通知规定的信息;

(b)如果是反复出现的采购,该采购实体在最初的拟采购通知中表明,随后的采购通知将基于本款提供招投标的时间段;或者

(c)该采购实体能证明理由充分的紧急情况表明此时间段不切实际。

5. 出现以下情况之一,采购实体可把第3款规定的投标时间段缩短至5日:

(a)拟采购通知是通过电子途径公布的;

(b)所有的招投标文件从拟采购通知公布之日起就可以从电子途径获得;以及

(c)该采购实体可以通过电子途径接收标书。

6. 第5款的运用,连同第4款,在任何情况下都不应导致第3款规定的招投标时间段减少至拟采购通知公布之日起10日之内。

7. 尽管本条有其他时间段的规定,如果一采购实体购买商品或服务,该采购实体可以把第3款规定的招投标时间段减少至13日以上,前提是该实体通过电子途径公布拟采购通知和招投标文件。如果该采购实体也通过电子途径接收商品或服务的标书,该实体可以把第3款规定的时间段减少至10日以上。

第17.9条:范围的更改和修正

1. 任一缔约方应把拟修正附件17-A、从附件17-A撤销一实体或更改附件17-A等情况(在本条一般称之为"更改")通知另一缔约方。提议更改的缔约方在通知中应包括:

(a)此类政府控制或影响已经大大减少的证据,如果是以政府对于该实体所涉采购的控制或影响已经大大减少为理由行使权利拟从附件17-A撤销一实体;或者

(b)该更改可能对本章规定并经双方同意的涵盖范围产生后果的信息,如果是拟进行其他更改。

2. 如果另一缔约方反对提议的更改,该缔约方应该在提议更改的通知公布之日起30日之内把其反对意见通知提议更改的缔约方并包括反对的理由。

3. 缔约双方应寻求通过磋商解决任何反对意见。在此类磋商中,缔约双方应考虑该提议更改的内容,以及就第1(b)款项下的通知而言,对补偿性调整的主张,以维持权利和义务之间的平衡和与此类通知之前本章规定的并经双方同意的涵盖范围的相似水平。

4. 如果一缔约方提议第1(b)款的更改,提议更改的缔约方应向另一缔约方提供适当的补偿性调整意见,但是此类补偿性调整必须与更改之前有效的涵盖范围保持相似水平。如果另一缔约方未在收到通知的30日之内把其反对提议的更改内容通知提议更改的缔约方,此类更改应生效。若缔约双方同意,提议的更改涉及一缔约方已经有效减少了对该实体所涉采购的控制或影响的采购实体,一缔约方不必提出补偿性调整意见。

5. 只有在以下情况下,联合委员会应采纳提议的更改:

(a)另一缔约方未在第1(b)款规定的通知后30日之内以书面形式反对提议的更改;或者

(b)另一缔约方向提议更改的缔约方发出撤回反对的书面通知。

第 17.10 条:政府采购工作组

1. 缔约双方应成立由各缔约方代表组成的政府采购工作组。

2. 经双方同意或收到一缔约方的请求,工作组应开会:

(a)解决一缔约方咨询的与政府采购有关的问题,包括与信息技术有关的问题;和

(b)交换在各缔约方与政府采购机会有关的信息。

第 17.11 条:定义

为本章之目的:

"APEC"系指亚太经济合作论坛;

"建造 - 运营 - 移交合同"和"公共工程特许合同"系指主要目的是为了建设或改造大型基础设施、工厂、建筑物、设施或其他政府拥有的工程而签订的任何契约型协议,根据该合同一采购实体授予该供应商在合同规定的期限内临时性拥有或者控制或运营此类工程的权利,以及收取此类工程使用费的权利;

"商品或服务"系指一般在商业市场销售或标价待售,通常由非政府的买家购买并用于非政府目的的那类货物或服务;

"GPA"系指 1994 年 4 月 15 日在马拉喀什签署的 WTO《政府采购协定》;以及

"采购实体"系指附件 17 - A A 节涵盖的实体。

附件 17 – A　政 府 采 购

A 节:中央层面政府实体

根据《政府采购协定》第 2 条和本章第 17.4.2 条,本章适用于本节中各缔约方清单中的中央层面政府,若估算的采购价值等同于或超过:

(a)如果是货物和服务采购:对于美国而言是 100 000 美元,对于韩国而言是 1 亿韩元,如有必要,根据缔约双方之间的磋商作出调整;以及

(b)如果是建造服务:5 000 000 个特别提款权(相当于 74 亿韩元或 7 407 000 美元),根据《国家货币起始额度报告方法》和《关于政府采购协定程序问题的决定》(1994 年)(GPA/1)附件 3。

韩国清单

1. 监察院
2. 总理办公室
3. 政府政策协调办公室
4. 性别平等家庭部
5. 金融和经济部
6. 企划财政部
7. 财务监督委员会
8. 统一部
9. 行政安全部
10. 国民权益委员会
11. 科技部
12. 政府信息厅
13. 法制处
14. 报勋处
15. 外交通商部
16. 法务部
17. 国防部(说明 2)
18. 教育和人力资源发展部
19. 文化和观光部
20. 文化遗产局

21. 农林部
22. 工商能源部
23. 保健福祉部
24. 食品药品厅
25. 劳动部
26. 建设和交通部
27. 海洋渔业部
28. 信息通信部
29. 环境部
30. 调达厅(说明3)
31. 国税厅
32. 关税厅
33. 统计厅
34. 气象厅
35. 警察厅(说明4)
36. 最高检察院
37. 兵务厅
38. 农村振兴厅
39. 山林厅
40. 知识产权厅
41. 中小企业局
42. 海洋警察厅(说明4)
43. 国家紧急情况管理局
44. 防卫产业厅(说明2)
45. 全国青年委员会
46. 韩国全国人权委员会
47. 韩国广播委员会
48. 韩国反腐独立委员会
49. 中小企业总统特派委员会
50. 公平交易委员会
51. 韩国调查官

韩国清单的说明

1. 上述中央政府实体包括它们的下属机构、专门的地方行政机构和韩国《政府机构法案》规定的附属机构。

2. 国防部和防务收购计划局：根据韩国政府依据《政府采购协定》第23：1条的规定做出的决定，对于国防部和防务收购计划局的购买，本章一般仅适用以下金融监管委员会的类别，对于C节和D节所列的服务和建造服务，本章将仅适用于与国家安全和国防无关的领域。

FSC 2510 运载用小车、车身和框架结构零部件
FSC 2520 车辆动力传递零部件
FSC 2540 车辆家具和配件
FSC 2590 车辆零部件杂项
FSC 2610 轮胎和内胎、充气轮胎、非航空器
FSC 2910 发动机燃料系统零部件、非航空器
FSC 2920 发动机电气系统零部件、非航空器
FSC 2930 发动机冷却系统零部件、非航空器

FSC 2940 发动机油气过滤器、滤网和清洁器、非航空器
FSC 2990 发动机零部件杂项、非航空器
FSC 3020 传动装置、皮带轮、链齿轮和传动链
FSC 3416 车床
FSC 3417 铣床
FSC 3510 洗涤和干洗设备
FSC 4110 制冷设备
FSC 4230 去污和喷淋设备
FSC 4520 取暖器和家用热水器
FSC 4940 维修店专用设备杂项
FSC 5120 手用工具、非锋口、非电动
FSC 5410 预制和可移动建筑
FSC 5530 胶合板和饰面薄板
FSC 5660 围栏材料、围栏和门
FSC 5945 继电器 relays 和罗管线
FSC 5965 头戴式受话器、手持式受话器、话筒和扬声器
FSC 5985 天线、波导和相关设备
FSC 5995 电缆、电线和电线组合器:通讯设备
FSC 6220 车辆电灯和固定装置
FSC 6505 药品和生物制剂
FSC 6840 有害生物控制剂消毒剂
FSC 6850 化工品杂项、特制品
FSC 7310 食品烹饪、烘焙和用餐设备
FSC 7320 厨房设备和用具
FSC 7330 厨房手用工具和器皿
FSC 7350 餐具
FSC 7360 食品准备和上菜用成套用具、成套工具、成套用品、模具
FSC 7530 文具和记录表格
FSC 7920 扫帚、刷子、拖把和海绵擦

FSC 7930 清洁和抛光化合物和制剂

FSC 8110 金属桶和罐

FSC 9150 油料和油脂:切割、润滑和液压

FSC 9310 纸和纸板

3. 公共采购署:本章仅涵盖公共采购署为本节罗列的实体进行的那些采购。

4. 国家警察总局和海岸警卫队:本章不涵盖《政府采购协定》第 23 条规定的以维持公共秩序为目的的采购。

5. 根据《谷物管理法》、《农渔牧产品销售和价格稳定法》和《畜牧法》,本章不涵盖农渔牧产品的采购。

美国清单

1. 政府间关系咨询委员会
2. 非洲发展基金
3. 阿拉斯加天然气运输管理局
4. 美国战役纪念碑委员会
5. 阿巴拉契亚地区委员会
6. 州长广播理事会
7. 美术委员会
8. 人权委员会
9. 期货交易管理委员会
10. 消费品安全委员会
11. 国家和社区服务协会
12. 特拉华河流域管理局
13. 农业部(说明 2)
14. 商务部(说明 3)
15. 国防部(说明 4)
16. 教育部
17. 能源部(说明 5)
18. 卫生与公共服务部
19. 国土安全部(说明 6)
20. 房屋和城市发展部
21. 内政部,包括感化局
22. 司法部
23. 劳工部
24. 国务院
25. 运输部(说明 7)
26. 财政部
27. 退伍军人事务部
28. 国家环境保护局

29. 就业机会平等委员会
30. 行政办公室
31. 美国进出口银行
32. 农业信贷署
33. 联邦通讯管理委员会
34. 联邦作物保险协会
35. 联邦储蓄保险协会
36. 联邦选举委员会
37. 联邦住房抵押贷款委员会
38. 联邦住宅金融委员会
39. 联邦海事委员会
40. 联邦调解和解委员会
41. 联邦矿山安全和健康审查委员会
42. 联邦监狱实业有限公司
43. 联邦储备委员会
44. 联邦退休谨慎投资理事会
45. 联邦贸易管理委员会
46. 美国总务署(说明8)
47. 政府国民抵押贷款协会
48. 大屠杀纪念理事会
49. 美洲国家基金
50. 功绩制保护委员会
51. 国家航空航天局
52. 国家档案记录署
53. 国家首都规划委员会
54. 国家图书馆和信息科学委员会
55. 国家残疾人理事会
56. 国家信贷联盟管理署
57. 国家艺术和人文基金
58. 国家劳工关系委员会
59. 国家调解委员会
60. 国家科学基金
61. 国家运输安全委员会
62. 核管制委员会
63. 职业安全和健康评议委员会
64. 政府行为准则处
65. 核废料谈判官管理处
66. 人事管理局

67. 特别顾问处
68. 节俭监督处
69. 海外私人投资公司
70. 和平队
71. 铁路员工退休委员会
72. 证券交易监管委员会
73. 选募兵役委员会
74. 小型企业总署
75. 史密森学会
76. 社会保障总署
77. 撒斯奎哈纳河湾管理局
78. 美国国际发展局
79. 美国国际贸易委员会

美国清单的说明

1. 本章适用于隶属于本节所列实体的所有机构，除非另有规定。

2. 农业部：本章不涵盖为推进农业援助计划或人类食品供应计划而进行的任何农产品采购。

3. 商务部：本章不涵盖与国家海洋和大气局（National Oceanic and Atmospheric Adminstration，NOAA）的造船活动有关的货物或服务的采购。

4. 国防部：

（a）本章并不涵盖下列联邦供应准则所规定的货物采购类别（完整的《美国联邦供应分类》，资料来源：http://www.fedbizopps.gov/classCodes1.html）：

FSC 19　舰船、小型飞机、驳船、浮码头（定义为船舶或船体或船舶上部结构的主要部件）

FSC 20　舰船和海上设备（定义为船舶或船体或船舶上部结构的主要部件）

FSC 2310　机动客车（只有巴士）

FSC 51　手动工具

FSC 52　测量工具

FSC 83　纺织品、皮革、裘皮、服装、鞋类、帐篷、旗帜（除饰针、针、缝纫用品、旗杆、旗杆冠以外的任何基本组成部分）

FSC 84　衣服、个人器械和证章（除 8460 亚类 – 箱包以外的任何基本组成部分）

FSC 89　维生给养（除 8975 亚类 – 烟草制品以外的任何基本组成部分）

（b）本章并不涵盖人和特种金属或任何含一种或多种特种金属货物的采购。特种金属系指：

（i）最高合金含量超过以下一个或多个水平的钢：锰，1.65%；硅，0.60%；或铜，0.60%；

（ii）超过 0.25% 以下元素的钢：铝、铬、钴、铌、钼、镍、钛、钨或钒；

（iii）由镍、镍铁或含有超过 10% 的其他合金金属（铁除外）钴基合金构成的金属合金；

（iv）钛或钛合金；或

(v)锆或锆基合金。

(c)因适用《政府采购协定》第23条,本章一般不涵盖以下FSC分类规定的任何类别的货物的采购:

FSC 10　武器

FSC 11　核装备

FSC 12　火控设备

FSC 13　弹药和炸药

FSC 14　制导导弹

FSC 15　航空器和航空器架构结构件

FSC 16　航空器零件和附件

FSC 17　航空器发射、着陆和地面操作设备

FSC 18　航天器

FSC 19　舰船、小型飞机、驳船和浮码头

FSC 20　舰船和海上设备

FSC 2350　履带轻装甲车、突击车和战术车

FSC 28　发动机、涡轮机及零部件

FSC 31　轴承

FSC 58　通信、侦查和相干性辐射

FSC 59　电气和电子设备元件

FSC 60　光纤材料、元件、组装件和配件

FSC 8140　弹药和核装备盒、组件和特制容器

FSC 95　金属条、金属板材和金属型材

5. 能源部:因适用《政府采购协定》第23:1条,本章不涵盖以下货物或服务的采购:

(a)任何用来支持和保护核材料的货物或服务或技术,若能源部根据《原子能法案》授权进行的采购;或者

(b)任何与战略石油储备有关的油品购买。

6. 国土安全部:

(a)本章不涵盖交通安全管理局的采购。

(b)适用于国防部的基本安全考虑同样只用于美国海岸警卫队。

7. 运输部:本章不涵盖联邦航空管理局的采购。

8. 总务管理局:本章不涵盖以下FSC分类规定的任何货物的采购:

FSC 51　手动工具

FSC 52　测量工具

FSC 7340　刀具和扁平餐具

B节:货物

本章适用于A节所列实体进行的任何货物的采购,除非在本章另有规定。

C节:服务

本章适用于《政府采购协定》附录1各缔约方的附件4所列的所有服务的采购。

D节:建设服务

本章适用于A节所列实体进行的CPC51项下的所有建设服务的采购,除非本章另有规定。

E节:总说明

除非本章另有规定,各缔约方的一览表中的以下总说明无例外地适用于本章,包括本附件的各节。

韩国清单

本章不适用于为支持人类粮食供应而进行的采购。

本章不适用于根据《关于国家是缔约方的法案》及其《总统令》,为中小企业进行的单次招标采购和政府合同;或根据《私人参与基础设施建设法案》为中小企业进行的政府合同。

美国清单

1. 本章不适用于代表小企业或少数民族拥有的企业的任何政府合同。政府合同可以包括任何形式的特别优惠,如供应一种货物或服务的专有权,以及价格特别优惠。

2. 本章不适用于政府向本附件未专门涵盖的人员或政府主管机构提供货物和服务。

3. 若一实体授予的合同未被本章涵盖,本章不得解释为涵盖该合同的任何货物或服务的组成部分。

2007年6月30日
大韩民国
首尔
财政经济部部长
尊敬的金铉宗
大韩民国
果川
财政经济部副部长
金圣真

尊敬的金部长和金副部长：

我们很荣幸地确认，美利坚合众国和大韩民国代表团在今日签署的贵我两国政府之间的《自由贸易协定》第十三章（金融服务）的谈判过程中取得了以下共识：

跨境贸易

缔约双方确认，关于金融服务的跨境贸易，在不损害其他审慎监管方式的情况下，一缔约方可以规定另一缔约方的跨境金融服务提供商以及金融工具必须具有登记执照或批准书。

缔约双方进一步确认，一缔约方可要求另一缔约方的跨境金融服务供应商提供，仅出于信息通报或统计目的，在该缔约方的辖区内已经提供的金融服务有关的信息。该缔约方应保护此类机密的商业信息，避免因信息泄露而损害该供应商的竞争地位。

新金融服务

缔约双方认识到，在其坚持审慎监管规定的市场上提供新金融服务的重要性。缔约双方确认，第13.6条（新金融服务）不适用于（a）跨境的金融服务贸易或（b）该缔约方在同等条件下不允许其金融机构提供的新金融服务。

缔约双方进一步确认，一缔约方可以对新金融服务进行审慎监管。

透明度

缔约双方讨论了第13.11.9条（透明度）的申请和许可规定，并同意双方当前实践中都应遵循该条款。韩方已确认第13.11.9条规定的120日期限不包括申请者为获得许可证而努力达到监管要求的时间。在保险方面，韩方当前的实践是在90日内对申请做出初步决定，并在其收到全部申请材料后60日内作出最终决定。韩方表示，不愿延长现有的在90日内对保险服务申请作出初步决定的时间限制。

自律组织

缔约双方确认，韩国保险发展研究所为第十三章（金融服务）定义的自律组织，且该组织应遵循第13.12条（自律监管组织）的原则。本确认不妨碍在本金融服务分部门或其他金融服务分部门中任何其他组织的地位。

更确切地说，若金融监管委员会或金融监管服务中心将与保险相关的职能委托给自律组织或其他非政府机构，则金融监管委员会或金融监管服务中心应当采取合理的措施，以保证被委托行使该职能的自律组织或其他非政府机构的行为符合第13.11.3条（透明度）和第21.4条（复核及上诉）的规定。

某些政府机构

缔约双方确认，以下现有机构属于第十三章适用的范围，但不应被视为该章所述的金融机构：韩国存款保险公司、解决方案和金融公司、韩国进出口银行、韩国出口保险公司、韩国技术信用保证基金、韩国资产管理公司和韩国投资公司。

首席执行官

更确切地说，第13.8条（高级管理层和董事会）不能限制缔约方规定按照其法律成立的金融机构的首席执行官居住在其辖区内的权力。

信息传递

缔约双方认识到金融机构间跨境信息传递的重要性，美国欢迎韩国在附件13－A第6（b）款和附件13－B第2节就变革监管体制所做的承诺，这一做法将允许金融机构之间传递此类信息。韩方表示其意向，即这些变革会导致韩国采取同美国类似的措施来应对以下问题：保护顾客机密信息，禁止未经授权使用这类机密信息，金融监管机构有能力获取金融机构处理这些信息的记录和技术设备安置地点的规定等。

金融服务举措

认识到作为其成为东亚地区金融中心战略的组成部分，韩国正采取积极措施，美方对韩方当前实行的三个主要监管举措表示欢迎：

（a）对金融服务部门进行负面监管；

（b）实施银行保险管理规定第二阶段；以及

（c）进一步放松对保险服务提供外汇储备需求的规定。

认识到美方已经在产品审批制度方面采取了积极措施，韩方对美方在用于保险的电子产品审批文件归档程序的高效率表示欢迎；尤其是：

（a）美国所有地区政府均采用全国保险专员协会的电子费率和表格申请系统，截至2005年，已输入约185 000个电子文档；并且

（b）29个州已经采用了《州际保险合约》，该合约规定产品监管委员会为以下领域产品的唯一的审批机构：人寿保险、养老保险、长期医疗及残疾人收入保险。

韩方对美国保险专员协会对再保险供应商的担保要求进行复审所取得的进展表示欢迎。2007年，美国保险专员协会将考虑采纳对《示范法》进行的修订。美方将及时向韩方提供金融监管委员会修订的最新信息。

邮政部门向公众提供保险

1. 美韩双方均认为，韩国邮政目前仍是一个未按金融机构进行监管的政府机构。

2. 金融监管委员会应：

（a）在负责监督韩国邮政的金融服务提供的邮政金融风险管理委员会和储备操作审议委员会的提名中，提名至少一半成员；

（b）对韩国邮政提交的与韩国邮政提供的保险服务有关的财务报表、结算凭证或其他信息进行复审，若发现任何缺陷，便向韩国邮政提出意见；以及

（c）对韩国邮政提供的与韩国邮政提供的保险产品有关的基本文件进行复审，这些文件包括业务操作手册、保险条款和条件、保费和保单准备金计算指南，若发现任何缺陷，便向韩国邮政提出与进行必要改进有关的建议。

3. 韩国邮政应：

(a)向金融监管委员会提交与韩国邮政提供的保险服务有关的财政报表、结算凭证和基本文件；

(b) 使其保险服务提供符合金融监管委员会根据第2(b)款提出的意见；

(c) 就金融监管委员会根据第2(c)款提出的与基本文件有关的建议采取行动；

(d)就《标准》第61(d)条和第67(a)条所涵盖的事项而言，获取韩国保险发展学会或依据《保险业务法案》第183条向美国金融监管委员会注册的保险精算公司的确认；

(e)若金融监管委员会根据第2(b)款或第2(c)款提出了意见或建议，在公告中包括《标准》第64条规定的缺陷的性质；以及

(f)指定金融监管委员会根据第2(a)款提名的人员担任金融监管委员会提名他们担任的该委员会成员。

4. 若韩国邮政发布与其保险服务有关的特定产品的广告，该广告应遵循适用于私人保险服务供应商的审批要求。

5. 韩国邮政不应发布新产品，包括可变人寿保险、非人寿险和退休险。韩国邮政可以对现有的产品进行改变。如果这样做，金融监督管理委员会应在《保险业务监督管理规定》第8节所规定的期限内根据第2(c)款提出建议。在提高其所售保险产品的价值上限之前，韩国邮政应与金融监管委员会协商，金融监管委员会应将产品拟增值的信息公之于众，并为公众评价提供机会。金融监管委员会应就拟增值提议发表意见，并且，只有当增值不超过反映通胀的数额，或在其他必要且适当情况下，金融监督管理委员会的意见才会是正面的。韩国邮政应当按照这个意见来行事。

6. 在任一缔约方的请求下，根据附件13－C(金融服务委员会)成立的保险工作组应当就韩国邮政提供的保险服务有关的事项进行讨论，包括为实现附件13－D(邮政向公众提供保险服务)和本信函的目标所必需的额外措施。

7. 本信函中：

“FSC”系指金融监管委员会或任何继任机构；

“KIDI”系指韩国保险发展学会或任何继任机构；以及

“《标准》”系指韩国邮政的第2006－18号通知，其名称是《邮政储蓄和保险的良好管理标准》。

8. 第2款、第3款和第4款在本协定生效之日起2年后生效。若韩国邮政停止以政府机构的身份向公众提供保险服务，缔约双方应协商对第1款至第7款进行修改。

我们荣幸地提议将本函和贵国政府确认本共识的复函作为《自由贸易协定》不可或缺的组成部分。

真诚的，

美国财政部

美国贸易代表

苏珊·C. 施瓦布

国际事务秘书处

克莱·洛厄里[①]

① 为第5款之目的，“修改”包括对一些条款和条件进行必要的修改，以使其符合保险行业的最佳做法或符合金融监管委员会的意见或建议。“修改”不包括以增设一个新产品线的方式扩大实施范围。新产品线系指除现有保险产品所覆盖风险以外的保险产品。“修改”也不应以增设一个新产品线的方式改变条款和条件。

2007年6月30日
美国财政部
美国贸易代表
尊敬的苏珊·C.施瓦布
国际事务秘书处
尊敬的克莱·洛厄里

尊敬的施瓦布大使和洛厄里先生：

我们十分荣幸地确认收到贵方的今日来函，内容如下：

我们很荣幸地确认，美利坚合众国和大韩民国代表团在今日签署的贵我两国政府之间的《自由贸易协定》第十三章（金融服务）的谈判过程中取得了以下共识：

跨境贸易

缔约双方确认，关于金融服务的跨境贸易，在不损害其他审慎监管方式的情况下，一缔约方可以规定另一缔约方的跨境金融服务提供商以及金融工具必须具有登记执照或批准书。

缔约双方进一步确认，一缔约方可要求另一缔约方的跨境金融服务供应商提供，仅出于信息通报或统计目的，在该缔约方的辖区内已经提供的金融服务有关的信息。该缔约方应保护此类机密的商业信息，避免因信息泄露而损害该供应商的竞争地位。

新金融服务

缔约双方认识到，在其坚持审慎监管规定的市场上提供新金融服务的重要性。缔约双方确认，第13.6条（新金融服务）不适用于（a）跨境的金融服务贸易或（b）该缔约方在同等条件下不允许其金融机构提供的新金融服务。

缔约双方进一步确认，一缔约方可以对新金融服务进行审慎监管。

透明度

缔约双方讨论了第13.11.9条（透明度）的申请和许可规定，并同意双方当前实践中都应遵循该条款。韩方已确认第13.11.9条规定的120日期限不包括申请者为获得许可证而努力达到监管要求的时间。在保险方面，韩方当前的实践是在90日内对申请做出初步决定，并在其收到全部申请材料后60日内作出最终决定。韩方表示，不愿延长现有的在90日内对保险服务申请作出初步决定的时间限制。

自律组织

缔约双方确认，韩国保险发展研究所为第十三章（金融服务）定义的自律组织，且该组织应遵循第13.12条（自律监管组织）的原则。本确认不妨碍在本金融服务分部门或其他金融服务分部门中任何其他组织的地位。

更确切地说，若金融监管委员会或金融监管服务中心将与保险相关的职能委托给自律组织或其他非政府机构，则金融监管委员会或金融监管服务中心应当采取合理的措施，以保证被委托行使该职能的自律组织或其他非政府机构的行为符合第13.11.3条（透明度）和第21.4条（复核及上诉）的规定。

某些政府机构

缔约双方确认，以下现有机构属于第十三章适用的范围，但不应被视为该章所述的金融机构：韩国存款保险公司、解决方案和金融公司、韩国进出口银行、韩国出口保险公司、韩国技术信用保证基金、韩国资产管理公司和韩国投资公司。

首席执行官

更确切地说，第13.8条(高级管理层和董事会)不能限制缔约方规定按照其法律成立的金融机构的首席执行官居住在其辖区内的权力。

信息传递

缔约双方认识到金融机构间跨境信息传递的重要性，美国欢迎韩国在附件13-A第6(b)款和附件13-B第2节就变革监管体制所做的承诺，这一做法将允许金融机构之间传递此类信息。韩方表示其意向，即这些变革会导致韩国采取同美国类似的措施来应对以下问题：保护顾客机密信息，禁止未经授权使用这类机密信息，金融监管机构有能力获取金融机构处理这些信息的记录和技术设备安置地点的规定等。

金融服务举措

认识到作为其成为东亚地区金融中心战略的组成部分，韩国正采取积极措施，美方对韩方当前实行的三个主要监管举措表示欢迎：

(a)对金融服务部门进行负面监管；

(b)实施银行保险管理规定第二阶段；以及

(c)进一步放松对保险服务提供外汇储备需求的规定。

认识到美方已经在产品审批制度方面采取了积极措施，韩方对美方在用于保险的电子产品审批文件归档程序的高效率表示欢迎；尤其是：

(a)美国所有地区政府均采用全国保险专员协会的电子费率和表格申请系统，截至2005年，已输入约185 000个电子文档；并且

(b)29个州已经采用了《州际保险合约》，该合约规定产品监管委员会为以下领域产品的唯一的审批机构：人寿保险、养老保险、长期医疗及残疾人收入保险。

韩方对美国保险专员协会对再保险供应商的担保要求进行复审所取得的进展表示欢迎。2007年，美国保险专员协会将考虑采纳对《示范法》进行的修订。美方将及时向韩方提供金融监管委员会修订的最新信息。

邮政部门向公众提供保险

1. 美韩双方均认为，韩国邮政目前仍是一个未按金融机构进行监管的政府机构。

2. 金融监管委员会应：

(a)在负责监督韩国邮政的金融服务提供的邮政金融风险管理委员会和储备操作审议委员会的提名中，提名至少一半成员；

(b)对韩国邮政提交的与韩国邮政提供的保险服务有关的财务报表、结算凭证或其他信息进行复审，若发现任何缺陷，便向韩国邮政提出意见；以及

(c)对韩国邮政提供的与韩国邮政提供的保险产品有关的基本文件进行复审，这些文件包括业务操作手册、保险条款和条件、保费和保单准备金计算指南，若发现任何缺陷，便向韩国邮政提出与进行必要改进有关的建议。

3. 韩国邮政应:

(a)向金融监管委员会提交与韩国邮政提供的保险服务有关的财政报表、结算凭证和基本文件;

(b) 使其保险服务提供符合金融监管委员会根据第 2(b)款提出的意见;

(c) 就金融监管委员会根据第 2(c)款提出的与基本文件有关的建议采取行动;

(d)就《标准》第 61(d)条和第 67(a)条所涵盖的事项而言,获取韩国保险发展学会或依据《保险业务法案》第 183 条向美国金融监管委员会注册的保险精算公司的确认;

(e)若金融监管委员会根据第 2(b)款或第 2(c)款提出了意见或建议,在公告中包括《标准》第 64 条规定的缺陷的性质;以及

(f)指定金融监管委员会根据第 2(a)款提名的人员担任金融监管委员会提名他们担任的该委员会成员。

4. 若韩国邮政发布与其保险服务有关的特定产品的广告,该广告应遵循适用于私人保险服务供应商的审批要求。

5. 韩国邮政不应发布新产品,包括可变人寿保险、非人寿险和退休险。韩国邮政可以对现有的产品进行改变。如果这样做,金融监督管理委员会应在《保险业务监督管理规定》第 8 节所规定的期限内根据第 2(c)款提出建议。在提高其所售保险产品的价值上限之前,韩国邮政应与金融监管委员会协商,金融监管委员会应将产品拟增值的信息公之于众,并为公众评价提供机会。金融监管委员会应就拟增值提议发表意见,并且,只有当增值不超过反映通胀的数额,或在其他必要且适当情况下,金融监督管理委员会的意见才会是正面的。韩国邮政应当按照这个意见来行事。

6. 在任一缔约方的请求下,根据附件 13 – C(金融服务委员会)成立的保险工作组应当就韩国邮政提供的保险服务有关的事项进行讨论,包括为实现附件 13 – D(邮政向公众提供保险服务)和本信函的目标所必需的额外措施。

7. 本信函中:

"FSC"系指金融监管委员会或任何继任机构;

"KIDI"系指韩国保险发展学会或任何继任机构;以及

"《标准》"系指韩国邮政的第 2006 – 18 号通知,其名称是《邮政储蓄和保险的良好管理标准》。

8. 第 2 款、第 3 款和第 4 款在本协定生效之日起 2 年后生效。若韩国邮政停止以政府机构的身份向公众提供保险服务,缔约双方应协商对第 1 款至第 7 款进行修改。

我们荣幸地提议将本函和贵国政府确认本共识的复函作为《自由贸易协定》不可或缺的组成部分。①

---

① 为第 5 款之目的,"修改"包括对一些条款和条件进行必要的修改,以使其符合保险行业的最佳做法或符合金融监管委员会的意见或建议。"修改"不包括以增设一个新产品线的方式扩大实施范围。新产品线系指除现有保险产品所覆盖风险以外的保险产品。"修改"也不应以增设一个新产品线的方式改变条款和条件。

我们荣幸地确认，我国政府具有上述共识，贵方来函和本回函应该作为《自由贸易协定》不可或缺的组成部分。

真诚的，
财政经济部部长
金铉宗
财政经济部副部长
金圣真

第十八章　知识产权

第 18.1 条：总则

1. 各缔约方应至少使本章生效。

国际协议

2. 关于第 1.2 条（与其他协议的关系），缔约双方确认互相之间在《与贸易有关的知识产权协议》下现有的权利和义务。

3. 各缔约方应在该协定生效之日批准或加入以下协议：

(a)《专利合作条约》（1970 年），修订于 1979 年；

(b)《保护工业产权的巴黎公约》（1967 年）（巴黎公约）；

(c)《保护文学和艺术作品伯尔尼公约》（1971 年）（伯尔尼公约）；

(d)《有关卫星传送节目信号分布的公约》（1974 年）；

(e)《有关国际商标注册马德里协定的议定书》（1989 年）；

(f)《用于专利程序的微生物寄存的国际认可的布达佩斯条约》（1977 年），修订于 1980 年；

(g)《保护植物新品种国际公约》（1991 年）；

(h)《商标法条约》（1994 年）；[①]

(i)《世界知识产权组织（WIPO）版权条约》（1996 年）；和

(j)《世界知识产权组织表演和录音制品条约》（1996 年）。

4. 各缔约方应尽力批准或加入以下协议：

(a)《专利法条约》（2000 年）；

(b)《关于工业品外观设计国际注册的海牙协定》（1991 年）；和

(c)《商标法新加坡条约》（2006 年）。

更广泛的保护和执法

5. 任一缔约方可以为其法律下的知识产权提供比本章规定更广泛的保护和执行，前提是更广泛的保护不与本章相抵触。

国民待遇

6. 关于本章所涵盖的所有类别的知识产权，在此类知识产权以及该产权所带来的利益

---

① 如果《商标法新加坡条约》（2006 年）生效，任一缔约方可以通过批准或加入《商标法新加坡条约》（2006 年）来履行第 18.1.3(h) 条规定的义务，前提是该条约已经生效。

的保护[①]和享受方面,各缔约方给予另一缔约方国民[②]的待遇不得低于其给予本国国民的待遇。但是,关于录音制品由模拟通信、模拟自由通过空间的无线电广播和模拟自由通过空间的电视广播的二次使用,一缔约方可以把给予另一缔约方表演者和录音制品制作者的权利限制在其国民在另一缔约方辖区内所给予权利的水平上。

7. 涉及其司法和行政程序,包括要求另一缔约方的国民指定在其辖区内提供服务的地址,或指定其辖区内的代理人,任一缔约方可违背第 6 款规定,前提是该偏离:

(a)是保证遵守与本章一致的法律法规所必需的;以及

(b)不是以可能构成对贸易变相限制的方式实施的。

8. 第 6 款不适用于某一缔约方是成员方,在世界知识产权组织的支持下达成的关于知识产权的获得和保持的多边协定规定的程序。

对现有权利和此前法令适用协定

9. 除非另有规定,包括第 18.4.5 条,本章产生的义务与在本协定生效之日存在如要求保护在该日起在该缔约方辖区就能受到保护,或符合或后来符合本章的保护标准的所有权利有关。

10. 除非本章,包括第 18.4.5 条另有规定,如有人主张保护,不得要求一缔约方恢复对在本协定自生效之日已在该缔约方辖区进入公共领域的权利进行保护。

11. 此章对本协定生效之日前颁布的法令不产生义务。

透明度

12. 继第 21.1 条 (公布)为了使对知识产权的保护和执行具有透明度,各缔约方应确保有关知识产权保护和执行的所有法律、法规和程序全部采用书面形式并公布,[③]若公布有困难,则应用其民族语言以让政府和权利持有者知晓这些法律、法规和程序的方式发布。

第 18.2 条:包括地理标志在内的商标

1. 任一缔约方都不得把标识必须视觉可感知作为注册的条件,也不能仅仅因为标识是由声音或气味构成而拒绝注册该商标。

2. 各缔约方应规定商标应包括认证标志。各缔约方还应规定地理标志[④]有资格作为商标获得保护。

3. 各缔约方应确保其批准把在通用语中作为普通名称的词语用作一种货物或服务(通用名称)的措施,特别是与该通用名称相比有关商标使用的大小、位置和风格的规定,不得损

① 在第 6 款,"保护"包括:(a)影响知识产权的可用性、获取、范围、维护和实施的事宜和影响本章所涵盖的知识产权使用的事宜;以及(b)禁止规避第 18.4.7 条规定的有效技术措施和第 18.4.8 条规定的与知识产权管理信息有关的权利和义务。

② 在第 6 款、第 7 款、第 18.2.14(a)条和第 18.6.1 条,一缔约方的"国民",就相关权利而言,应包括该缔约方符合对第 3 款罗列的一系列协议和《与贸易有关的知识产权协定》规定的权利进行保护的资格标准的任何人员[如第 1.4 条(定义)所定义的]。

③ 更确切地说,一缔约方可通过在互联网上公开满足第 12 款公布法律、法规或程序的要求。

④ 为本章之目的,地理标志系指显示一货物是产自一缔约方辖区,或该辖区的某地区或地方的标志,该货物的特定质量、声誉或其他特征主要取决于该地理原产地。任何标识(如文字,包括地理和个人姓名,以及字母、数字、图形要素和颜色,包括单色)或标识组合,无论以何种形式,都有资格成为一个地理标志。本章的"originating"的意思有别于第 1.4 条(定义)对该词的定义,系指"产自"。

害用于该商品或服务的商标使用或有效性。

4. 各缔约方应规定注册商标的持有者应拥有阻止所有第三方未经持有者同意在贸易过程中使用包括地理标志在内的相同或相似标识的专有权，至少在该持有者的商标注册时所涉及的相同或相似货物或服务的领域，如果这种使用可能导致混淆。如果对相同商品或服务使用相同标识，包括地理标识，混淆的可能性应予以推定。

5. 各缔约方可以对商标所赋予的权利规定有限的例外，例如，合理使用描述性措辞，前提是此类例外考虑到商标持有者和第三方的合法利益。

6. 各缔约方不得把一商标是否已在该缔约方辖区内或在另一缔约方司法辖区内注册作为判定该商标是否为驰名商标的条件。此外，各缔约方不得仅仅因为缺少以下各项而拒绝给予驰名商标补助和救济：

(a) 注册；

(b) 包含在驰名商标列表中；或

(c) 事先认定该商标为驰名商标。

7.《巴黎公约》第 6 条之二经必要修改应适用于与驰名商标①确定的特征不相同或不相似的货物或服务，无论注册与否，前提是使用了与那些货物或服务有关的商标就会使那些货物或服务与商标持有者之间建立起联系，并且这种使用方式很可能会损害商标持有者的利益。

8. 各缔约方应采取合理措施拒绝或取消注册，并禁止使用与有关货物或服务的驰名商标相同或相似的商标或地理标志，如果使用该商标或地理标志很可能引起混淆或出错，或导致把该商标和地理标志与驰名商标持有者联系在一起的欺骗或风险，或构成对驰名商标声誉的不公平的利用。

9. 各缔约方应提供一种包括以下各要素的商标注册制度：

(a) 必须向申请人就拒绝商标注册的原因提供书面并可以电子传输的说明；

(b) 申请人有机会回复商标主管部门的说明，对初步的否决提出异议，并对不予注册的最终结果诉诸法律；

(c) 利益相关方有机会反对商标申请并在商标注册后寻求撤销；以及

(d) 规定对异议和撤销诉讼的决定必须以书面形式作出解释。书面裁决可以提供电子版。

10. 各缔约方应提供：

(a) 用于商标的电子申请、电子受理、注册和维护的系统；和

(b) 包括在线数据库在内的商标申请和注册的公共电子数据库。

11. 各缔约方应规定：

(a) 涉及商标申请或注册以及指明商品或服务的注册和公布应用它们的名称指明该货物或服务，根据经修订的（尼斯分类）《商标注册用货物和服务国际分类尼斯协定》（1979年）确立的分类类别分组；和

(b) 商品或服务不能仅仅因为它们在任何注册或公布中出现在尼斯分类的同一类别就

---

① 为了确定一个标志是否驰名，各缔约方不得要求该商标的声誉超出通常处理相关货物或服务的公共部门。

被视为彼此相似。相反,各缔约方应规定不能仅仅因为商品或服务在任何注册或公布中出现在尼斯分类的不同类别就被视为彼此不同。

12. 各缔约方应规定一个商标的初始注册及注册的续展年限不应少于10年。

13. 任一缔约方都不能为了建立许可证的有效性、维护商标的权利或其他目的要求商标许可证记录。

14. 如果一缔约方通过商标保护制度或其他方式提供地理标志保护申请或地理标志承认声索的途径,就(与该缔约方选择的途径相关的)此类申请或声索而言,该缔约方应:

(a)不要求一缔约方代表其国民进行调解就接受那些申请和声索;

(b)用最便捷的手续处理那些申请和声索;

(c)确保公众可随时获取其规范那些申请和声索归档的法规,并清楚列明这些行动的程序;

(d)提供足够的联系信息以使公众获得与提交申请和声索的程序以及处理那些申请和声索的有关的指导意见,并允许申请者、声索者或其代表知晓具体申请和声索的进程,以及有关的程序性指导意见;以及

(e)确保公布地理标志的申请和声索以便公众提出异议,并提供对申请或声索标的物的地理标志提出异议的程序。各缔约方还应提供因申请或声索而取消注册的程序。

15. (a)各缔约方应规定下列各项是拒绝对以地理标志进行保护或承认,反对和取消地理标志的理由:

(i)该地理标志很可能导致与在该缔约方辖区内等待申请或注册的善意主体以及时间上早于该地理标志在该辖区受到保护或承认拥有优先日期的商标相混淆;

(ii)该地理标志很可能与在该缔约方辖区通过善意使用已拥有权利以及时间上早于该地理标志在该辖区受到保护或承认拥有优先日期的商标相混淆;以及

(iii)该地理标志可能会与在该缔约方辖区内已广为人知以及时间上早于该地理标志在该辖区受到保护或承认拥有优先日期的商标相混淆。

(b)为(a)项之目的,地理标志在一缔约方辖区内的保护日期应为:

(i)申请或声索之日,如果保护或承认是申请或声索的结果;以及

(ii)该缔约方法律规定的保护或承认之日,如果保护或承认是通过其他方式提供的。

第18.3条:互联网域名

1. 为了解决商标的网络盗版问题,各缔约方应要求其国家代码顶级域名(Country Code Top Level Domain,CCTLD)的管理部门必须在《统一域名争端解决政策》设定的原则基础上提供适当的争端解决程序。

2. 各缔约方应规定国家代码顶级域名管理部门必须提供在线公共访问有关域名注册人联系信息的可靠和准确的数据库。

第18.4条:版权及相关权利

1. 各缔约方应规定①作者、表演者和录音制品制作者本章的"作者"、"表演者"和"录音

① 缔约双方重申,每一缔约方的法律应规定作品和录音制品不应受版权保护,除非以某种物质形式固定下来。

制品制作者”也指所有权的继承者。有权授权或禁止[①]以任何方式或形式，无论是永久性的还是暂时性的（包括电子形式的临时存储），复制其作品、表演[②]和录音制品。[③]

2. 各缔约方应使作者、表演者和录音制品制作者具有授权或禁止通过销售或所有权转移的其他方式使公众获得其作品、表演、录音制品的原件和复制件[④]的权利。

3. 为了确保作者的权利和表演者和录音制品制作者的权利之间没有层次结构，各缔约方应规定，在既需要从包含在录音制品的作者又需要从在录音制品中拥有权利的表演者或制作者获得授权的情况下，从作者获得授权的需要并不会因为需要从表演者或制作者获得授权而不存在。同样，各缔约方应规定，在既需要从包含在录音制品的作者又需要从在录音制品中拥有权利的表演者或制作者获得授权的情况下，从表演者或制作者获得授权并不会因为需要从作者获得授权而不存在。

4. 各缔约方应规定，如果要计算作品（包括摄影作品）、表演或录音制品的保护期限：

（a）基于自然人的生命，保护期限不应少于作者在世和逝世后70年；以及

（b）不基于自然人的生命，保护期限应：

（i）从该作品、表演或录音制品首次授权出版当年日历年年底开始计算不少于70年；或

（ii）从作品、表演或录音制品问世25年内未授权出版，从作品、表演或录音制品问世日历年当年年底起计算不少于70年。

5. 各缔约方应把《伯尔尼公约》第18条和《与贸易有关的知识产权协定》第14.6条，经适当修改，适用于本条和第18.5条和第18.6条中的主要内容、权利和义务。

6. 各缔约方应规定，关于版权及相关权利，获得或持有作品、表演或录音制品任何经济权利的人员：

（a）可以通过合同自由单独地转让该权利；和

（b）凭借合同，包括引起作品、表演或录音制品创作的雇佣合同，应能以该人自己的名义行使该权利，并充分享有该权利所带来的益处。

7.（a）为了提供充分的法律保护和有效的法律救济以防止规避作者、表演者和录音制品制作者与行使其权利相关联并限制未经授权使用其作品、表演和录音制品行为的有效的技术措施，各缔约方应规定：

（i）任何知道或有合理理由知道，未经授权规避任何控制访问受保护的作品、表演、录音制品或其他内容的有效技术措施的人员；或

（ii）任何制造、进口、销售、提供给公众、供应，或以其他方式买卖设备、产品或零部件，或提供给公众或提供服务的人员：

（A）上述货物由该人员或与该人员一致行动并且该人员知晓的另外一个人员促销、广告或营销以规避有效的技术措施；

---

① 就版权及相关权利而言，本章的“授权或禁止的权利”系指专有权。

② 就版权和相关权利而言，除另有规定，本章的表演系指以录音形式固定的表演。

③ 各缔约方应把对第1款所述的权利的限制或例外局限于某些特定的情况，即不与作品、表演或录音制品的正常利用相抵触，并不会无理地损害权利持有人的合法利益。更确切地说，只要此类限制或例外局限于前句所述的范围，为合理使用，各缔约方可采取或维持对第1款权利的限制或例外。

④ 在第2段中，从属于本款传播权的“复制品”和“原件和复制品”专指作为有形物品投入流通的固定复制品。

(B)除了规避有效技术措施仅为有限的商业目的或用途,或

(C)设计、生产或表演的主要目的是为了能够或便于规避有效的技术措施,

应当承担第18.10.13条[①]所述的补救措施。各缔约方应提供刑事程序和处罚措施以备使用。

(b)当任何人员,不是非营利性的图书馆、档案馆、教育机构,或公共非商业性广播机构等,被发现在上述活动中为商业利益或个人的经济利益有意参与。此类刑事程序和处罚措施应包括对此类活动和主管部门适用经适当修改可适用于违规行为的第18.10.27条第(a)项、第(b)项和第(e)项罗列的补救措施。

(b)实施第(a)项时,任一缔约方都不应有义务要求消费电子产品、电信产品或计算机产品的设计,或零部件的设计和选用,必须提供一个回应给任何特定的技术措施,只要该产品不违反实施第(a)项的任何措施。

(c)各缔约方应规定,违反实施本款的措施是一项行动的单独成因,独立于该缔约方根据版权和相关权利的法律可能发生的任何侵犯。

(d)各缔约方应将实施第(a)项措施的例外和限制局限于下列活动,这些措施应根据第(e)项适用于相关措施:[②]

(i)与合法获得的计算机程序副本有关的非侵权逆向工程活动,与参与这些活动的人员不容易获得的该电脑程序的特定元素有关,其唯一目的是为了获得一个独立编写的电脑程序与其他程序的互操作性善意实施的;

(ii)由已经合法获得程序副本、不固定的表演,或作品、表演、录音制品的展示,并已作出善意努力去获得开展为发现和分析信息加扰和解扰技术存在的缺陷和技术漏洞所必需的研究,具备适当资格的研究人员善意实施的非侵权活动;

(iii)其本身实施第(a)(ii)项的措施并未禁止的技术、产品、服务或设备中的组件或零件的内含物,其唯一目的是为了防止未成年人访问不正当网络内容;

(iv)由一个计算机、计算机系统或计算机网络拥有者授权,以测试、调查或纠正该计算机、计算机系统或计算机网络的安全为唯一目的的非侵权善意活动;

(v)以对任何人员访问任何作品的能力不产生任何影响的方式识别和禁止不公开收集或扩散反映自然人网络活动的个人信息为唯一目的的非侵权活动;

(vi)经合法授权,以执法、情报、基本安全,或类似的政府目的为目的,由政府雇员、代理或承包商实施的活动;

(vii)以做出收购决定为唯一目的,由非营利性图书馆、档案馆,或教育机构访问以其他方式无法访问的作品、表演、录音制品;和

(viii)在某一特定类型的作品、表演或录音制品中,非侵权使用作品、表演,或录音制品,如果在某一司法和行政程序中以确凿的证据证明了对那些非侵权使用的实际影响或可能的

---

① 此外,各缔约方应规定,任何人,不知道并且无理由知道,未经授权规避任何控制访问受保护的作品、表演、录音制品或其他内容的有效技术措施,应承担责任,并至少要采取第18.10.13条第(a)项、第(c)项和第(d)项所述的补救措施。

② 本协定自生效之日起,任一缔约方可要求与另一缔约方磋商,根据第(d)项,考虑如何应对一缔约方确定的类似性质的活动。

负面影响，其前提条件是，依赖于本条款采纳的任何限制或例外应具有从本程序结束之日起不超过3年的延展期的效力。

(e)对实施第(a)项的措施第(d)项所述的活动的例外和限制仅可适用于以下情况，且对有效的技术措施的规避不得损害法律保护的充分性或法律救济的有效性：

(i)实施第(a)(i)项的措施可有与第(d)项罗列的每项活动有关的例外和限制。

(ii)实施第(a)(ii)项的措施，它们适用于控制访问一个作品、表演，或录音制品的有效的技术措施，可有与第(d)(i)(ii)(iii)(iv)(vi)项罗列的每项活动有关的例外和限制。

(iii)实施第(a)(ii)项的措施，当它们适用于保护任何版权或者与版权有关的权利的有效的技术措施时，可有第(d)(i)项和第(d)(vi)项罗列的活动有关的例外与限制。

(f)"有效的技术措施"系指在其运行的过程中，控制访问受保护作品、表演、录音制品，或其他受保护客体，或保护任何版权或者与版权有关任何权利的技术、设备或组件。

8. 为了提供足够和有效的法律救济以保护权利管理信息：

(a)各缔约方应规定，未经授权，知道或涉及民事救济，有合理理由知道，其行为会导致、促成、助长或隐瞒对任何版权或相关权利的侵害行为，有以下行为者：

(i)故意删除或更改任何权利管理信息；

(ii)在知道该权利管理信息未经授权已被删除或更改的情况下销售权利管理信息或为销售而进口权利管理信息；或

(iii)在知道该权利管理信息未经授权已被删除或更改的情况下销售，为销售目的进口、广播、传播或向公众提供作品、表演或录音制品的副本，

应对18.10.13条规定的救济措施负有法律责任并受其约束。各缔约方应规定刑事程序和处罚办法以供非营利性图书馆、档案馆、教育机构，或公共非商业性广播实体除外的任何人员被发现蓄意和为了商业利益或个人的经济利益参与上述任何活动时适用。这些刑事程序和处罚办法应包括，经适当修改可适用于各种侵害活动，对第18.10.27条第(a)项第(b)项和第(e)项条所列救济措施和主管部门的此类活动的适用方法。

(b)各缔约方应把对实施第(a)项的措施的例外和限制局限于由政府雇员、代理机构或承包商为执法、情报、基本安全，或类似的政府用途而开展的合法授权的活动。

(c)"权利管理信息"系指：

(i)确定作品、表演或录音制品，该作品的作者、表演的表演者或录音制品的制作者，或该作品、表演或录音制品的任何权利的所有者的信息；

(ii)关于使用作品、表演或录音制品的条款和条件的信息；或

(iii)代表此种信息的数字或代码。

当任何一个此类数字或代码连接到作品、表演或录音制品的副本，或者出现在与作品、表演或录音制品的传播或使公众可获得联系时。

(d)更确切地说，本款的任何内容不得解释为使任一缔约方负有法律义务要求作品、表演或录音制品的任何权利的所有者必须将权利管理信息附加到作品、表演或录音制品的复制品，或使权利管理信息和该作品、表演或录音制品的传播一起出现。

9. 各缔约方应制定适当的法律、法令、法规、政府颁布的准则，或管理或行政令，规定其中央政府机构不得使用盗版的计算机软件和受版权或相关权利保护的其他材料，只能使用

由相关许可证授权的计算机软件和受版权或相关权利保护的其他材料。这些措施应规定获得和管理政府用途受版权或相关权利保护的软件和其他材料的法规。

10. (a)关于本条及第18.5条和第18.6条,各缔约方应把对专有权的限制或例外局限于某些与作品、表演或录音制品的正常利用不抵触,也不合理地损害权利所有者合法权益的特定情况。

(b)尽管有第18.6.3(b)条的规定,未经权利持有者或信号内容,,如果有信号15的权利持有人授权,各缔约方都不得允许电视信号在互联网上的转播(不论是地面传播、有线传播还是卫星传播)。[①]

第18.5条:版权

在不损害《伯尔尼公约》第11(a)(ii)条、第11条之二(a)(i)、第11条之二(a)(ii)、第14(a)(ii)条,和第14条之二的情况下,各缔约方应把批准或禁止其作品以有线或无线的方式向公众传播的专有权给予作者,包括以公众中的个体在其个人选择的时间和地点访问这些作品的方式把这些作品提供给公众。

第18.6条:相关权利

1. 关于本章授予表演者和录音制品的制作者的权利,各缔约方应该:

(a)把这些权利授予另一缔约方国民的表演者和录音制品制作者;并且

(b)授予在另一缔约方辖区首次出版[②]或首次固定[③]的表演或录音制品有关的权利。

2. 各缔约方应把批准或禁止以下事项的权利给予表演者:

(a)向公众广播和传播其未固定表演,若此表演已是一个广播表演节目的除外;并且

(b)固定其未固定表演。

3. (a)各缔约方应把批准或禁止以有线或无线的方式向公众广播或传播其表演或录音制品的权利给予表演者和录音制品制作者,包括以公众中的个体在其个人选择的时间和地点访问这些表演和录音制品的方式把它们提供给公众。

(b)尽管有第(a)项和第18.4.10条的规定,但是对模拟传输和自由空间广播行使此权利,以及对此类活动的权利行使例外和限制,应是各缔约方的法律管辖的事务。

(c)各缔约方可以根据第18.4.10条,在其他非交互式传输方面,各方可采取措施限制这种权利,前提是这些限制措施不损害表演者或录音制品制作者获得合理报酬的权利。

4. 任何一方都不能规定表演者和录音制品制作者以任何形式享有或行使本章规定的权利。

5. 为本条和第18.4条之目的,以下定义适用于表演者和录音制品制作者:

广播系指通过无线手段或卫星把声音或声音和图像,或声音的再现传输给公众,包括其解密手段已由广播组织或经广播组织同意提供给大众的加密信号的无线传输;

(a)"广播"不包括通过计算机网络传输,或接收时间和地点可由公众中的个体独立选

---

① 为第(b)项之目的及更确切地说,一缔约方辖区内通过一个封闭的、确定的和从该缔约方辖区外不能访问的用户网络转播不构成互联网转播。

② 就保护录音制品而言,任一缔约方可以使用固定的标准而非出版的标准。

③ 为第18.6条之目的,"固定"包括母带或其相等物的最终完成。

择的传输；

(b)“表演或录音制品的公众传播”系指通过除广播外的任何媒介把表演的声音或声音或固定在录音制品的声音的再现传播给公众；

(c)“固定”系指把声音或声音的再现实体化，通过设备这些声音能够被感知、复制或传播；

(d)“表演者”系指演员、歌唱家、音乐家、舞蹈家，以及从事表演、歌唱、演讲、朗诵、演奏、解读，或以其他方式表演文学或艺术作品或民间传说的其他人员；

(e)“录音制品”系指对表演的声音，或其他声音，或声音再现进行固定，纳入在电影作品或其他音像作品中的固定形式除外；

(f)“录音制品制作者”系指首先采取行动并负责把表演的声音，或其他声音，或声音的再现首次固定的人员或法律实体；

(g)“表演或录音制品的出版”系指经权利持有者同意，向公众提供表演或录音制品的复制品，前提是提供给公众的复制品数量合理。

第 18.7 条：保护载有加密节目的卫星和有线信号

1. 各缔约方应把以下行为视作刑事犯罪：

(a)在知道或有理由知道该设备或系统主要是在未获得载有加密节目的卫星或有线信号的合法经销商授权的情况下帮助解码该信号，依旧制造、组装、修改、进口、出口、出售、租赁或以其他方式销售有形或无形的设备或系统；

(b)在知道该信号未经合法经销商授权而被解密的情况下，故意接收和利用，[1]或进一步销售源于加密卫星或有线信号的载有节目的信号，或如果该信号经该信号的合法经销商授权已被解密，在知道源于载有加密节目的信号以及此类信号的销售并未获得信号的合法经销商授权的情况下，为获得商业利益故意销售该信号。

2. 各缔约方应为在第 1 款所述活动中受到损害的人员，包括加密节目信号或其内容权益的持有者，制定包括补偿性损害赔偿在内的民事补救办法。

第 18.8 条：专利

1. 各缔约方应为各领域的任何发明，不管是产品还是流程，提供专利保护，前提是该发明是新的，具有创新性并能应用于工业。此外，各缔约方确认为已知产品[2]新的使用方法提供专利保护。

2. 各缔约方仅可从排除下列事项的专利可获性：

(a)在其辖区内禁止商业利用的发明，禁止理由是保护公共秩序或道德规范，包括保护人类、动物或植物生命或健康，或为避免对环境造成严重损害所必需的，前提是该排除并非仅仅是因为法律禁止该商业利用。

(b)治疗人类或治疗动物的诊断、治疗和外科手术的程序。

3. 各缔约方可以对专利权授予的专有权规定有限的例外，前提是此类例外与该专利权

---

① 更确切地说，“利用”包括观测信号，无论是私人观测还是商业观测。

② 为第 18.8 条之目的，一缔约方可以将“创造性的”和“能工业应用的”这两个术语分别视为“非显性的”和“有用的”的同义词。

的正常利用不发生无理抵触,也不会无理地损害专利权持有者的合法权益,同时考虑第三方的合法权益。

4. 各缔约方应规定,只有在有理由拒绝授予专利权的基础上方可撤销专利。一缔约方还可规定,欺诈、虚假陈述或不公平行为可能作为撤销专利权或持有的专利权无法执行的基础。如果一缔约方制定允许第三方反对授予专利权的诉讼程序,该缔约方不得在授予专利权之前进行此类诉讼。

5. 与第3款相符,如果一缔约方允许第三人使用一个存续专利权的主要内容生成支持药品销售许可申请所必需的信息,该缔约方应规定,此类授权生产的任何产品只能以生成支持申请符合该缔约方的销售许可要求的信息有关的目的在其辖区内制造、使用或出售,如果该缔约方允许此类产品出口,该缔约方应规定该产品只能以生成支持申请符合该缔约方的销售许可要求的信息为目的。

6. (a)应专利权持有者的请求,各缔约方应当调整专利权的有效期限,以弥补发生在专利权授予时出现的不合理延误。为本项之目的,授予专利权的不合理延迟应至少包括在该缔约方辖区提交申请之日起4年以上,或提出对该申请进行审查后3年以上,以较迟者为准。归属于专利申请人的诉讼时间不需要包括在对此类延误[①]的裁决里。

(b)关于涉及被批准在该缔约方辖区销售的新药品[②]的专利,以及被批准在该缔约方辖区销售的新药品的制造或使用方法,在该专利持有者的请求下,各缔约方应可以对专利期限或涉及一种新药品的专利权期限、其获得批准的使用方法或生产方法作出调整,以弥补专利权持有者因该药品与在该缔约方辖区首次商业使用有关的销售批准程序导致的有效专利期不合理的缩短。本项的任何调整应赋予原先颁发的专利证书中适用于该产品和得到批准的产品[③]使用方法的,在受同样限制和例外约束的情况下,该产品、其使用方法或制造方法的专利主张的全部专有权。[④]

7. 各缔约方应忽略包含在公开披露的信息中用于裁定一项发明是否新颖或是否有创意的信息,如果公开披露的信息:

(a)是由专利申请人做出,或经专利申请人授权,或来源于专利申请人;和

(b)是在该缔约方辖区提出申请申请之日前12个月内发生的。[⑤]

8. 各缔约方应向专利申请人至少提供一次机会对他们的专利申请作出修改、纠正和评论。

9. 各缔约方应规定,主张一项发明的信息披露应被认为是足够清楚和完整的,如果它提供了在该申请日该行业的技术人员无须过多实验就能做出和使用该发明物的信息。

10. 各缔约方应规定,主张的发明:

(a)得到该信息披露的充分支持,披露的信息能说明是否允许该行业的技术人员将信息披露中关于发明的讲解拓展至整个专利范围,从而表明该专利申请人并没有对在专利申请

---

① 尽管有第18.1.9条的规定,第(a)项应适用于2008年1月1日或之后提出的所有专利申请。

② 更确切地说,第(b)项的新药品系指至少包含一个新的化学物体,该物体以前在该缔约方辖区尚未批准为药品。

③ 为第(b)项之目的,有效专利期限系指从产品获批准之日起到专利的原始到期日期止。

④ 同上。

⑤ 尽管有第18.1.9条的规定,第(a)项应适用于2008年1月1日或之后提出的所有专利申请。

提交之日还没有得到确认、描述或拥有的内容主张专利;

(b)如果具有一个具体、真实和有效的功效,它是工业上可应用的。

11.缔约双方应努力建立双方专利局之间的合作框架,作为检索和审查工作中互惠利用发展的基础。

第18.9条:与某些管制产品有关的措施

1.(a)如果一缔约方要求或许可,作为批准销售新的药品或新的农化产品的条件,提交需要付出巨大努力才能获得的与产品的安全性或有效性有关的信息,未获得先前在该缔约方辖区为获得销售批准提交此类安全性和有效性信息的那个人员的同意,该缔约方不得基于以下事项授权另一个人销售相同或类似的产品:

(i)为支持销售许可提交的安全性或有效性信息;或

(ii)销售批准的证据。

从在该缔约方辖区获得销售批准之日起医药产品至少5年,农化产品至少10年。

(b)如果一缔约方要求或许可,与批准销售新的药品或新的农化产品相关联,提交与先前在另一缔约方辖区获得批准的产品的安全性或有效性有关的证据,如先前在另一缔约方辖区销售批准的证据,未获得先前在另一缔约方辖区为获得销售批准提交此类安全性和有效性信息的那个人员的同意,该缔约方不得基于以下事项授权另一个人销售相同或类似的产品:

(i)为支持在另一缔约方辖区先前的销售批准提交的安全性和有效性信息;或

(ii)先前在另一缔约方辖区销售批准的证据。

从在该缔约方辖区获得新产品销售批准之日起医药产品至少5年,农化产品至少10年。①

(c)为本条之目的,“新的药品”系指不包含该缔约方辖区先前已批准的在药品中使用的化学物质的药品,新的农化产品系指包含一种以前从未在该缔约方辖区获得批准在农化产品使用的化学物质。

2.(a)如果一缔约方要求或许可,作为批准销售包含先前已批准在另一个药品中销售的化学物质的药品条件,提交对于批准该包含先前批准的化学物质的药品来说至关重要的新的临床信息,而非与生物等效性相关的信息,未获得先前在该缔约方辖区为获得销售批准提交此类临床信息的那个人员的同意,该缔约方不得基于以下信息授权另一个人销售相同或类似的产品:

(i)为支持销售批准而提交的新的临床信息;或

(ii)基于新的临床信息的销售批准证据。

从在该缔约方辖区销售批准之日起至少3年的时间。

(b)如果一缔约方要求或许可,与批准第(a)项规定类型的药物产品销售相关联,提交与一个基于在另一缔约方的新的临床信息获得批准的产品新的临床信息有关的证据,而非与生物等效性有关的信息的证据,如先前基于新的临床信息获得销售批准的证据,没有得到

---

① 缔约双方确认,自本协定签署之日起,没有得到先前为获得在另一缔约方辖区销售批准提交此类安全性和有效性信息的那个人员的同意,各缔约方不得准许一人员基于先前在该另一缔约方辖区销售批准的此类信息或证据在该缔约方辖区销售相同或类似的产品。

先前为在另一缔约方辖区获得销售批准提交此类新的临床信息的人员的同意，该缔约方不得基于以下信息授权其他人销售相同或类似的产品：

(i)为支持先前在另一缔约方辖区获得销售批准而提交的新的临床信息；或

(ii)先前基于新的临床信息在另一缔约方辖区获得销售批准的证据。

从在该缔约方辖区基于新的临床信息获得销售批准之日起至少3年。

(c)如果一缔约方要求或许可，作为批准新用途销售的条件，对于先前已在该缔约方辖区获得批准的新的农化产品而言安全性和有效性的信息，其信息来源需要付出相当大的努力，没有得到先前为获得在该缔约方辖区的销售批准而提交此类安全性和有效性信息的人员的同意，该缔约方不得基于以下信息授权其他人为该用途销售相同或类似的产品：

(i)提交的安全性和有效性信息；或

(ii)该用途销售批准的证据。

在该缔约方辖区获得最初的农化产品销售批准之日起至少10年时间。

(d)如果一缔约方要求或允许，与一个新用途的销售批准相关联，对于先前已经在该缔约方辖区获得销售批准的农化产品而言，提交与先前在另一缔约方辖区为该新用途获得批准的产品的安全性和有效性有关的证据，如先前该新用途获得销售批准的证据，未经先前为获得在另一缔约方辖区的销售批准而提交安全性和有效性信息的那个人的同意，该缔约方不得基于以下信息授权其他人销售相同或类似的产品：

(i)为支持先前在另一缔约方辖区获得销售批准而提交的安全性和有效性信息；或

(ii)先前在另一缔约方辖区为该新用途获得销售批准的证据。

从在该缔约方辖区获得初次销售批准之日起至少10年时间。

3. 关于药品，尽管有第1款和第2款规定，任一缔约方可以根据以下协定和条款采取保护公共健康的措施：

(a)《〈与贸易有关的知识产权协定〉和公共健康宣言》(WT/MIN(01)/DEC/2)(《宣言》)；

(b)世贸组织成员为落实《宣言》根据《世界贸易组织协定》同意的，并在缔约双方之间有效的《与贸易有关的知识产权协定》任何规定的豁免条款；以及

(c)为落实对缔约双方生效的《宣言》而对《与贸易有关的知识产权协定》做出的任何修正。

4. 受第3款制约，如果一个产品根据第1款或第2款在一缔约方辖区受销售批准制度制约，并在该缔约方辖区被一个专利权涵盖，假如该专利权保护终止之日早于那些条款规定的保护期结束，该缔约方不可变更其根据那些条款提供的保护期限。

5. 若一缔约方许可，作为批准药品销售的条件，除最初提交安全性或有效性信息人员以外的人员，依靠该信息或先前获得批准的一个产品的安全性和有效性信息的证据，如先前在该缔约方辖区或另一缔约方辖区获得销售批准的证据，该缔约方应该：

(a)规定，必须把要求在一项报告给审批机构涵盖该产品或其获得批准的使用方法的专利权有效期内获得销售批准进入该市场人员的身份通知专利权持有者；以及

(b)在其销售批准过程中采取措施防止其他人员未经专利权持有人同意或默许在一项报告给审批机构涵盖该产品或其获得批准的使用方法的专利权有效期内销售产品。

第 18.10 条:知识产权的实施

一般义务

1. 各缔约方应规定,归属于知识产权实施的普遍适用的最终司法裁决和行政裁定必须是书面的并详细说明任何与事实和推理相关的调查结果,或裁决和裁定的法律基础。各缔约方还应规定,那些裁决和裁定必须以其本国语言并以能够使各级政府和权利持有人知晓的方式公布于众,[①]如果不可能做到公布于众,则必须对公众开放。

2. 各缔约方应把在其民事、行政和刑事系统中有效地实施知识产权的相关信息公布于众,包括该缔约人可能为此目的收集的任何统计信息。[②]

3. 在涉及版权和相关权利的民事、行政和刑事诉讼中,各缔约方应提供一个假设,在没有相反证据的情况下,署名为该作品、表演或录音制品的作者、制作者、表演者或出版者的那个人一般来说就是该作品、表演或录音制品指定的权利持有者。各缔约方还应提供一个假设,在没有相反证据的情况下,版权或相关权利存在于该内容。与商标相关的民事、行政和刑事诉讼中,各缔约方应提供一个可反驳的假设,即注册商标是有效的。在与专利权相关的民事和行政诉讼中,各缔约应提供一个可反驳的假设,即专利是有效的,并应规定每一项专利主张不受其他主张的有效性约束都被假定为是有效的。

民事、行政程序及救济

4. 各缔约方应向权利持有者[③]提供与任何知识产权的实施有关的民事司法程序。

5. 各缔约方应规定:

(a)在民事司法诉讼中,其司法当局应有权责令侵权人向权利持有者支付;

(i)足以补偿权利持有者因侵权而遭受的损害的赔偿金;[④]或

(ii)至少在版权或相关权利侵权和假冒商标案中,该侵权者通过该侵权行为所获得的利益,该利益可以被假定为第(i)项所指的损害赔偿金的数额;以及

(b)在确定对于知识产权侵权支付的损害赔偿金时,其司法主管部门应当特别考虑受到侵害的商品或服务以市场价格、建议零售价或权利持有者提交的其他合法措施衡量的价值。

6. 在民事诉讼中,各缔约方,至少就受到版权或相关权利保护的作品、录音制品和表演而言,并在商标假冒案件,设立或保持预先设立该权利持有者选择可用的损害赔偿金。预先设立的赔偿金在数量上应足以构成对未来侵权行为的威慑和对权利持有者因侵权行为造成的损失充分的赔偿。[⑤]

7. 各缔约方应规定,在与版权和相关权利侵权、专利侵权或商标侵权有关的民事司法程序结束时,除特殊情况外,其司法主管部门应有权命令败诉缔约方向胜诉缔约支付法庭诉讼费,至少在有关版权或相关权利侵权或故意假冒商标诉讼中,应支付合理的律师费。此外,各缔约方应规定其司法主管部门,至少在特殊情况下,有权命令,在关于专利侵权的民事司

---

① 一缔约方可通过使公众能在因特网上获得裁决或裁定信息来满足第 1 款的公布要求。

② 更确切地说,第 2 段的任何内容都不是为了规定一缔约方必须公开的信息公布的类型、格式和方法。

③ 为第 18.10 条之目的,"权利持有者"包括具有主张此类权利的法律地位和权威的联合会或协会,也包括排他地拥有一个或多个某一特定知识所含的知识产权的人员。

④ 在专利侵权案件中,足以补偿侵权行为的损害赔偿金不应低于合理的专利使用费。

⑤ 任一缔约方都不必对损害一缔约方或获得一缔约方授权或同意的第三方的侵权行为适用第 6 款规定。

法程序结束时,胜诉方应获得败诉方支付的合理的律师费。

8. 在关于版权或相关权利侵权和商标假冒的民事司法程序中,各缔约方应规定,其司法主管部门应有权责令没收涉嫌侵权的货物、材料和与侵权行为有关的装备,至少在商标假冒案中,还应没收与侵权行为有关的文件证据。

9. 各缔约应规定:

(a)在民事司法程序,经权利持有者请求,被发现是盗版或假冒的货物应当销毁,除非在特殊情况下;

(b)其司法主管部门应有权责令,被用于此类盗版或冒牌货品制造或创作的材料和装备在不做任何补偿的情况下及时销毁,或在特殊情况下,在不做任何补偿的情况下,以进一步侵权风险最小化的方式在商业渠道外处置;以及

(c)对于假冒注册商标的货物,在允许货物进入商业渠道前仅仅拆除非法加贴的商标是不够的。

10. 各缔约应规定,在涉及知识产权实施的民事司法程序中,其司法主管部门应有权责令侵权者提供,为收集证据之目的,侵权者拥有或控制的与涉及侵权的任何人和与此类货物或服务的生产途径或销售渠道有关的任何信息,包括参与侵权货物或服务的生产和销售或参与他们的销售渠道的第三人的确认,并有权向权利持有者或司法主管部门提供这方面的信息。

11. 各缔约方应规定,其司法主管部门有权:

(a)在适当情况下对民事司法程序中未遵守此类机构颁布的有效法令的一方实施罚款、拘留或监禁;和

(b)因违反保护在程序中产生和交流的机密信息的司法命令,而对民事司法诉讼的各方、律师、专家或受法院管辖的其他人实施制裁。

12. 鉴于行政程序能够根据案子的是非曲直决定任何民事救济措施,各缔约方应规定此类程序必须遵循在实质上与本章规定的那些原则相等的原则。

13. 在关于第 18.4 条第 7 款和第 8 款所述行为的民事司法诉讼中,各缔约方应规定其司法主管部门至少应有权:

(a)实施包括没收涉嫌违禁活动的设备和产品在内的临时措施;

(b)向权利持有者提供一个选择按其遭受的实际损失赔偿或按预先设立的赔偿金赔偿的机会;

(c)在民事司法程序结束时命令参与违禁活动的一方向胜诉的权利持有者支付诉讼费和合理的律师费;和

(d)命令销毁被发现参与违禁活动的设备和产品。

任一缔约方都不能要求承担举证责任来证明它不知道并没有理由相信其行为是明令禁止的非营利的图书馆、档案馆、教育机构或公共非商业性广播实体支付本款的赔偿金。

14. 在关于知识产权实施的民事司法程序中,各缔约方应规定,其司法主管部门应有权责令一方停止侵权,以特别防止侵权的进口货物进入商业渠道并防止其出口。

15. 如果一缔约方的司法或其他主管机关在关于知识产权实施的民事司法程序中指定技术或其他专家并要求诉讼各方承担这些专家的费用,该缔约方应设法确保此类费用特别

是与所作工作的数量和性质密切相关的,并且没有不合理地阻碍此类诉讼程序。

替代性争端解决

16. 各缔约方可允许使用替代性争端解决程序解决关于知识产权的民事争端。

临时措施

17. 各缔约方应基于自身利益考虑对单方面临时措施的请求采取行动。

18. 各缔约方应规定,其司法主管部门有权要求原告就临时措施提供按常理推断可以获得的证据以使其更加确信原告的权利正在被侵害或侵权迫在眉睫,并有权责令原告提供一笔合理的保证金或等值的保证,其价值足以保护被告并防止滥用程序,以免不合理地阻碍诉诸此类程序。

与边境措施有关的专门要求

19. 各缔约方应规定,任何启动程序要求其主管部门中止涉嫌假冒货引起混淆的相似商标货物或盗版货物[①]自由流通的权利持有者,必须提供足够的证据来使主管部门确信,根据进口国的法律,权利持有者的知识产权存在初步的侵权,并提供可以合理地预期权利持有者应该知道的足够信息,以使主管部门能合理地识别涉嫌侵权的货物。提供足够信息的要求不应不合理地妨碍诉诸这些程序。各缔约方应规定,货物中止放行的申请应适用于所有进入其辖区的地点并从申请日之日起不少于 1 年的时期适用,或在该货物受版权保护的时期或有关商标注册是有效的时期内适用,以时间最短者为准。

20. 各缔约方应规定,其主管部门应有权要求启动程序要求中止放行涉嫌假冒或引起混淆的相似商标货物或盗版货物的权利持有者提供一笔数额合理的保证金或等值的保证,其价值足以保护被告和主管部门并防止滥用程序。各缔约方应规定,该保证金或等值的保证不应不合理地阻碍诉诸这些程序。各缔约方可以规定,该保证金可以债券的形式以使进口商或进口商品拥有者不会因为该主管部门裁定该货品不是侵权货物而遭受由于中止该货物的放行而遭受损失或损害为条件。在任何情况下,进口商都不应被允许交付债券或其他保证金以获取涉嫌假冒或引起混淆的相似商标货物,或盗版货物。

21. 若其主管部门已经查获假冒或盗版货物,一缔约方应在查获的 30 日内把发货人、进口商、出口商或收货人的姓名和地址通知权利持有者或收货人,并向权利持有者提供商品描述、商品数量,如果知道,还应提供商品的原产国。

22. 各缔约方应规定,其主管部门可以根据其职权对涉嫌是假冒或引起混淆的相似商标的货物,或盗版货物的进出口商品、运输中的商品,[②]或自由贸易区的商品启动边境措施。[③]

23. 各缔约方应规定,被海关主管部门中止放行的货物和因为盗版或假冒已被没收的货物应被销毁,特殊情况除外。对于假冒商标的货物,在允许商品进入商业渠道前仅仅拆除非

---

① 为第 19 款至第 25 款之目的:

(a)假冒商标货物系指包括包装上未经授权使用与此类货物有关的有效注册的商标雷同的商标,或在其重要的方面与此类商标无法区分的商标,和根据进口国的法律由此侵害了该商标持有者的权利的商标在内的任何货物。

(b)盗版商品系指未经权利持有者或权利持有者在生产国正当授权的人员的同意制作的副本的任何货物,以及直接或间接地从一个货物制作,根据进口国法律制作该货物的副本就会构成对版权或相关权利的侵害的任何货物。

② 更确切地说,各缔约方认为,根据职权采取的行动不需要盗版方或权利持有者的正式投诉。

③ 为第 22 款之目的,运输中商品系指《关于简化和协调海关业务制度的国际公约》(京都公约)定义的“海关运输”货物和“转运的”货物。

法加贴的商标是不够的。在任何情况下，主管部门都无权允许假冒或盗版货物出口或允许此类货物办理其他海关手续，特殊情况除外。

24. 若申请费或商品储存费被评估为与边境措施关联以执行知识产权，各缔约方应规定，该费用的收费标准不得不合理地阻碍诉诸这些措施。

25. 各缔约方应根据双方同意的条款向另一缔约方提供关于执行与知识产权有关的边境措施的技术建议，缔约双方应促进对这些问题的双边和区域合作。

刑事程序和救济措施

26. 各缔约方应制定刑事程序和处罚措施，至少可供商业规模故意商标假冒或版权或相关权利盗版案件中适用。商业规模的版权或相关权利故意盗版包括：

(a)没有直接或间接财务收益动机的大规模版权或相关权利的故意侵权；和

(b)为了获取商业利益或私人谋利的故意侵权。[①]

各缔约方应把假冒或盗版货物的故意进口或出口视为必须受到刑事处罚的违法行为。[②]

27. 除第 26 款外，各缔约方应规定：

(a)包括数量上足以给未来的侵权行为产生威慑的罚金和监禁判决在内的处罚措施，同时推出消除侵权者赚钱动机的政策。各缔约方应进一步鼓励司法主管部门施加的处罚措施在数量上足以给未来的侵权行为产生威慑，包括在发生刑事侵权以获取商业利益或盗版的财务利益时强制执行实际的监禁刑期；

(b)司法主管部门应有权下令扣押涉嫌假冒或盗版的货物、相关材料、用于侵权的工具、与侵权有关的文件证据，可追溯到侵权活动的任何资产。各缔约方应规定，此类命令不需要单独确定被没收的物品，只要它们归属于命令中指定的总类别；

(c)除了其他措施，其司法主管部门应有权下令没收任何可追溯至该侵权活动的任何资产；

(d)其司法主管部门下令，特殊情况除外：

(i)没收和销毁所有假冒或盗版的货物，以及含有假冒标记的货品；和

(ii)没收和/或销毁已被用于盗版或假冒货物生产的材料和工具。

各缔约方应进一步规定，本项和第(c)项下提的没收和销毁不应产生对被诉方的任何赔偿；

(e)在刑事案件中，其法律或其他主管部门应保留一份拟销毁货物和其他材料的详细清单，并有权根据权利持有者表达了为损害赔偿提起民事诉讼或行政诉讼意愿的通知暂时豁免这些材料被销毁以便保留证据；以及

(f)其主管部门不需要盗版方或权利持有者的正式投诉就可以根据职权启动针对本章所述犯法行为的法律行动。

28. 各缔约方还应规定刑事程序和处罚措施以供适用，即使没有故意假冒商标或版权盗版，至少在蓄意贩卖以下货品的案件中：

(a)贴在、内附于、伴随、指定贴在录音制品、计算机程序副本、其他文学作品、电影或其

---

① 为第 26 款和第 18.4.7(a)条、第 18.4.8(a)条，第 18.10.27 条之目的及更大的确定性，“财务利益”包括任何有价值的东西的获得和预期获得。

② 任一缔约方可通过其与销售有关的措施履行第 26 款与盗版货物出口有关的义务。

他视听作品或此类物品的文件或包装物上的假冒标签或非法标签；和

(b)用于第(a)项所述类型物品的假冒文件或包装物。

29. 各缔约方还应制定刑事程序以供未经电影或其他视听作品的版权或相关权利人授权，蓄意使用或企图从一个公共电影放映设备上电影或其他视听作品的表演用音像录制设备转录或复制该电影或其他视听作品或其任何部分的副本。

服务提供商和责任和局限性

30. 为提供执行程序之目的，该程序允许对本章所涵盖的版权侵权行为采取有效行动，包括防止侵权的补救措施和对未来的侵权行为构成威慑的刑事和民事补救措，与本条所述框架一致，各缔约方应规定：

(a)合法奖励服务提供商和版权[①]持有者合作以阻止未经授权存储和传播受版权保护的材料；以及

(b)与补救措施的范围有关的法律中的局限性，如第(b)项规定的，[②]这些补救措施可用于服务供应商他们不能控制、启动或领导的版权侵权行为，和通过他们或他们的代表控制或运行的系统或网络发生的版权侵权行为。

(i)这些限制应排除货币救助并对法院指令的救济提供合理的限制以强迫或限制某些行动的下列功能，并应局限于那些功能：[③]

(A)传输、路由或连接内容未经修改的材料，或此类材料的中间和瞬间存储；

(B)通过自动程序进行的高速缓存；

(C)根据驻留在由或为该服务提供商控制或操作的系统或网络的材料的用户的指令存储；和

(D)通过信息定位工具把用户引导或链接至网络位置，包括超链接和目录查询。

(ii)这些限制条款只适用于以下情况，即服务提供商未启动该材料的传输链，并且未选择该材料或其接受者[除非第(i)(D)项所述的功能其本身需要某种形式的选择]。

(iii)服务供应商提出的对第(i)(A)项至第(D)项每个功能的限制措施的先决条件应该根据第(iv)项至第(vii)项列出的先决条件与互相之间的功能的限制条件分开来考虑。

(iv)关于第(i)(B)项所指的各项功能，限制条件应取决于服务提供商：

(A)在很大程度上只允许满足访问该材料条件的系统或网络用户访问缓存的材料；

(B)遵守与缓存材料的更新、重新加载或其他更新有关的，使该材料在线可获得的那个人根据被普遍接受的行业标准数据通信协议为通过该系统或网络那个人使材料可以获得的明确说明的规则；

(C)不在始发地址用符合在该缔约方辖区被接受的行业标准的技术干扰以获得关于该材料使用情况的信息，以及在传输到随后用户过程中不修改其内容；以及

(D)一收到举报侵权的有效通知，尽快删除或禁止访问在其始发地已经删除或已禁止访问的缓存材料。

---

① 为第30款之目的，“版权”包括相关权利。

② 第(b)项并不损害具有普遍适用性的对版权侵权进行辩护。

③ 任一缔约方都可要求与另一缔约方磋商协商根据第(b)项解决一缔约方在本协定生效之日后指明的性质类似的功能。

(v)关于第(i)(C)项和第(i)(D)项所指的各种功能,限制条件应取决于该服务提供商:

(A)未收到直接可归结于侵权活动的财务利益,在其有权和有能力对此类活动进行控制的情况下;

(B)一经确切了解该侵权或知晓该侵权事实或情况已相当清楚,例如,通过根据第(iv)项发出的举报侵权的有效通知,尽快删除或禁止访问驻留在其系统或网络的材料;以及

(C)公开指定代表接收此类通知。

(vi)本项中各项限制条件的合法性应取决于服务提供商:

(A)采用并合理地实施在适当的情况下关闭屡次侵权者账户的政策;

(B)包容并用在该缔约方辖区被接受的,保护和识别受版权保护材料的,在版权持有者和服务供应取得广泛共识的情况下通过一个开放的和自愿过程开发的,在合理和非歧视条件下可以获得的,对服务提供商不产生大笔费用的或不对其系统或网络构成沉重负担的标准技术措施进行干扰。

(vii)本项中各项限制条件的合法性也可能不取决于监控其服务,或积极寻找表明侵权活动的事实地服务提供商,除非与这些技术措施一致。

(viii)如果服务提供商符合与第(i)(A)项所指功能有关的限制条件,法院指定的强迫或限制某些行动的救济应限于终止特定账户,或采取合理措施阻止访问一个特定的、非国内的在线存储地址。如果服务提供商符合与第(i)项中的任何其他功能有关的限制条件,法院指定的强迫或限制某些行动的救济应限于删除或禁止访问侵权材料,终止指定账户,其他法庭认为有必要的其他补救办法,前提是与其他有同等效力的救济形式相比,该救济措施对服务提供商的负担是最轻的。各缔约方应规定,任何此类救济应考虑对服务提供商的有关负担和对权利持有者的损害、技术的可行性和补救措施的有效性,并考虑是否有负担更轻效果相等的补救措施可用。除了确保保全证据的法令,或对服务提供商的通信网络的运行不产生重大不利影响的其他法令,各缔约方应规定,此类救济只有在服务提供商已经收到本项所指的法院命令程序的通知并有机会出现在司法主管部门前时才会采用。

(ix)为第(i)(C)项和第(i)(D)项所指的通知和功能拆卸之目的,各缔约方应在其法律或法规中为举报侵权的有效通知和由于误操作或识别错误材料被删除或禁止访问那些人员的反向通知制定适当的程序。各缔约方还应针对在通知或反向通知中犯蓄意材料识别错误,由于依赖该识别错误的服务提供商导致对任何利益方造成损害的人员制定货币补救措施。

(x)如果该服务提供商基于声称的或明显的侵权出于善意删除或禁用访问材料,各缔约方应规定,服务提供者应对由此产生的任何索赔免责,前提是,就驻留在其系统或网络的材料而言,它采取了合理的步骤及时通知了使材料在其系统或网络可获得的人员,如果该人员发布了有效的反向通知并在侵权诉讼中等待司法审判,恢复在线的材料,除非发出最初有效通知的那个人员在合理的时间内寻求司法救济。

(xi)各缔约方应建立行政或司法程序使已经对声称的侵权发出有效通知的版权持有者能从服务提供商迅速获取其掌握的识别该声称的侵权者的信息。

(xii)为第(i)(A)项所指的功能之目的,服务提供商系指为数字在用户选择的材料用户

指定的两点或多点之间不变更其内容的在线通信提供传输、路由或链接的商家，为第(i)(B)项至第(i)(D)项所指的功能之目的，服务提供商系指在线服务或网络访问设备的提供商或运营商。

第 18.11 条：对于某些公共卫生措施的认识

1. 缔约双方确认其在《〈与贸易有关的知识产权协定〉和公共健康宣言》(WT/MIN(01)/DEC/2)所做的承诺。

2. 缔约双方就本章达成如下共识：

(a)本章的义务不会也不应妨碍一缔约方采取措施，通过向所有人提供药物以保护公众健康，特别是如艾滋病、肺结核、疟疾和其他流行病那样的病例和极端的紧急情况或全国性紧急情况。因此，重申其在本章的承诺，缔约双方确认本章可以而且应该以有助于各缔约方保护公众健康，特别是向所有人提供药物的方式被解释。

(b)确认让人人都能获得根据《2003 年 8 月 30 日总理事会关于实施〈与贸易有关的知识产权协定和公共健康的多哈宣言〉第 6 款的决定》(以下简称《决定》)(WT/L/540)和《决定》所附的《WTO 总理事会主席声明》(JOB(03)/177，WT/GC/M/82)(合称为《TRIPS/健康方案》)提供的药物的承诺，本章没有并且不应阻止有效利用《TRIPS/健康方案》。

(c)就上述事项，如果《与贸易有关的知识产权协定》的修正案对缔约双方生效，并且一缔约方适用一个符合该修正案的措施违反本章，缔约双方应立即协商，以使本章根据修正案的内容做适应性调整。

第 18.12 条：过渡性条款

1. 各缔约方都应在本协定生效之日使本章生效。

2. 尽管有第 1 款的规定，韩国应在本协定生效之日后 2 年内全面履行第 18.4.4 条的各项义务。

2007年7月30日
华盛顿特区
美国贸易代表
尊敬的苏珊·C. 施瓦布

尊敬的施瓦布大使：

我很荣幸地确认在今天签署的贵我两国政府之间的《自由贸易协定》第18.10.30(b)(ix)条(知识产权执法)有关的谈判过程中大韩民国代表团和美利坚合众国代表团达成了以下共识：

在履行第18.10.30(b)(ix)条的各项义务过程中，美国应适用其法律的相关条款，[①]及其修正案，韩国应采纳以下事项的规定：(a)关于被举报侵权的材料，向服务供应商提供有效的书面通知；(b)如本函所述，材料被删除或禁止访问并宣称禁止访问是由于失误或识别错误引起的一方提供的有效的书面反向通知。有效的书面通知系指大体遵循本函第(a)项所列要素的通知；有效的书面反向通知系指大体遵循本函第(b)项所列要素的反向通知。

(a)有效的书面通知，由版权[②]持有者或得到授权代表专有权持有者行动的人员向服务提供商的公开指定的代表提出。[③]

为使提供给服务提供商的通知遵守第18.10.30(b)(ix)条规定的相关要求，通知必须以书面形式，也可以由电子方式提供，并大体包含以下内容：

1. 申诉方(或其委托代理人)的身份、地址、电话号码和电子邮箱地址；

2. 足够充分的信息，使服务提供商能够识别被宣称已被侵权的受版权保护的作品；[④]

3. 足够充分的信息，允许服务提供商能够识别并定位驻留于为它或它所控制或运营的系统或网络的材料，被举报正在侵权或作为侵权活动主体的材料，及将被删除或禁止访问的材料。[⑤]

4. 一份表明申诉方善意地相信以被申诉的方式对该材料的使用未经版权持有者、版权持有者的代理人或法律的授权的声明；

5. 一份表明通知中的信息准确无误的声明；

6. 一份提供足够材料证明(如受伪证处罚或同等的法律制裁约束的声明)申诉方为涉嫌被侵害的专利权的持有者，或被授权代表专利权持有者的声明。

---

① 《美国法典》第512(c)(c)(A)部分和第512(g)(c)部分。

② 为本函之目的，"版权"包括相关权利，"作品"包括相关权利的主要内容。

③ 缔约双方认识到，代表是公开指定代表服务提供商接收声明的人。代表的姓名、实际地址和电子地址和电话号码被公布在服务提供商的网站上公众可以访问的部分，也公布在公众通过互联网可以访问的登记处上，或者以韩方认可的其他形式或方式指定。

④ 如果一份通知书所涵盖的多个受版权保护的作品在或链接至由或为服务提供商控制或运营的系统或网络上的一个在线网站，那么，可以提供一份在该网站或链接至该网站的此类作品的代表性清单。

⑤ 就与第18.10.30(b)(i)(D)条相符的信息位置工具的通知而言，提供的信息必须合理充分以使服务提供商能够定位驻留在由或为其控制或运营的系统或网络上的关联或链接，除非通知涉及在或链接至由或为服务提供商控制或运营的系统或网络上的一个在线网站上的多个关联或链接，那么，可以提供一份在该网站的此类关联或链接的代表性清单，如果附上了足以使服务提供商定位所该关联或链接的信息。

7. 发出通知者[①]本人的签名。

(b)有效的书面反向通知书由材料因为失误或者识别错误而被删除或禁止访问的用户[②]提出。

为使反向通知遵守第18.10.30(b)(ix)条规定的相关要求,反向通知书必须为书面形式,可以由电子方式提供,并大体包含以下所述内容:

8. 用户的身份、地址和电话号码;

9. 已被删除或已被禁止访问的材料的本体特性;

10. 材料被删除或被禁止访问之前出现的位置;

11. 一份提供足够材料证明(如受伪证处罚或同等的法律制裁约束的声明)用户善意地相信材料是由于失误或对该材料的识别错误而被删除或被禁止访问的声明。

12. 一份表明用户同意遵守对用户地址所在地有司法管辖权的任何法庭的法令,或者如果该地址不在该缔约方辖区内,将遵守可以发现该服务提供商缔约方辖区的任何地方有司法管辖权并可以对声称的侵权进行版权侵犯诉讼案件审理的任何法庭的法令的声明;

13. 一份表明用户将接受此类诉讼案件处理过程中的服务的声明;以及

14. 用户的签名。[③]

我很荣幸地提议,本函以及贵方确认贵国政府同意本共识的复函应成为《自由贸易协定》一个不可分割的组成部分。

谨上

金铉宗

① 作为电子通信一部分传送的签名符合本规定。

② 为本函之目的,"用户"系指由于本函(a)部分所述有效通知的原因其材料被服务提供商删除或禁止访问的那个人员。

③ 作为电子沟通组成部分传送的签名符合本规定。

2007 年 7 月 30 日
韩国，首尔
贸易部长
尊敬的金铉宗先生

尊敬的金部长：

我很荣幸地确认收到您今天的来函，内容如下：

我很荣幸地确认在今天签署的贵我两国政府之间的《自由贸易协定》第 18.10.30(b)(ix)条(知识产权执法)有关的谈判过程中大韩民国代表团和美利坚合众国代表团达成了以下共识：

在履行第 18.10.30(b)(ix)条的各项义务过程中，美国应适用其法律的相关条款，[①]及其修正案，韩国应采纳以下事项的规定：(a)关于被举报侵权的材料，向服务供应商提供有效的书面通知；(b)如本函所述，材料被删除或禁止访问并宣称禁止访问是由于失误或识别错误引起的一方提供的有效的书面反向通知。有效的书面通知系指大体遵循本函第(a)项所列要素的通知；有效的书面反向通知系指大体遵循本函第(b)项所列要素的反向通知。

(a)有效的书面通知，由版权[②]持有者或得到授权代表专有权持有者行动的人员向服务提供商的公开指定的代表提出。[③]

为使提供给服务提供商的通知遵守第 18.10.30(b)(ix)条规定的相关要求，通知必须以书面形式，也可以由电子方式提供，并大体包含以下内容：

1. 申诉方(或其委托代理人)的身份、地址、电话号码和电子邮箱地址；

2. 足够充分的信息，使服务提供商能够识别被宣称已被侵权的受版权保护的作品；[④]

3. 足够充分的信息，允许服务提供商能够识别并定位驻留于为它或它所控制或运营的系统或网络的材料，被举报正在侵权或作为侵权活动主体的材料，及将被删除或禁止访问的材料。[⑤]

4. 一份表明申诉方善意地相信以被申诉的方式对该材料的使用未经版权持有者、版权持有者的代理人或法律的授权的声明；

5. 一份表明通知中的信息准确无误的声明；

6. 一份提供足够材料证明(如受伪证处罚或同等的法律制裁约束的声明)申诉方为涉嫌被侵害的专利权的持有者，或被授权代表专利权持有者的声明。

---

① 《美国法典》第 512(c)(c)(A)部分和第 512(g)(c)部分。

② 为本函之目的，“版权”包括相关权利，“作品”包括相关权利的主要内容。

③ 缔约双方认识到，代表是公开指定代表服务提供商接收声明的人。代表的姓名、实际地址和电子地址和电话号码被公布在服务提供商的网站上公众可以访问的部分，也公布在公众通过互联网可以访问的登记处上，或者以韩方认可的其他形式或方式指定。

④ 如果一份通知书所涵盖的多个受版权保护的作品在或链接至由或为服务提供商控制或运营的系统或网络上的一个在线网站，那么，可以提供一份在该网站或链接至该网站的此类作品的代表性清单。

⑤ 就与第 18.10.30(b)(i)(D)条相符的信息位置工具的通知而言，提供的信息必须合理充分以使服务提供商能够定位驻留在由或为其控制或运营的系统或网络上的关联或链接，除非通知涉及在或链接至由或为服务提供商控制或运营的系统或网络上的一个在线网站上的多个关联或链接，那么，可以提供一份在该网站的此类关联或链接的代表性清单，如果附上了足以使服务提供商定位所该关联或链接的信息。

7. 发出通知者[1]本人的签名。

(b)有效的书面反向通知书由材料因为失误或者识别错误而被删除或禁止访问的用户[2]提出。

为使反向通知遵守第18.10.30(b)(ix)条规定的相关要求,反向通知书必须为书面形式,可以由电子方式提供,并大体包含以下所述内容:

8. 用户的身份、地址和电话号码;

9. 已被删除或已被禁止访问的材料的本体特性;

10. 材料被删除或被禁止访问之前出现的位置;

11. 一份提供足够材料证明(如受伪证处罚或同等的法律制裁约束的声明)用户善意地相信材料是由于失误或对该材料的识别错误而被删除或被禁止访问的声明。

12. 一份表明用户同意遵守对用户地址所在地有司法管辖权的任何法庭的法令,或者如果该地址不在该缔约方辖区内,将遵守可以发现该服务提供商缔约方辖区的任何地方有司法管辖权并可以对声称的侵权进行版权侵犯诉讼案件审理的任何法庭的法令的声明;

13. 一份表明用户将接受此类诉讼案件处理过程中的服务的声明;以及

14. 用户的签名。[3]

我很荣幸地提议,本函以及贵方确认贵国政府同意本共识的复函应成为《自由贸易协定》一个不可分割的组成部分。

我也很荣幸地确认,我方政府同意贵方的来函和本复函应成为《自由贸易协定》不可分割的组成部分。

谨启

苏珊·C. 施瓦布

---

① 作为电子通信一部分传送的签名符合本规定。

② 为本函之目的,"用户"系指由于本函(a)部分所述有效通知的原因其材料被服务提供商删除或禁止访问的那个人员。

③ 作为电子沟通组成部分传送的签名符合本规定。

2007 年 6 月 30 日
华盛顿特区
美国贸易代表
尊敬的苏珊·C. 施瓦布

尊敬的施瓦布大使：

我很荣幸地确认在今天签署的贵我两国政府之间的《自由贸易协定》第十八章（知识产权）有关的谈判过程中大韩民国代表团和美利坚合众国代表团达成了以下共识：

缔约双方认识到预防大学校园内非法复印和销售受版权保护的作品和提供有效执法打击书籍盗版的重要意义。因此，与韩国 2004 年 5 月颁布的《知识产权总体规划》相符，韩国同意继续加强努力，加大对大学校园内版权侵权活动和书籍盗版的监管力度，减少非法生产和销售受版权保护作品。为推进上述目标的实现，韩方愿意尽快，最迟不晚于本协定生效之日起 6 个月内采取以下行动：

1. 继续实施促进大学校园内学生、讲师、书店和复印店使用合法材料的政策，如有必要，进一步制定和实施此类政策。在此框架内，寻求与所有大学合作并获取信息，并考虑采取后续行动的必要性；

2. 加强在韩国辖区内关于书籍盗版强制执行的培训活动，从而提高非法书籍印刷活动和受版权保护作品商业规模非法复制的强制执行人员的警觉；

3. 加强对地下书籍盗版行为的执法力度；以及

4. 发展和追求公共教育活动以提高公共部门对非法书籍印刷活动和受版权保护作品商业规模非法复制的警觉；

我很荣幸地提议，本函以及贵方确认贵国政府同意本共识的复函应成为《自由贸易协定》一个不可分割的组成部分。

谨上
金铉宗

2007 年 6 月 30 日
韩国
首尔
贸易部长
尊敬的金铉宗先生

尊敬的金部长：

我很荣幸地确认收到您今天的来函，内容如下：

我很荣幸地确认在今天签署的贵我两国政府之间的《自由贸易协定》第十八章（知识产权）有关的谈判过程中大韩民国代表团和美利坚合众国代表团达成了以下共识：

缔约双方认识到预防大学校园内非法复印和销售受版权保护的作品和提供有效执法打击书籍盗版的重要意义。因此，与韩国 2004 年 5 月颁布的《知识产权总体规划》相符，韩国同意继续加强努力，加大对大学校园内版权侵权活动和书籍盗版的监管力度，减少非法生产和销售受版权保护作品。为推进上述目标的实现，韩方愿意尽快，最迟不晚于本协定生效之日起 6 个月内采取以下行动：

1. 继续实施促进大学校园内学生、讲师、书店和复印店使用合法材料的政策，如有必要，进一步制定和实施此类政策。在此框架内，寻求与所有大学合作并获取信息，并考虑采取后续行动的必要性；

2. 加强在韩国辖区内关于书籍盗版强制执行的培训活动，从而提高非法书籍印刷活动和受版权保护作品商业规模非法复制的强制执行人员的警觉；

3. 加强对地下书籍盗版行为的执法力度；以及

4. 发展和追求公共教育活动以提高公共部门对非法书籍印刷活动和受版权保护作品商业规模非法复制的警觉；

我很荣幸地提议，本函以及贵方确认贵国政府同意本共识的复函应成为《自由贸易协定》一个不可分割的组成部分。

我也很荣幸地确认，我方政府同意贵方的来函和本复函应成为《自由贸易协定》不可分割的组成部分。

谨启
苏珊·C. 施瓦布

2007 年 6 月 30 日
华盛顿特区
美国贸易代表署
尊敬的苏珊·C. 施瓦布

尊敬的施瓦布大使:

我很荣幸地确认在今天签署的贵我两国政府之间的《自由贸易协定》第十八章(知识产权)有关的谈判过程中大韩民国代表团和美利坚合众国代表团达成了以下共识:

缔约双方同意以下工作目标:关闭允许未经授权复制、销售、传播受版权保护的作品的互联网网站,定期评估和积极寻求降低用于网络版权盗版的新技术手段的负面影响,对于在互联网上的知识产权采取更加有效的执法力度。韩国同意,对作品和其他受版权[1]保护的材料的互联网盗版(包括未经授权在互联网复制和销售此类作品和其他材料)是知识产权法律执行要优先对待的问题。韩国还同意以下工作目标:关闭包括所谓的网络硬盘服务在内的允许未经授权下载(或以其他形式盗版)受版权保护的作品的互联网网站,并且更加有效地强制执行互联网知识产权保护,包括同层服务。为此,韩国将加强对知识产权的执法力度,预防、调查和起诉互联网盗版行为。作为此努力的一部分,韩国将与私营部门和美国以及其他国家的主管部门合作。

为推进上述工作目标,韩方同意尽快,但最迟在本协定生效之日后 6 个月之内,出台一项政策指令,确立对网络盗版实施有效执法的部门或联合调查组明晰的权限。这一调查组将在其职权范围内或权利持有者的请求下调查和提起刑事诉讼,以制裁包括美国和其他国外作品在内的网络盗版行为。该调查队将以对权利持有者透明的方式采取的行动。韩国同意,除了起诉直接侵权者,韩国同意起诉从开发和维持有效诱发侵权的服务获利的个人和公司。

我很荣幸地提议,本函以及贵方确认贵国政府同意本共识的复函应成为《自由贸易协定》一个不可分割的组成部分。

谨上
金铉宗

---

① 为本函之目的,"版权"也包括相关权利。

2007 年 6 月 30 日
韩国
首尔
贸易部长
尊敬的金铉宗先生

尊敬的金部长：

我很荣幸地确认收到您今日的来函，内容如下：

我很荣幸地确认在今天签署的贵我两国政府之间的《自由贸易协定》第十八章（知识产权）有关的谈判过程中，大韩民国代表团和美利坚合众国代表团达成了以下共识：

缔约双方同意以下工作目标：关闭允许未经授权复制、销售、传播受版权保护的作品的互联网网站，定期评估和积极寻求降低用于网络版权盗版的新技术手段的负面影响，对于在互联网上的知识产权采取更加有效的执法力度。韩国同意，对作品和其他受版权[1]保护的材料的互联网盗版（包括未经授权在互联网复制和销售此类作品和其他材料）是知识产权法律执行优先对待的问题。韩国还同意以下工作目标：关闭包括所谓的网络硬盘服务在内的允许未经授权下载（或以其他形式盗版）受版权保护的作品的互联网网站，并且更加有效地强制执行互联网知识产权保护，包括同层服务。为此，韩国将加强对知识产权的执法力度，预防、调查和起诉互联网盗版行为。作为努力的一部分，韩国将与私营部门和美国以及其他国家的主管部门合作。

为推进上述工作目标，韩方同意尽快，但最迟在本协定生效之日后 6 个月之内，出台一项政策指令，确立对网络盗版实施有效执法的部门或联合调查组明晰的权限。这一调查组将在其职权范围内或权利持有者的请求下调查和提起刑事诉讼，以制裁包括美国和其他国外作品在内的网络盗版行为。该调查队将以对权利持有者透明的方式采取的行动。韩国同意，除了起诉直接侵权者，韩国同意起诉从开发和维持有效诱发侵权的服务获利的个人和公司。

我很荣幸地提议，本函以及贵方确认贵国政府同意本共识的复函应成为《自由贸易协定》一个不可分割的组成部分。

我也很荣幸地确认，我方政府同意此共识以及贵方的来函和本复函应成为《自由贸易协定》不可分割的组成部分。

谨启
苏珊 · C. 施瓦布

① 为本函之目的，“版权”也包括相关权利。

2007 年 6 月 30 日
韩国
首尔
贸易部长
尊敬的金铉宗先生

尊敬的金部长：

我很荣幸地确认在今天签署的贵我两国政府之间的《自由贸易协定》第十八章（知识产权）有关的谈判过程中，大韩民国代表团和美利坚合众国代表团达成了以下共识：

美国或韩国在本协定生效之日起最初的 18 个月内都不会援引与协定第 18.9.5(b) 条下另一缔约方的义务有关的协定第 22.4 条。如果协定生效期起最初的 18 个月内，有缔约方对另一缔约方履行第 18.9.5(b) 条义务存有关切，应另一缔约方的请求，美国和韩国将以与协定第 22.3 条一致的方式协商以达成一个令双方满意的对这些关切的解决方案。

我很荣幸地提议，本函以及贵方确认贵国政府同意本共识的复函应成为《自由贸易协定》一个不可分割的组成部分。

谨启
苏珊·C. 施瓦布

2007 年 6 月 30 日
华盛顿特区
美国贸易代表
尊敬的苏珊·C. 施瓦布

尊敬的施瓦布大使:

我很荣幸确认收到您今日的来函,内容如下:

我很荣幸地确认在今天签署的贵我两国政府之间的《自由贸易协定》第十八章(知识产权)有关的谈判过程中,大韩民国代表团和美利坚合众国代表团达成了以下共识:

美国或韩国在本协定生效之日起最初的 18 个月内都不会援引与协定第 18.9.5(b)条下另一缔约方的义务有关的协定第 22.4 条。如果协定生效期起最初的 18 个月内,有缔约方对另一缔约方履行第 18.9.5(b)条义务存有关切,应另一缔约方的请求,美国和韩国将以与协定第 22.3 条一致的方式协商以达成一个令双方满意的对这些关切的解决方案。

我很荣幸地提议,本函以及贵方确认贵国政府同意本共识的复函应成为《自由贸易协定》一个不可分割的组成部分。

我也很荣幸地确认,我方政府同意此共识以及贵方的来函和本复函应成为《自由贸易协定》不可分割的组成部分。

谨上
金铉宗

第十九章　劳　　工

第 19.1 条：共同承诺声明

缔约双方重申其作为国际劳工组织成员国（Internation Labour Organiza，ILO）的义务。

第 19.2 条：基本的劳工权利

1. 各缔约方应在其法律法规以及诉讼实践中采取和维持《国际劳工组织关于基本原则和工作权利及其后续措施的宣言》（1998）（《国际劳工组织宣言》）主张的以下权利：①②

（a）结社自由；

（b）切实承认集体谈判权；

（c）消除一切形式的强迫或强制劳动；

（d）切实废除童工劳动，为本协定之目的，禁止童工劳动的最恶劣的形式；和

（e）消除就业和职业发展方面的歧视。

2. 任何一方都不应以影响贸易和投资的方式豁免或以其他方式减损，或给予豁免或以其他方式减损其实施第 1 款的法规或条例，若该豁免或减损与该款规定的基本权利不符。

第 19.3 条：劳工法律的适用和执行

1.（a）本协定生效之日后，各缔约方应通过一个持续的或反复出现的行动或非行动的做法，以影响缔约双方之间的贸易或投资的方式，有效地实施其劳工法律，包括其根据第 19.2.1 条采取或保持的那些劳工法律。

（b）一缔约方对执法资源的分配作出的决定不应成为不履行本章条款的理由。各缔约方保留就如何在第 19.2.1 条列举的基本劳工权利之间分配劳工执法活动资源合理行使自由裁量权的权利和做出善意决定的权利，假如行使此类自由裁量权和决定权并不违反本章的义务。③

2. 更确切地说，本章的任何规定不得解释为授权一缔约方的主管部门在另一缔约方的辖区内开展劳工法执法活动。

第 19.4 条：程序保障和公众意识

1. 各缔约方应确保，在一特定事项中拥有其法律承认的利益的人员能有适当的途径进

---

① 因为第 19.2 条规定的各项义务与国际劳工组织有关，请只参考《国际劳工组织宣言》。

② 要确定未履行第 19.2.1 条的义务，一缔约方必须证明另一缔约方没有以影响缔约双方之间贸易或投资的方式采取或维持法律、法规或惯例。

③ 更确切地说，一缔约方保留行使合理的执法自由裁量权和就执法资源的分配做出善意决定的权利，与劳工法律有关而非与第 19.2.1 条列举的基本权利有关的那些法律有关。

入为实施该缔约方的劳工法律设立的法庭。此类法庭可包括行政法庭、准司法法庭、司法法庭或劳动法庭。

2. 各缔约方应确保,为实施其劳工法律而设立的此类法庭的诉讼程序是公平、公正和透明的,为此目的,根据其法律,各缔约方应确保:

(a)这类诉讼遵循正当的法律程序;

(b)此类诉讼程序中的任何听证会向公众开放,除非司法行政部门另有规定;

(c)此类诉讼程序的各方有权支持其各自的立场或为其各自的立场辩护,包括通过递交信息或证据;

(d)该诉讼程序不需要不合理的费用或时间限制或无正当理由的拖延;

(e)对此类诉讼程序中案件的是非曲直做出的最终裁定是:(i)以书面形式并阐明其决定所依据的理由;(ii)在不无故拖延的情况下诉讼各方都可获得,并与其法律相一致,向社会公布;及(iii)基于各方都有机会参与听证的有关资料或证据;

(f)在适当的情况下,该诉讼程序的各方有权要求对此类诉讼程序做出的裁决进行复审,如有正当理由有权要求纠正;

(g)实施或复审此类诉讼程序的法庭是公正和独立的,并对事件的结果没有任何实质性利害关系。

3. 各缔约方应规定,此类诉讼程序的各方可以寻求补救措施,以确保其劳工法律赋予的各项权利得到实施。

4. 各缔约方应提高公众的劳工法律意识,包括通过:

(a)确保有关其劳工法律、实施和遵守程序的信息是公众可获得的;并且

(b)鼓励对公众进行有关劳工法律的教育。

第 19.5 条:体制安排

1. 缔约双方特此设立劳工事务理事会。该理事会应由来自各缔约方的劳动部门和其他适当机构或部委的高级官员组成。

2. 该理事会应在本协定生效之日起 1 年内开会,此后必要时开会,以监督本章的执行情况,包括根据第 19.6 条设立的劳工合作机制的活动。除非缔约双方另有约定,该理事会每次会议应包括理事会成员有机会和公众一起讨论与本章实施有关事宜的环节。

3. 为实施本章之目的,各缔约方应在其劳动部指定一个处室作为与另一缔约方和公众联系的联络点。各缔约方的联络点应负责缔约方人员与本章事务有关的通信的提交、接收和处理,并应使另一缔约方及其公众可获得此类通信。如国内程序合适,各缔约方应根据国内程序审核此类通信。

4. 各缔约方可召集由包括劳工和商业组织和其他人员的代表在内的人员组成的全国劳动咨询委员会,并向该委员会报告本章的执行情况。

5. 该理事会的正式决定应予以公布,除非该理事会另有决定。

6. 该理事会可以就与本章的实施情况撰写报告并应公开此类报告。

第 19.6 条:劳工合作

认识到合作有助于人们更加尊重《国际劳工组织宣言》体现的核心劳工标准,更加遵守《国际劳工组织关于禁止和立即行动消除童工劳动的最恶劣形式的第 182 号公约》(1999

年)(《国际劳工组织第182号公约》),并进一步推进与劳工事务有关的其他共同承诺,双方在此建立劳工合作机制,详见附件19-A。

第19.7条:劳工咨询

1.缔约方可通过向另一缔约方根据第19.5.3条指定的联络点提交书面请求的方式要求与另一缔约方就本章产生的任何问题展开磋商。该请求应包含具体足够的信息以使接受该磋商请求的缔约方做出回应。磋商应在一缔约方向另一缔约方的联络点提交书面请求后立即开始。

2.缔约双方应尽力使问题得到双方都满意的解决,并可向任何他们认为合适的人员或机构寻求咨询意见或协助。

3.如果磋商未能解决问题,任一缔约方可通过向另一缔约方的联络点提交书面请求要求召开理事会解决该问题。理事会应立即开会,并通过咨询政府方面的或其他方面的专家及求助于斡旋、调解或调停等适当程序及时解决问题。

4.如果缔约双方未能在根据第1款提交磋商请求60天内解决该问题,申诉方可以要求根据第22.7条(磋商)进行磋商或把问题提交给根据第22.8条(向联合委员会提交)成立的联合委员会,根据第二十二章的规定(制度规定和争端解决),并在此后诉诸该章的其他规定。

任一缔约方把本章产生的问题诉诸本协定的争端解决机制之前应先设法根据本条解决问题。

第19.8条:定义

为本章之目的:

"劳工法律"系指一缔约方直接与以下国际公认的劳工权利相关的法律法规,或其规定:

(a)结社自由;

(b)切实承认集体谈判权;

(c)消除一切形式的强迫或强制劳动;

(d)有效废除童工劳动,禁止最恶劣形式的童工劳动,及对儿童和未成年人的其他劳工保护。

第二十章 环　　境

第20.1条:保护水平

认识到每一个缔约方都有权确立自己的环境保护水平和自己的环境发展重点,以及相应地采取或修改其环境法律和政策,各缔约方应尽力确保那些法律和政策提供并鼓励高水平的环境保护并努力持续提高各自的环境保护水平,包括通过这样的环境法律和政策。

第20.2条:环境协定

一缔约方应采纳、维持和实施法律、法规和其他措施来履行其在附件20－A(涵盖协定)所列的多边环境协定下的义务。①

第20.3条:环境法律的适用与执行

1.(a)本协定生效之日起,各缔约方应通过一系列持续的或反复的行动或非行动,以影响缔约方之间贸易或投资的方式,有效实施其环境法律和履行其涵盖协定中义务的法律、法规和其他措施。

(b)(i)缔约双方认识到,各缔约方都保留了行使起诉裁量权的权力和就被裁定为更为重要的环境法律有关的环境执法资源的分配做决定的权力。因此,缔约双方认为,在实施环境法律和履行缔约方涵盖协定下义务的所有法律、法规和其他措施方面,若一系列行动或非行动表明此类裁量权的行使是合理的、清晰的和善意的,或它们是出与此类执法资源的分配有关的合理的、清晰的和善意的决定所造成的,一缔约方就符合了第(a)款规定。

(ii)缔约双方认识到涵盖协定的重要性。因此,若一系列行动或非行动与履行其涵盖协定下义务的法律、法规和其他措施相关,那应与执法资源分配是否合理和出于善意有关的第(i)项下的裁决相关。

2.缔约双方认识到,通过削弱或减少在其环境法律赋予的保护来鼓励贸易或投资的做法是不合适的。因此,任一缔约方都不应以影响缔约双方之间贸易或投资的方式通过削弱或降低那些法律赋予的保护不执行或以其他方式违背,或威胁不执行或以其他方式违背此

---

① 为了确定对方违反了第20.2条,一缔约方必须证明另一缔约方未能以影响缔约双方之间贸易或投资的方式采取、维持或实施履行涵盖协定义务的法律、法规或其他措施。第20.2条之目的:(a)"涵盖协定"应包含缔约双方都是其缔约方的相关协定下现有的或将来的议定书、修正案、附件以及调整案;(b)一缔约方的"义务"应被解读为反映根据相关协定适用于其现有的和将来的保留、豁免以及例外。

类法律。[①]

第 20.4 条:程序事项

1. 各缔约方应确保利益攸关人能够请求该缔约方主管部门依法调查涉嫌违反其环境法的行为并应依法给予该请求适当的考虑。

各缔约方应确保,具有可用于对违反其环境法律的行为进行制裁或补救的司法、准司法或行政程序,及在一特定事项中具有法定利益的人员可通过适当的途径参与此类程序。

(a)各缔约方应确保依照其法律规定此类程序:

(i)是公平、公正和透明的,为此目的,符合合适的法律程序;并且

(ii)是向公众开放的,除非司法行政部门另有规定。

(b)各缔约方应确保,执行或审查此类程序的法庭是公正独立的,并与该事宜的结果没有任何实质性利益关系。

2. 各缔约方应向在某一具体事项中具有法定利益的人员提供参与对违反其环境法律的行为或违反与人类健康和环境相关的法定义务的行为进行制裁或补救措施的有效途径,可以包含以下权利:

(a)向受其司法管辖的另一个人提起损害赔偿诉讼;

(b)在一个人承受或可能承受因为受其司法管辖的另一个人的行为引起的损失、损害或伤害的情况下寻求指令性救济;

(c)寻求如罚款、紧急关闭、暂停营业或要求减轻此类违规行为后果的法令等制裁措施或补救措施;或

(d)请求或在可能的情况下请求法庭强制命令缔约方的主管部门采取适当措施执行其环保法律以保护环境或避免对环境的损害。

3. 各缔约方应对违反其环保法律的行为采取适当而有效的制裁或补救措施,该制裁或补救措施:

(a)应适当考虑违反行为的性质和严重程度、违反者从该违反行为获得的经济利益、违反者的经济状况以及其他相关因素;以及

(b)可能包括行政、民事和刑事制裁和补救,如合规协议、处罚、罚款、监禁、训诫、关闭设施以及要求采取补救行动或对其对包括控制和清洁污染成本在内的环境损害进行赔偿。

第 20.5 条:加强环保绩效的机制

1. 缔约双方认识到,灵活的、自发的和赏罚分明的机制有助于高水平环境保护的实现和维持,与第 20.4 条所述的程序形成互补。以依法而合适的方式,各缔约方应该鼓励制定和运用该机制。该机制可包括:

(a)促进采取自发性行动保护和改善环境的机制,例如:

(i)涉及商业、当地社区、非政府组织、政府机构或科学组织的伙伴关系;

(ii)环保绩效的自发性指导方针;或者

---

① 若一缔约方不执行或违背一项环境法律的行为符合其规定不执行或违反的环境法律中的一个条款,第 2 款不应适用,前提是该不执行或违背不违反该缔约方在涵盖协定下的义务。更确切地说,本章的任何规定都不应被解读为授权一缔约方的主管部门在另一缔约方辖区开展环境法执法活动。

(iii)在主管部门、利益相关方和公众之间自发分享与实现高水平环境保护的方法、自发性环境审计和报告、更有效利用资源或减少环境影响的方法、环境监控以及基线数据的收集有关的信息和专门知识;或者

(b)激励措施,包括基于市场的适当鼓励保持、恢复和保护自然资源和环境的激励措施,例如,公开表彰环保绩效优异的设施或企业,或帮助实现环境保护目标的贸易许可或其他手段等计划。

2. 以适当和可行的方式,并根据其法律,各缔约方应鼓励:

(a)维持、发展和优化绩效目标和用于衡量环境保护绩效的标准;以及

(b)采用灵活手段以实现那些目标及达到那些标准,包括通过第1款所述的机制。

第20.6条体制安排

1. 缔约双方特设立环境事务理事会。该理事会应由缔约双方的合适的高级官员组成,包括负责环境保护的官员。

2. 理事会应在本协定生效之日起1年内召开会议,此后在有必要的时候开会,监督本章的实施情况。除非缔约双方另外达成一致意见,理事会每次会议应包括一个环节使理事会成员有机会同公众一起探讨与本章的实施相关的事宜,包括从第20.7.3条所指的国家咨询委员会获得的观点。该理事会应以书面摘要形式公布此公共环节的讨论情况。

3. 理事会应推动公众参与理事会工作,包括就制定理事会会议议程向公众征求意见,以及就公众关心的环境问题同公众对话。

4. 理事会应寻求公众参与制定和实施合作性环境活动的适当机会,包括通过缔约双方建立的环境合作机制。

5. 除非理事会另有决定,理事会的官方决议应公布于众。

第20.7条:公众参与的机会

1. 各缔约方应通过确保与环境保护的法律、环保法实施和合规程序,包括利益相关人员请求该缔约方主管部门对涉嫌违反其环境保护法律的行为进行调查的程序等有关的信息可以为公众所获得的方式来提高公众对环境保护法律的意识。

2. 认识到公众参与的机会能够促进最佳范例的分享和解决公众感兴趣的问题的创新方法的发展,各缔约方应:

(a)设法满足各缔约方人员获得信息的请求或就各缔约方对本章的实施情况交换意见;以及

(b)规定任一缔约方的人员提交的与本章具体条款执行情况有关的书面意见书的接收。各缔约方应依照国内程序对这些意见书做出回应并及时让意见书和对意见书的回应内容让公众容易获知。

3. 各缔约方应召集一个新的或咨询一个现有的全国咨询委员会,来征集与本章实施相关事宜的意见。该全国咨询委员会由该缔约方具有相关经验的人员组成,包含商务经验或环境保护经验。每次开会,理事会应考虑各缔约方从全国咨询委员会收到的与本章实施情况相关事宜的意见。

4. 缔约双方认识到,公众参与本章实施过程的重要性,以及有效实施本条将有助于缔约双方实施本章的其他条款。因此,理事会应在本协定生效1周年后180日内对本条的实施

情况进行审查并把审查结果以书面形式报告联合委员会,此后,在任一缔约方的请求下进行审查。理事会应在其向联合委员会递交报告之时将报告内容公布于众。

第 20.8 条:环境合作

1. 缔约双方认识到,在加强其贸易和投资关系的同时加强其环境保护的能力和促进可持续发展的重要性。

2. 认识到在双边、地区性和多边论坛的合作将有助于实现其包括发展和改善环境保护、实践和技术在内的共同的环保目标和目的,缔约双方承诺就环境事宜扩展其合作关系。

3. 缔约双方承诺依照《美利坚合众国与大韩民国环境合作协定》(ECA)开展合作性环保活动,包括与本章的实施有关的活动。缔约双方依照 ECA 协定开展的活动将由根据 ECA 协定建立的实施机构协调和评估。缔约双方也承认在其他论坛开展合作性环保活动的重要性。

4. 各缔约方应考虑其收到的与依照本章和 ECA 协定开展的合作性环保活动有关的公众意见和建议。

5. 各缔约方应以适当的方式同另一缔约方和公众分享与评估和应对贸易协定和政策所产生的积极和消极环境影响的经验有关的信息。

第 20.9 条:环境磋商和专家组程序

1. 一缔约方可以通过向另一缔约方为本条之目的指定的联络点递交书面请求的方式就本章引起的任何事宜和另一缔约方进行磋商。该请求所包含的信息应该具体和充分以便使收到请求的缔约方能够做出回应。除非缔约双方另外达成一致意见,磋商应在一缔约方向另一缔约方的联络点递交了磋商请求后立即开始。

2. 缔约双方应尽力就该事宜达成令双方都满意的解决方案,可以向其认为合适的任何个人或机构寻求建议或帮助。若事宜在第 20.2 条下产生或在该条和本章其他条款下产生并且牵涉到涵盖协定下另一缔约方的义务,缔约双方应尽力根据相关协定通过双方同意的磋商程序,或如有其他程序则通过其他程序来解决该事宜,除非该程序有可能造成不合理的延误。①

3. 如果磋商未能解决问题,任一缔约方可以通过向第 1 款所指的另一缔约方的联络点递交书面请求的方式请求召开理事会来解决该问题。理事会应立即召开会议并尽力迅速解决该问题,采取的方式包括,在合适的情况下,通过咨询政府的或其他专家并诉诸斡旋、调停或调解等程序。若问题在第 20.2 条下产生或在该条和本章的其他条款下产生并且牵涉到涵盖协定下一缔约方的义务,理事会应:

(a)通过理事会建立的机制,与被授权解决相关协定下问题的实体机构进行充分磋商;而且

(b)根据该问题的性质和状况,包括该缔约方的相关法律、法规和其他措施是否与其在协定下的义务相符合,适当遵循协定对该问题的解释性指导意见。

4. 如果缔约双方未能在递交第 1 款项下的磋商请求后 60 天内解决该问题,申诉方可以

---

① 缔约双方认识到,为第 2 款之目的,若涵盖协定规定全体一致同意才能做出决议,这样的规定可能造成不合理的延迟。

请求第22.7条(磋商)下的磋商,或依照第22.8条(向联合委员会递交)把此问题交给联合委员会,以及如第二十二章(体制条款和争端解决)所述,此后可以诉诸该章的其他条款。

5. 在没有首先依照第1款至第3款来解决问题的情况下,任一缔约方都不得把本章引发的问题诉诸本协定的争端解决机制。

6. 在第20.2条,或在该条和本章其他条款引发并牵涉到与涵盖协定下一缔约方的义务相关问题的争端中,根据第二十二章(争端解决)成立的专家组做出第22.11条(专家组报告)①下的裁决和判定时应该:

(a)通过环境事务理事会建立的机制,与被授权解决相关环境协定下问题的任何实体就该问题进行充分磋商;

(b)根据该问题的性质和状况,包括该缔约方的相关法律、法规和其他措施是否与其在协定下的义务相符合,适当遵循协定对该问题的解释性指导意见;以及

(c)若该协定容许对争端的问题有一个以上的解释,并且被诉缔约方依赖其中一个解释的情况下,为第22.11条下裁决和判定之目的,②接受那个解释。

第20.10条:与多边环境协定的关系

1. 缔约双方认识到,某些多边环境协定在保护全球和国内环境方面发挥了重要作用。缔约双方进一步认识到本章和《美利坚合众国与大韩民国环境合作协定》能有助于实现这些协定的目标。因此,缔约双方应继续寻求加强缔约双方都是其成员的多边环境协定和多边贸易协定上的相互支持。

2. 为此目的,缔约双方应以合适的方式就关系两国利益的环境问题谈判进行磋商。

3. 如果一缔约方在本协定的义务和涵盖协定义务之间有不一致的情况,该缔约方应寻求两个协定下义务的平衡,但这并不妨碍该缔约方采取具体措施来履行其在涵盖协定下的义务,前提是该措施的主要目的不是为了给贸易施加一个经过伪装的限制。③

第20.11条:定义

为本章之目的:

"环境法律"系指一缔约方的法律或法规,或法律法规的条款,其主要目的是通过:

(a)预防、减缓或控制污染物或环境致污物的释放、流出和排放;

(b)控制对环境有害或有毒的化学品、物质、材料和废弃物,以及与其有关信息的传播;或

(c)保护或保存野生动植物,包括濒临灭绝物种、其栖息地以及特别自然保护区;

在一缔约方行使主权、主权权力或司法权的地方保护环境,或预防对人类或动植物生命和健康的危险,但不包括与劳工的安全或健康直接相关的法律或法规或其下之条款;

"法律、法规和履行其涵盖协定义务的全部措施"系指在中央政府层面一缔约方的法律、法规和其他措施;以及

---

① 更确切地说,本款的磋商和指导并不损害专家组根据第22.10.4条(程序规则)向个人和机构征求信息和技术指导的能力。

② 第(c)项的指导意见应优先于任何其他解释性指导意见。

③ 为了更确切地说,第3款不损害涵盖协定之外的其他多边环境协定。

“法律或法规”：

(a)对于韩国而言,系指国民大会的法案或依照可以被中央政府执行的国民大会法案而颁布的法规。

(b)对于美国而言,系指国会的法案,或者依照可以被中央政府执行的国会法案而颁布的法规。

附件 20 – A　涵盖协定

1. 为本章之目的,涵盖协定系指下列缔约双方都是成员方的多边环境协定:

(a)1973 年 3 月 3 日在华盛顿通过的《野生动植物濒危物种国际贸易公约》(修订版);

(b)1987 年 9 月 16 日在马德里通过的《关于破坏臭氧层物质的马德里协定书》,调整和修订版;

(c)1978 年 2 月 17 日在伦敦通过的《关于〈预防船舶污染国际公约〉的 1978 年议定书》(修订版);

(d)1971 年 2 月 2 日在拉姆萨通过的《具有国际重要性特别是作为水禽栖息地的湿地公约》(修订版);

(e)1980 年 5 月 20 日在堪培拉通过的《南极海洋生命资源保护公约》;

(f)1946 年 12 月 2 日在华盛顿通过的《捕鲸法规国际公约》;和

(g)1949 年 5 月 31 日在华盛顿通过的《建立美洲国家热带金枪鱼委员会公约》。

2. 缔约双方可以以书面形式同意修改第 1 款的协定清单以纳入任何其他多边环境协定。

2007 年 6 月 30 日
大韩民国
首尔
贸易部长
尊敬的金铉宗

尊敬的金部长：

我很荣幸地确认在今天签署的贵我两国政府之间的《自由贸易协定》第 20.7.2(b)条（公众参与的机会）有关的谈判过程中大韩民国代表团和美利坚合众国代表团达成了以下谅解：

更确切地说：

关于从各缔约方人员接收意见书之规定，第 20.7.2(b)条不应被解释为要求一缔约方建立复制从一缔约方人员接收意见书的已存渠道的程序。

关于从另一缔约方人员接收意见书之规定，一缔约方可建立符合第 20.7.2(b)条的适当标准，以接收此类意见书。这些标准可包括：此类意见书应由另一缔约方转交，以及仅当一缔约方有理由相信该意见书是由另一缔约方人员递交并且该意见书与第二十章（环境）的具体条款的实施的事宜相关之时，该缔约方才应负责转交。若一缔约方收到由另一缔约方转交的意见书，该缔约方应直接给另一缔约方人员回复。

我很荣幸地提议，此函和你确认贵政府也同意这种谅解的回函应构成《自由贸易协定》不可分割的一部分。

真诚的，
苏珊·施瓦布

2007 年 6 月 30 日
华盛顿特区
美国贸易代表
尊敬的苏珊·施瓦布

尊敬的施瓦布大使：

我很荣幸地确认收到您今天的来函，来函内容如下：

我很荣幸地确认在今天签署的贵我两国政府之间的《自由贸易协定》第 20.7.2(b) 条(公众参与的机会)有关的谈判过程中大韩民国代表团和美利坚合众国代表团达成了以下谅解：

更确切地说：

关于从各缔约方人员接收意见书之规定，第 20.7.2(b) 条不应被解释为要求一缔约方建立复制从一缔约方人员接收意见书的已存渠道的程序。

关于从另一缔约方人员接收意见书之规定，一缔约方可建立符合第 20.7.2(b) 条的适当标准，以接收此类意见书。这些标准可包括：此类意见书应由另一缔约方转交，以及仅当一缔约方有理由相信该意见书是由另一缔约方人员递交并且该意见书与第二十章(环境)的具体条款的实施的事宜相关之时，该缔约方才应负责转交。若一缔约方收到由另一缔约方转交的意见书，该缔约方应直接给另一缔约方人员回复。

我很荣幸地提议，此函和你确认贵政府也同意这种谅解的回函应构成《自由贸易协定》不可分割的一部分。

我也很感荣幸确认，我国政府同意此谅解，并且您的来函和本复函应构成《自由贸易协定》不可分割的一部分。

真诚的，
金铉宗

2007 年 6 月 30 日
华盛顿特区
美国贸易代表
尊敬的苏珊 · 施瓦布

尊敬的施瓦布大使：

我很荣幸地确认美利坚合众国和大韩民国的代表团就贵我双方政府今天签署的《自由贸易协定》第 20 条（环境）进行谈判期间达成的以下谅解：

在对第 20.3.1(a)条引发的问题发起本协定下的争端解决之前，一缔约方应考虑其维持的环境法律在范围上是否与可能成为争端内容的范围大致相当。

我很荣幸地提议，此函和您确认贵政府同意本谅解的回函应构成《自由贸易协定》不可分割的一部分。

真诚的
金铉宗

2007 年 6 月 30 日
大韩民国
首尔
贸易部长
尊敬的金铉宗

尊敬的金部长：

我很荣幸地确认收到您今日的来信，来信内容如下：

我很荣幸地确认美利坚合众国和大韩民国的代表团就贵我双方政府今天签署的《自由贸易协定》第 20 条（环境）进行谈判期间达成的以下谅解：

在对第 20.3.1(a)条引发的问题发起本协定下的争端解决之前，一缔约方应考虑其维持的环境法律在范围上是否与可能成为争端内容的范围大致相当。

我很荣幸地提议，此函和您确认贵政府同意本谅解的回函应构成《自由贸易协定》不可分割的一部分。

我也荣幸地确认，我国政府同意此谅解，并且您的来函和本复函应构成《自由贸易协定》不可分割的一部分。

真诚的，
苏珊·施瓦布

第二十一章 透 明 度

第 21.1 条:公布

1. 各缔约方应确保,其事关本协定下任何事宜的法律、法规、程序以及普遍适用的行政裁决应立即公布,或以其他方式公示,以便让利益有关人员和另一缔约方知晓。

2. 在可能的范围内,各缔约方应:

(a)提前公布其拟采取的任何此类措施;以及

(b)给利益相关人和另一缔约方提供一合理机会对此类拟采取的措施发表意见。

3. 如果根据第 2(a)款公布的其拟采取法规[①]是中央政府颁布的普遍适用的法规,且事关本协定涵盖的任何事宜,各缔约方:

(a)应在全国发行的专一官方刊物上公布,并鼓励通过其他渠道传播;

(b)在大多数情况下,应在公众发表意见截止之日前不少于 40 日公布拟颁布法规;以及

(c)应在出版物中包括拟颁布法规的目的和依据的解释。

4. 事关本协定所涵盖事宜的中央政府采取的普遍适用的法规,各缔约方:

(a)应在全国发行的专一官方刊物上公布法规,并鼓励通过其他渠道传播;

(b)应在出版物里包括拟采用法规的目的和依据的解释;以及

(c)应在其官方期刊或在其政府官方网站的显要位置处理公众发表意见期间收到的重要的实质性意见,并对拟颁布法规所做的实质性修改进行解释。

第 21.2 条:信息条款

应另一缔约方请求,一缔约方应立即提供信息,并立即回应提出请求的缔约方认为可能影响本协定运行的实际的或拟颁布措施相关的问题,无论提出请求的缔约方之前是否已被通知过此措施。

第 21.3 条:行政程序

为了以一贯的、公正合理的方式管理事关本协定涵盖事宜的普遍适用的所有措施,在对另一缔约方的具体人员、货物或服务适用第 21.1 条提到的措施的行政管理程序中,各缔约方应确保:

(a)当发起一项程序时,应尽可能根据一缔约方的程序合理地把对该程序性质的描述,发起该程序的法定授权以及争议的一般描述通知直接受该程序影响的另一缔约方人员;

(b)如果时间、程序之性质以及公共利益允许,在任何最终行政裁决之前应给予此类人员合理的机会去提供事实和论据来支持其立场;以及

---

① 为第 3 款和第 4 款之目的,法规对于韩国系指总统令、首相令和部长令。

(c)其程序符合其法律。

第21.4条:审议与上诉

1.各缔约方应成立或维持司法法庭、准司法法庭或行政法庭或程序,以便迅速对本协定所涵盖事宜有关的最终行政裁决进行审议,如获得授权,进行纠正。此类法庭应公正,并独立于被赋予行政执法权的机关或主管部门,应与该事宜结果没有实质性利益关系。

2.在此类法庭或程序中,各缔约方应确保程序所涉各方有权:

(a)获得一个合理的机会来支持其立场或为其立场辩护;以及

(b)获得基于证据和提交的记录的决议,若该缔约方的法律对此有规定,则基于行政主管部门编写的记录的决议。

3.各缔约方应确保,受其法律规定的上诉和进一步审查的约束,此类决议应由与所涉行政诉讼有关的政府主管部门执行,并应管辖与所涉行政诉讼有关的行政主管部门的行为。

第21.5条:私人采购政策

认识到自由化的和扩展的双边贸易和投资的利益,各缔约方申明其政策并不是通过正式的或非正式的影响或劝说手段来压制其辖区内的私人采购或使用另一缔约方的货物或服务。

第21.6条:反腐败

1.缔约双方重申双方坚决消除国际贸易和投资方面的贪污和受贿。

2.各缔约方应采取或维持必要的立法措施或其他措施,以确定根据其法律在影响国际贸易或投资的事务中以下人员的腐败行为是犯罪行为:

(a)该缔约方的公务员或为该缔约方履行公共职能的人员以直接或间接的方式故意为自己或其他人索要或接受有货币价值的物品或特殊照顾、承诺或好处等其他利益,以换取其在履行公共职责期间作为或不作为;

(b)任何受该缔约方司法约束的个人以直接或间接的方式故意为自己或其他人提供或授予该缔约方的公务员或为该缔约方履行公共职能的人员有货币价值的物品或特殊照顾、承诺或好处等其他利益,以换取其在履行公共职责期间作为或不作为;

(c)任何受该缔约方司法约束的个人为了在国际商务中获取或保持商业的或其他不适当的利益以直接或间接的方式故意为该外国官员或其他人为该外国官员提供、承诺给予或给予不合适的金钱利益或其他好处,以换取该官员与其履行公共职责有关的作为或不作为;以及

(d)任何受该缔约方司法约束的个人援助或教唆,或参与共谋第(a)款至第(c)款所述之犯罪活动。

各缔约方应采取或维持适当的惩罚措施和程序以实施其根据第2款采取或维持的刑事措施。

3.各缔约方应采取或维持适当的磋商以保护善意举报第2款所述之贪污受贿行为的人员。

4.缔约双方认识到,为消除国际贸易和投资中贪污受贿现象提出地区性和多边倡议的重要性。缔约双方应共同努力在相关的国际论坛鼓励和支持合适的倡议。

第 21.7 条:定义

为本章之目的:

"与履行公职有关的作为或不作为"包括任何利用官方职权的行为,无论该职权是否在正式授权范围之内;

"普遍适用的行政裁定"系指适用于其所涉范围内所有人和事,并确立一个行为准则的行政裁定或解释,但不包括:

(a)在行政程序或准司法程序中做出的适用于特定情况下另一缔约方的特定人员、货物或服务的裁定或裁决;或

(b)判决一项特定行为或做法的裁决。

"外国官员"系指任何在外国的立法、行政或司法主管部门任职的人员,不分政府级别,不分是委任的还是选任的;行使外国各级政府,包括公共机构或公共企业,公共职能的人员;以及任何公共国际组织的官员或代理人;

"公共职能"系指在中央政府层面由自然人以一缔约方名义或为一缔约方实施的暂时的或长久的,有报酬的或无报酬的活动,例如,政府采购;

"公务员"系指一缔约方在中央政府层面委任的或选任的任何官员或雇员。

2007 年 6 月 30 日
华盛顿特区
美国贸易代表
尊敬的苏珊·施瓦布

尊敬的施瓦布大使：

我很荣幸地确认，大韩民国和美利坚合众国的代表团就贵我双方政府今天签署的《自由贸易协定》第 21.1 条（公布）进行谈判期间达成的以下谅解：

韩国将修订相关法律或法规以提供不少于 40 日的公议期，并将修改《立法事务管理条例》第 14.1 条以取消公布拟颁布法规公议之前进行跨部门协商的要求。

我很荣幸地提议，此函和您确认贵政府同意本谅解的回函应构成《自由贸易协定》不可分割的一部分。

真诚的，
金铉宗

2007 年 6 月 30 日
大韩民国
首尔
贸易部长
尊敬的金铉宗

尊敬的金部长：

我很荣幸地确认收到您今天的来函，来函内容如下：

我很荣幸地确认，大韩民国和美利坚合众国的代表团就贵我双方政府今天签署的《自由贸易协定》第 21.1 条（公布）进行谈判期间达成的以下谅解：

韩国将修订相关法律或法规以提供不少于 40 日的公议期，并将修改《立法事务管理条例》第 14.1 条以取消公布拟颁布法规公议之前进行跨部门协商的要求。

我很荣幸地提议，此函和您确认贵政府同意本谅解的回函应构成《自由贸易协定》不可分割的一部分。

我也荣幸地确认，我国政府同意此谅解，并且您的来函和本复函应构成《自由贸易协定》不可分割的一部分。

真诚的，
苏珊·施瓦布

第二十二章　体制条款和争端解决

A 节:体制条款和管理

第 22.1 条:联络点

1. 各缔约方应指定一个或者数个联络点,以便缔约双方之间就本协定涵盖的任何事宜进行沟通。

2. 应另一缔约方请求,一缔约方的联络点应确认负责该事宜的机构或官员,并且如有必要,协助与另一缔约方的沟通。

第 22.2 条:联合委员会

1. 缔约双方特此设立由各缔约方的官员组成的联合委员会,由美国贸易代表和韩国贸易部长或各自指派的人员共同担任主席。

2. 联合委员会应:

(a) 监督本协定的实施;

(b) 监督所有根据本协定设立的委员会、工作组和其他机构的工作;

(c) 考虑进一步促进缔约双方之间贸易关系的方式;

(d) 寻求解决解释或适用本协定的过程中可能产生的争议;

(e) 筹集用于支付专家报酬的资金;以及

(f) 考虑可能影响本协定实施的任何其他问题。

3. 联合委员会可以:

(a) 设立特设和常务委员会、工作组或其他机构并指定其工作职责;

(b) 向非政府人士或组织征询意见;

(c) 考虑本协定的修正事宜或修改本协定中的承诺;

(d) 发布对本协定条款的解释,包括第 11.22 条(管辖的法律)和第 11.23 条(对附件的解释)规定的方式;

(e) 采用自己的程序规则;以及

(f) 在行使其职能时,按照缔约双方可能同意的方式采取其他行动。

4. 除非缔约双方另有约定,联合委员会应:

(a) 每年召开一次例会,委员会例会应在各缔约方辖区轮流召开;以及

(b) 在一缔约方提出请求 30 天内召开特别会议,该特别会议应在另一缔约方辖区召开,或在缔约双方可能同意的地点召开。

5. 各缔约方应以提供信息的缔约方同等的方式对待与联合委员会或根据第 3(a) 款设

立的机构的会议相关的任何机密信息。

6. 认识到透明度和开放性的重要性,缔约双方坚决维护各自考虑公众意见的做法以在实施本协定的过程中广泛听取意见。

7. 联合委员会和根据本协定建立的所有委员会、工作组和其他机构的所有决议都应由缔约双方一致同意。

B 节:争端解决程序

第 22.3 条:合作

缔约双方应努力就本协定的解释和适用达成一致意见,并且应尽力通过合作和协商就可能影响本协定实施的任何问题取得令双方满意的结果。

第 22.4 条:适用范围

除了本协定另有规定或缔约双方另有约定,本节应适用于避免或解决缔约双方之间与本协定的解释或适用相关的所有争端,或只要一缔约方认为:

(a)另一缔约方的措施与其在本协定下的义务不符;

(b)另一缔约方未能履行其在本协定下的义务;或

(c)根据第二章(国民待遇和货物的市场准入)、第三章(农业)、第四章(纺织品与服装)、第六章(原产地规则与原产地程序)、第十二章(跨境服务贸易)、第十七章(政府采购)或第十八章(知识产权),[①]该缔约方本可合理预期获得的利益由于与本协定不符的措施正在丧失或减损,除非缔约双方都不援引第十二章(跨境服务贸易)或第十八章(知识产权)项下利益有关的本项,如果该措施受第 23.1 条(一般例外)项下的例外约束。

第 22.5 条:争端解决程序的管理

各缔约方应指定一个负责向根据第 22.9 条成立的专家组提供行政协助的机构。各缔约方应负责其指定的机构的运行和经费并负责将其办公地址通知另一缔约方。

第 22.6 条:法庭的选择

1. 若一争端与本协定和《世界贸易组织协定》或缔约双方都是其缔约方的任何其他协定下产生的问题有关,申诉缔约方可以选择解决该争端的法庭。

2. 一旦申诉缔约方已经请求建立或将一个事宜诉诸第 1 款所指的协定项下的争端解决工作组,选定的法庭并应用来排除其他法庭。

第 22.7 条:磋商

1. 各缔约方可通过给另一缔约方递交书面通知,要求就第 22.4 条所述之任何事宜与另一缔约方磋商。申诉缔约方应说明要求磋商的理由,包括涉诉措施或其他事宜的认定和申诉法律基础的表述。另一缔约方应立即对请求予以回应并开始磋商。

2. 在发出或收到本条的磋商请求后,为了了解各方面不同的看法,各缔约方应征求利益

---

① 各缔约方在任何时候都不应援引与影响第十八章(知识产权)项下利益措施有关的第(c)项,因为世界贸易组织成员已经同意根据《与贸易有关的知识产权协定》不提出《关税与贸易总协定 1994》第 23 条第 1(b)项规定类型的申诉。

相关各方和公众对该事宜的意见。

第 22.8 条:提交联合委员会处理

1. 若缔约双方未能在递交第 22.7 条下的磋商请求后 60 日内,或若磋商事宜涉及易腐烂货物,[①]则 20 天内解决问题,任一缔约方可以向另一缔约方递交书面通知,将该事宜提交给联合委员会处理。

2. 若缔约双方未能在递交第 19.7 条(劳工磋商)或第 20.9 条(环境磋商与专家组程序)项下的磋商请求后 60 天内解决问题,任一缔约方可以向另一缔约方递交书面通知,将该事宜提交给联合委员会处理。

3. 联合委员会应立即召开,并尽力解决该问题。

第 22.9 条:专家组的建立[②]

1. 若联合委员会未能在递交第 22.8 条下的通知后 60 日内,或涉及易腐烂货物的事宜 30 日内,或在缔约双方可能商定的其他期限内解决问题,申诉缔约方可以向另一缔约方递交书面通知,将该事宜提交给争端解决机制。申诉缔约方应说明磋商请求之理由,包括涉案措施或其他事宜的认定以及申诉的法律基础的简要总结,内容应充实以便清楚地说明该问题。

2. 除非缔约双方另有约定,缔约双方在选择专家组时应适用以下程序:

(a)专家组应由 3 名成员组成。

(b)各缔约方应在问题被提交到专家组后 28 日内推荐 1 名专家。若在此期间,一缔约方未能推荐 1 名专家,缔约双方应在 7 日内会面,并根据第 3 款建立的备选名单中从其国籍成员中通过抽签产生 1 名专家。

(c)在个人被推荐为专家后 14 日内,一缔约方可以对任何不在备选名单里的个人行使无须说明理由的人选反对权。若一缔约方已经行使 3 次无须说明理由的反对权,另一缔约方则应从备选名单里选 1 名专家。

(d)缔约双方应努力对担任专家组组长的第 3 位专家表示同意。

(e)若缔约双方未能在第 2 名专家被任命之日起 28 日内就组长人选达成一致意见,缔约双方应在 7 日内开会,并在第 3 款下建立的备选名单中通过抽签从非缔约方国籍的成员中产生 1 名专家。[③④]

(f)若一个人是依照第(b)项被推荐并且未遇到第(c)项所述的无须说明理由的反对,或当他是依照本款从备选名单中产生时,该专家应被视为已被任命。

3. 在本协定生效之日起 180 日内,缔约双方应建立一个由愿意并能够担任专家职务的个人组成的备选名单。除非缔约双方另有约定,在备选名单中各缔约方国籍成员不少于 6 名,非缔约方国籍成员至少 8 名。备选名单里的个人应由缔约双方商定任命,任期至少 3

---

① 各缔约方应:

(a)在磋商中提供充分信息,以便能够全面审查磋商中的问题可能如何影响本协定的运作;以及

(b)依照提供信息的缔约方对待该信息的同样方式对待磋商过程中交换的任何机密信息。

② 任一缔约方可以在本条下的磋商期间请求另一缔约方提供其政府机关或其他对磋商下事宜拥有专门知识的监管机构的人员。

③ 更确切地说,易腐烂货物系指归入《协调制度》第 1 章至第 24 章的易腐烂农产品和渔产品。

④ 第 13.18 条(争端解决)包含与为第十三章(金融服务)下事宜成立专家组有关的补充条款。

年，并应一直留在备选名单里直到其被替换或不再具备任职之能力为止。缔约双方应每3年审查备选名单并在适当的情况下更换其中的人员。当备选名单中1名成员不能继续任职时，缔约双方也可以指定一名接替者。

4. 依照第2款被指定到专家组和依照第3款被指定到备选名单的个人应：

(a)在客观性、可靠性和良好判断力的基础上严格挑选；

(b)具有法律、国际贸易或国际贸易协定下的争端解决的专业知识和经验；

(c)独立于任何缔约方，并且不与任何缔约方有关联或接收其指示；以及

(d)遵守联合委员会建立的行为准则。

此外，在第十九章(劳工)或第二十章(环境)下的任何争端中，不是从备选名单中通过抽签被选定的专家应拥有与争端事宜相关的专门知识或经验。第2(c)款不应适用于第十九章或第二十章下的争端。①

第22.10条：程序规则

1. 缔约双方应在本协定生效之日起制定示范性程序规则，规则应确保：

(a)至少出席一次专家组听证会的权力；

(b)根据第(f)项，任何专家组听证会都应向公众开放；

(c)各缔约方都有一次机会递交初始意见书和反驳意见书；

(d)各缔约方的书面意见书、口头陈述的书面版本和对请求的书面回应或专家组的问题根据第(f)项应在被提交后7天内公布；

(e)专家组应考虑在缔约双方辖区内的非政府实体的请求来提供与可能有助于专家组评估缔约双方的意见书和论证意见有关的书面观点；以及

(f)保护机密信息。

2. 除非缔约双方另有约定，专家组应遵循示范性程序规则，并且，在经与缔约双方磋商可采用与示范性程序规则不一致的补充规则。

3. 除非在递交建立专家组请求之日起20日内缔约双方另有约定，专家组的授权范围应为：

“根据本协定相关条款，审议建立专家组请求书所涉事宜，根据第22.11条第1款和第2款作出决定、裁决和建议，以及提出第22.11条中第1款和第4款所述的书面报道。”

4. 应一缔约方请求，或自行决定，专家组可向其认为合适的任何个人或机构征询信息和技术意见，前提是缔约双方同意这样做并受缔约双方可能同意的任何条款和条件的约束。

第22.11条：专家组报告

1. 除非缔约双方另有约定，专家组应在组长被指定后180日内向缔约双方出具初步报告，内容包含对事实的裁定及其对以下事项的判决：

---

① 若根据第(b)项或第(c)项通过抽签产生的专家不能在专家组任职，缔约双方应在得知该专家不能任职后7天之内从备选名单里相关缔约方公民[在第(b)项的情况下]或非缔约方公民[在(e)项的情况下]的剩余成员中通过抽签选择另一名专家。若在争端解决程序期间，或依据第22.13条或第22.14条该专家组重新召开时，一专家不能任职，在得知专家不能任职后7日内，相关缔约方应从备选名单中选定一名替换专家，或在替换组长的情况下，缔约双方应会面从备选名单中非缔约方公民的成员中通过抽签产生一名替换组长。

(a)(i)系争措施是否与本协定下的义务不符;

(ii)一缔约方是否未能履行其本协定下的义务;或

(iii)系争措施是否正在造成第22.4(c)条意义上的利益丧失或减损;以及

(b)缔约双方联合请求的专家组处理的其他问题,以及裁定和判决的理由。

2. 专家组应以本协定的相关条款以及缔约双方的意见书和论证意见为基础做出报告。专家组应根据《维也纳条约法公约》(1969年)第31条至第33条反映的解释国际法的习惯规则考虑本协定。在缔约双方的请求下,专家组可以为解决争端提供建议。

3. 在专家组报告出具后14日内,各缔约方可向专家组递交对初步报告的书面意见书。在考虑了缔约双方对初步报告的书面意见书之后,专家组可以修改其报告并做出任何其认为合适的进一步审查。

4. 除非缔约双方另有约定,在出具初步报告45日内,专家组应向缔约双方出具最终报告。在保护机密信息的情况下,专家组应在此之后15日内公布最终报告。

第22.12条:最终报告的执行

1. 在收到专家组的最终报告之后,缔约双方应就争端解决方案达成一致,解决方案通常应遵守专家组的裁决,如有建议则遵守建议。

2. 若在最终报告中,专家组裁决一缔约方没有履行其本协定下的义务或一缔约方的措施正在造成第22.4(c)条意义上的利益丧失或减损,无论何时只要可能,解决方案应消除该违反行为或利益丧失或减损。

第22.13条:不执行

1. 若专家组已经做出第22.12.2条所述类型的裁决,且缔约双方在收到专家组报告后45天内,或缔约双方商定的其他期限内,未能就第22.12.1条下的解决方案达成一致意见,应诉方应与申诉方应进入谈判阶段,以期达成双方都能接受的赔偿。

2. 若缔约双方:

(a)在达成这种赔偿的谈判阶段开始后30日之内未能达成一致意见;或

(b)已经就赔偿或第22.12.1条下的解决方案达成一致意见,以及申诉缔约方认为应诉方没有遵守本协定的条款。

申诉方可在此后的任何时候给应诉方提供其计划中止应诉方等效利益的书面通知。该通知应详细说明申诉方拟中止的利益水平。根据第5款规定,申诉方可在其向另一缔约方提供此本款下的通知之日起或在专家组发布其第3款下的裁决后30日后,以时间在后者为起始时间,开始中止利益。

3. 若应诉方认为:

(a)申诉方提议中止的利益水平明显过度;或者

(b)其已经消除专家组发现的该违反行为或利益丧失或减损。

在申诉方提供了第2款下的通知后30日内,可请求专家组再次开会考虑此问题。申诉方应向申诉方递交书面请求。专家组应在递交请求后尽快再次开会,并在其为审议第(a)款或第(b)款下的请求而再次开会后90日内或在为审议第(a)款和第(b)款下请求而再次开会后120日内向缔约双方出具其裁决。若专家组裁定提议中止的利益水平明显过度,专家组应裁定其认为等效的利益水平。

4. 申诉方可按照专家组根据第3款裁定的水平中止利益，或者，若专家组未裁定利益水平，申诉方可按照其根据第2款提议的水平中止利益，除非专家组已经裁定应诉方已经消除了违反行为或利益丧失或减损。

5. 若应诉方向另一缔约方提供了其愿支付年度货币化估定金额的书面通知，在申诉方提供了其打算中止利益的书面通知书后30日内，或若专家组依据第3款再次召开会议，在其提供了裁决后20日内，申诉方不可中止利益。缔约双方应在应诉方提供通知后10日之内开始磋商，以就估定金额达成一致意见。若在磋商开始后30日内未能达成一致意见，估定金额应被设定为专家组按照第3款裁定的相当于等效影响的利益水平的50%，以美元计算，或若专家组没有裁定利益水平，则为申诉方依据第2款提议中止利益的50%。

6. 除非联合委员会做出其他决定，货币化估定金额以美元或以同等数额的韩国货币在应诉方给出其愿意支付估定金额后60日后开始按季度分期付给申诉方。在环境许可的情况下，联合委员会可决定把估定金额交给联合委员会建立的基金，并在联合委员会的指引下以适当的计划扩展，以便缔约双方间的贸易，包括通过进一步降低不合理的贸易壁垒或通过帮助一缔约方来履行其在本协定下的义务。

7. 若应诉方未能支付货币化估定金额，申诉方可根据第4款中止应诉方的利益。

第22.14条：履行审查

1. 在不损害第22.13.3条所述程序的情况下，若应诉方认为其已经取消专家组发现的违反行为或利益丧失或减损，应诉方可向申诉方提供书面通知，将问题提交到专家组。专家组应在收到请求后尽快再次开会，并应在应诉方提交通知后90日内就此问题发布报告。

2. 若专家组裁定应诉方已经消除违反行为或利益丧失或减损，申诉方应立即恢复其根据第22.13条中止的利益，并不应再要求应诉方支付其根据第22.13.5条同意支付的货币化估定金额。

第22.15条：5年期审查

在本协定生效之日起5年内，或在利益被中止后6个月内，或根据本章启动的5个程序内货币化估定金额已被支付，不管哪个先发生，联合委员会应审查第22.13条的运行和有效性。

C节：国内程序与私人商事争端解决

第22.16条：私权

任何缔约方不得以另一缔约方的措施与本协定不符为由，根据其法律规定对另一缔约方的诉讼权力。

第22.17条：替代性争端解决方案

1. 各缔约方应在尽可能大的范围内鼓励并促进利用仲裁及替代性方案解决第1.1条（自由贸易区的设立）下建立的自由贸易区内私人之间的国际商事争端。

2. 为此目的,各缔约方应提供适当程序,以保证遵守仲裁协议并承认和执行此类争端的仲裁裁决。

3. 若一缔约方是 1958 年 6 月 10 在纽约签署的《联合国承认与执行外国仲裁裁决公约》的成员方并遵守该公约,该缔约方应被视为符合第 2 款之规定。

附件 22 – A　关于机动车的替代性争端解决程序

关于第 22.4 条中所述与机动车辆有关的任何问题，一缔约方可启动本附件所述的争端解决程序，以替代第 22.7 条至第 22.13 条规定的程序。

除非缔约双方另有约定：

1. 申诉方可通过向应诉方递交书面通知将该问题提交给联合委员会处理。联合委员会应立即开会并努力解决问题。

2. 若联合委员会在第 1 款所述之通知被递交后 30 日内未能解决问题，申诉方可书面通知应诉方其即将把问题提交给争端解决专家组处理。

3. 在申诉方递交了第 2 款所述之书面通知后 7 日内，缔约双方应开会，并在第 22.9.3 条下建立的备选名单中的双方国籍成员中通过抽签各产生 1 名专家，并产生一名非缔约双方国籍的成员担任专家组组长。若通过抽签产生的个人不能在专家组任职，缔约双方应立即开会并通过抽签产生 1 名接替人员。一旦专家组成员产生，专家组应被认为已经建立。

4. 第 22.10 条和第 22.11 条规定之程序应适用于本附件下专家组诉讼程序，以下情况除外：

(a) 如果有违反行为或利益丧失或减损，专家组应判定其是否实质性影响了申诉方原产货物的销售、标价出售、采购、运输、分销或使用；

(b) 在专家组建立后 120 日内，专家组应就该问题向缔约双方出具最初报告；

(c) 在报告出具后 7 日内，各缔约方可递交对最初报告的书面意见；以及

(d) 在其出具最初报告后 21 日内，专家组应出具最终报告。

5. 若在最终报告里，专家组裁定：

(a) 应诉方没有遵守其在本协定下的义务或其措施正在造成第 22.4(c) 条意义上的利益丧失或减损；以及

(b) 专家组发现的违反行为或利益丧失或减损已经实质上影响了申诉方原产货物的销售、标价出售、采购、运输、分销或使用。①

申诉方可提高税则号 8703 下的原产货物的关税税率，最高不超过对那些货物征收的通行的最惠国适用汇率。

6. 若申诉方依照第 5 款提高了关税，当应诉方已经消除违反行为或利益丧失或减损时申诉方应撤销提高的关税。

7. 若应诉方认为，申诉方没有按照第 6 款撤销其提高的关税，应诉方可向申诉方递交书

---

① 若专家组裁定其发现的违反行为或利益丧失或减损并没有严重影响申诉方原产货物的销售、标价出售、采购、运输、分销或使用，应适用第 22.12 条和第 22.13 条所规定的程序。

面申请，请求重新召开专家组会议。在请求发出后专家组应尽快重新开会，并在开会之后 90 天内把裁定送达缔约双方。若专家组裁定应诉方已经消除违反行为或利益丧失或减损，申诉方应立即撤销提高的关税。

8. 本附件所述之程序应在本协定生效之日起 10 年后终止，前提是在本附件下建立的专家组从没有裁定一缔约方没尽到其在本协定下的义务或一缔约方的措施已经造成了第 22.4(c)条意义上的利益丧失或减损。

附件 22 – B　朝鲜半岛出口加工区委员会

1. 认识到大韩民国的宪法授权和安全利益,以及美国的相应利益,缔约双方应成立朝鲜半岛出口加工区委员会。委员会应审查通过成立和发展出口加工区朝鲜半岛的情况是否适合进一步的经济发展。

2. 委员会应由缔约双方的官员组成。委员会应在本协定生效后 1 周年时召开会议,此后每年至少开一次会议,或在双方同意的任何时候开会。

3. 委员会应认定可能被划分为出口加工区的地理区域。为本协定之目的,委员会应制定在来自出口加工区的货物被认定为原产货物之前必须达到的标准,包括但不仅限于:朝鲜半岛无核化进程;出口加工区对朝韩关系的影响;以及经适当参考当地经济中其他地方的一般情况和相关国际准则,出口加工区通行的环境标准、劳工标准和惯例、薪酬和商务管理惯例。

4. 委员会应裁决这种出口加工区是否已经符合委员会制定的标准。委员会也应对可被添加到出口加工区地理区域内的原产地最终产品的总进口价值设定高限。

5. 由委员会一致通过的决议应递交给缔约双方,缔约双方负责获取对本协定做与出口加工区有关修改的法律批准。

附件 22 – C　渔业委员会

1. 缔约双方特此设立由各缔约方代表组成的渔业委员会以促进缔约双方有关渔业事宜的合作。

2. 委员会应讨论：

(a)各缔约方关于在其专属经济区内开展商业活动的政策；

(b)就共同关心的渔业问题进行科学研究；以及

(c)共同关心的全球渔业问题。

3. 除非缔约双方另有约定，委员会应在在本协定生效之日起 1 年内召开会议，此后每年召开一次会议。委员会应将每次会议结果通知联合委员会。

第二十三章　例　　外

第 23.1 条:一般例外

1. 为第二章至第四章(货物、农产品以及纺织品与服装的国民待遇和市场准入)和第六章至第九章(原产地规则和原产地程序、海关管理与贸易便利化、卫生与植物卫生措施以及技术性贸易壁垒)之目的,《关贸总协定 1994》第 20 条及其解释性注释经必要修改后被纳入到本协定,成为本协定的一部分。缔约双方认识到,《关贸总协定 1994》第 20(b)条所述之措施包括保护人类、动植物生命或健康所必要的环境措施,也认识到《关贸总协定 1994》第 20(g)条适用于与保护生物和非生物可耗竭自然资源之相关措施。

2. 为第十二章(跨境服务贸易)、第十四章(电信)和第十五章(电子商务)之目的,[①]《服务贸易总协定》第 16 条(包括其脚注)经适当修改后被纳入本协定,成为本协定的一部分。缔约双方认识到,《服务贸易总协定》第 16(b)条所述之措施包括保护人类、动植物生命或健康所必要的环境措施。

第 23.2 条:基本安全

本协定任何规定不应被解释为:

(a)要求一缔约方提供或允许获得其认为一经披露将会违背其基本安全利益的任何信息;或

(b)排除一缔约方适用其认为与维持和恢复国际和平或安全或保护其基本安全利益有关的义务所要采取的必要措施。[②]

第 23.3 条:征税

1. 除本条所述之外,本协定任何规定都不应适用于征税措施。

2. (a)本协定之任何规定都不应影响各缔约方在任何税收协定下之权利和义务。若本协定与任何此类协定有不一致,不一致之处以协定之规定为准。

(b)如果是缔约双方之间的税收协定,该协定下的主管部门应全权负责裁决本协定与该税收协定之间是否存在不一致之处。

3. 尽管有第 2 款的规定:

(a)第 2.2 条(国民待遇)和本协定下其他执行该条所必需的条款应以《关贸总协定 1994》第 3 条同等程度适用于税收措施;以及

---

① 第 23.1 条不会对数字产品应被归入货物还是归入服务构成不利。

② 更确切地说,若一缔约方在根据第十一章(投资)或第二十二章(制度规定和争端解决)启动的仲裁程序中援引第 23.2 条,受理此事宜的仲裁庭或专家组应裁定该例外适用。

(b)第2.11条(出口税、税收或其他费用)和第2.12条(发动机排量税)应适用于税收措施。

4.依照第2款:

(a)第12.2条(国民待遇)、第13.2条(国民待遇)以及第13.5.1条(跨境贸易)应适用于针对所得、资本收益或与特定服务的购买或消费有关的公司应税资本的税收措施,除非本项的任何规定都不应阻止任一缔约方规定有关服务的购买或消费的利益收入或持续收入必须以在其辖区提供该特定服务为条件;以及

(b)第11.3条(国民待遇)和第11.4条(最惠国待遇),第12.2条(国民待遇)和第12.3条(最惠国待遇)以及第13.2条(国民待遇)和第13.3条(最惠国待遇)应适用于所有税收措施,除了针对所得、资本收益或应税公司资本的税收措施,也不包括房地产税、遗产税、赠与税和隔代遗产转移税;

但第(a)项和第(b)项所指各条的任何规定均不得适用于:

(c)与一缔约方根据税收协定给予的利益有关的任何最惠国义务;

(d)现行税收措施的不符条款;

(e)任何现行税收措施中不符条款的延续或迅速延期;

(f)任何现行税收措施中不符条款的修正条款,只要该修正条款未降低在修正之时与上述各条的相符程度;

(g)对旨在确保税收的公平有效实施或征收的任何税收政策的采用或执行[《服务贸易总协定》第14(d)条所允许的]。

(h)规定与养老金信托基金或养老金计划的捐款或收入有关的利益收入或持续收入必须以该缔约方维持对养老金信托基金或养老金计划的持续管辖权为条件的条款。

5.受第2款约束并在不损害缔约双方第3款权利和义务的前提下,第11.8条(业绩要求)第2款、第3款和第4款应适用于税收措施。

6.(a)第11.16条(仲裁申请的提交)应适用于涉嫌征用或违背投资协定或投资授权的税收政策。

(b)第11.6条(征用与补偿)应适用于税收政策。然而,在已经依照本项裁定一措施不构成征用的情况下,任何投资者不得援引第11.6条作为索赔的依据。试图援引关于税收措施的第11.6条的投资者,应在其根据第11.16.2条(仲裁申请的提交)递交意向通知时先将该税收措施是否属于征用这一问题提请主管部门裁定。若主管部门不同意考虑这一问题,或在同意考虑该问题之后未能在提请裁定后180日内裁定该问题不属征用,该投资者可将其诉求提交至第11.16.3条下的仲裁。

(c)为本款之目的,主管部门系指:

(i)就韩国而言,是财政和经济部负责税收和海关事务的副部长;以及

(ii)就美国而言,系指财政部(税收政策)助理部长。

7.为本条之目的,"税收"和"税收措施"不包括:

(a)第1.4条(定义)所定义的海关税;或

(b)该定义的例外(b)和例外(c)所列的措施。

第 23.4 条:信息披露

本协定的任何规定不得解释为要求一缔约方提供或允许获得一经披露将妨碍执法或违反公共利益或损害特定国有或私人企业合法商业利益的机密信息。

第二十四章　最终条款

第 24.1 条:附件、附录和脚注

本协定之附件、附录和脚注是本协定中不可或缺的一部分。

第 24.2 条:修订案

缔约双方可同意以书面形式修订本协定。修正案应在缔约双方交换了双方申明已执行完毕各自的适用法律要求和程序的书面通知后在双方同意之日起该修订案开始生效。

第 24.3 条:对《世界贸易组织协定》的修订

若缔约双方已纳入本协定的《世界贸易组织协定》的任何条款被修正,缔约双方应根据第 24.2 条进行磋商,以考虑对本协定之相关条款进行修订。

第 24.4 条:加入

1. 任何国家或国家集团可根据该国或国家集团与缔约双方之间可能达成的条款与条件,在根据各缔约方和申请加入国的适用法律规定得到批准后,加入本协定。

2. 如果在第 1 款所述协定期间有一方不同意适用,本协定在任何缔约方和任何申请加入国或国家集团之间不应适用。

第 24.5 条:生效与终止

1. 本协定在缔约双方交换了双方申明他们已完成各自适用的法律规定和程序的书面通知之日起 60 日开始生效,或在双方同意的其他日期开始生效。

2. 在任何一缔约方以书面形式通知另一缔约方其终止本协定的意愿之日起 180 日后本协定应终止。

3. 在一缔约方提供了第 2 款下的通知后 30 日内,任何一缔约方可书面请求另一缔约方进行磋商,以讨论本协定的条款是否在第 2 款所规定之日期后终止。该磋商应在缔约方递交请求后 30 日内开始。

第 24.6 条:正式文本

本协定之英文和韩文文本具有同等效力。

以资证明,签署人经其各自政府的正式授权签署了本协定。

2007 年 6 月 30 日在华盛顿特区以英文和韩文一式两份签署。

美利坚合众国政府代表

大韩民国政府代表

图书在版编目(CIP)数据

美韩自由贸易协定 / 叶兴国,杨旭译. —北京:法律出版社,2016.10

ISBN 978-7-5197-0308-0

Ⅰ.①美… Ⅱ.①叶… ②杨… Ⅲ.①自由贸易—贸易协定—研究—美国、韩国 Ⅳ.①F757.128.312.6 ②F753.126.871.2

中国版本图书馆CIP数据核字(2016)第277839号

美韩自由贸易协定 | 叶兴国 杨 旭 译 | 策划编辑 解 锟 责任编辑 解 锟 装帧设计 李 瞻

出版/法律出版社
总发行/中国法律图书有限公司
印刷/北京京华虎彩印刷有限公司
编辑统筹/财经出版分社
经销/新华书店
责任印制/吕亚莉

开本/720毫米×960毫米 1/16
版本/2016年11月第1版
印张/20.75 **字数**/493千
印次/2016年11月第1次印刷

法律出版社/北京市丰台区莲花池西里7号(100073)
电子邮件/info@ lawpress. com. cn
网址/www. lawpress. com. cn
销售热线/010-63939792/9779
咨询电话/010-63939796

中国法律图书有限公司/北京市丰台区莲花池西里7号(100073)
全国各地中法图分、子公司电话:
第一法律书店/010-63939781/9782 **西安分公司**/029-85388843 **重庆公司**/023-65382816/2908
上海公司/021-62071010/1636 **北京分公司**/010-62534456 **深圳公司**/0755-83072995

书号:ISBN 978-7-5197-0308-0 **定价:**69.00元